高等职业教育公共课系列教材

大学生就业指导实训

主　编｜周志和
副主编｜黄　艳　戴志鹏

中国轻工业出版社

图书在版编目（CIP）数据

大学生就业指导实训/周志和主编. —北京：中国轻工业出版社，2022.6

高等职业教育“十二五”规划教材

ISBN 978 - 7 - 5184 - 0565 - 7

Ⅰ. ①大… Ⅱ. ①周… Ⅲ. ①大学生—职业选择—高等职业教育—教材 Ⅳ. ①G647.38

中国版本图书馆 CIP 数据核字（2015）第 197778 号

责任编辑：张文佳　　责任终审：劳国强　　封面设计：锋尚设计
版式设计：王超男　　责任校对：吴大朋　　责任监印：张　可

出版发行：中国轻工业出版社（北京东长安街 6 号，邮编：100740）
印　　刷：三河市万龙印装有限公司
经　　销：各地新华书店
版　　次：2022 年 6 月第 1 版第 4 次印刷
开　　本：787 × 1092　　1/16　　印张：17.5
字　　数：350 千字
书　　号：ISBN 978-7-5184-0565-7　定价：38.50 元
邮购电话：010 - 65241695
发行电话：010 - 85119835　传真：85113293
网　　址：http://www.chlip.com.cn
Email：club@chlip.com.cn
如发现图书残缺请与我社邮购联系调换
220687J2C104HBW

前言

PREFACE

进入21世纪，我国职业教育规模已占高等教育的半壁江山。职业学生正逐渐形成一支庞大的队伍，他们是整个社会中最充满活力、最富于创造的群体之一，是国家宝贵的人才资源，也是全面建设现代化的生力军。随着毕业生人数逐年增加，就业压力日益严峻，大学生的就业问题已成为全社会关注的热点问题。因此推动职业院校毕业生充分就业，国家和社会都肩负着重要责任，实施职业教育的院校和接受职业教育的学生本身，也应当能够积极有为。从理论和实践上对学生进行职业发展与就业指导，通过艰苦细致、卓有成效的工作，为学生就业牵线搭桥，使其在迈向社会、开启成功之门的紧要关口一路走顺，已成为职业院校必须做好的一项重要工作。

本书以适应职业院校学生的就业需求为出发点，以“职业规划、就业指导、自主创业”为主线，一方面帮助学生树立正确的就业与创业观，在充分认识自己的前提下自我设计、自我规划，有目的地提升自己的就业与创业能力，提高自身职业发展能力，增加实践机会；另一方面使学生了解就业形势和就业政策，明确求职择业的方法和技巧，兼顾专业学习和社会需求，制定切实可行的职业理想目标，为今后的发展方向奠定基础。

本书注重理论和实践相结合，力求使之具有很强的指导性和操作性，主要适用于高等职业院校的就业指导，也可作为普通高校、中等职业学校就业指导的教材。

本书编写过程中，参考和引用了国内外大量的文献资料，因时间仓促及水平有限，一定存在不足之处，真诚欢迎广大教师和学生对此提出宝贵意见、批评与指正，以便修订与完善，在此一并谨致诚挚的谢意。

编者

2015年4月

目录
CONTENTS

选择人生的航向——职业规划设计篇

知识链接一　“知己”

教学目标

（1）能运用职业测评工具，检测自己的个性、兴趣、能力、价值观等。

（2）认知“自我”。

就业见闻

Belly，今年24岁，某知名高职院校计算机专业毕业生。他毕业后的第一份工作是在广州一家广告公司从事计算机绘图设计工作，但只工作了一年，他就炒了老板的鱿鱼。理由很简单：多年来他每天对着计算机绘图，日复一日，已经到了麻木的程度，在计算机前已经没有了灵感与激情。

但命运与他开了一个小小的玩笑，三个月后，Belly又不得不进入了一家IT企业，工作仍然是绘图设计，所不同的只是公司的办公环境发生了改变，从原来软件园的一家小公司换到了位于中信广场的一家颇具规模的公司。

原来，Belly辞职后，应聘过其他行业的不少职位，也参加了一些企业的面试，但用人单位无一例外地建议他最好还是从事与专业相关的计算机动漫设计工作。再加上父母的劝说，Belly只好又重操旧业。

去年11月，由于企业内部人才流动的原因，Belly被公司提升为项目经理，但他自己非常清楚，对本职工作已经越来越厌倦，甚至有时为了逃避而借故请假。今年春节，Belly再一次主动放弃了已拥有的工作。然而，Belly这一次并没有再急于找工作，他开始思考：我究竟适合做什么工作呢？

正处在朝气蓬勃、风华正茂时期的大学生，有的是青春、理想、奋斗、拼搏！所以，大学生应该思考的是：有限的青春，如何激发出自己最大的能量？短暂的生命，如何活出自己最绚的精彩？

古语有云：“知己知彼，百战不殆”。客观地认识自己，是指导行动的前提；深刻地剖析自我，是引领前进的灯塔；准确地定位自己，是将理想转变为现实的必要条件。试想，一个棋手，在对手还在云山雾海的时候，自己已经在心里勾画出几步甚至几十步，那将是怎样一种稳操胜券的自信。试想，一个旅行者，在启程之前，早就在心里为自己描绘出旅行的蓝图，甚至已经勾勒出沿途将要经过的风景，那将是怎样一种充实满满的坦然。所以，我们每个大学生都应该站在现实的位置上，去认识自己，去展望未来，去回首过往。

格言警句

“人贵有自知之明。”

——中国古语

“人啊，认识你自己吧！”

——古希腊一句著名的铭文

“如果不做职业生涯规划，你离挨饿只有三天。”

——徐小平（中国职业生涯规划、人生设计专家）

“用心灵的眼睛去注意自身。”

——笛卡尔

知识点1 职业兴趣测试

（一）霍兰德职业兴趣测评理论

职业兴趣反映了职业（工作活动）特点和个体特点之间的匹配关系，是人们职业规划的重要依据和指南。职业兴趣测验正是用于了解这两方面特点之间的匹配关系，从而为实现“恰当的人从事恰当的工作”提供可靠的科学依据。

霍兰德的职业理论，其核心假设是人可以分为六大类，即现实型、研究型、社会型、传统型、企业型、艺术型，职业环境也可以分成相应的同样名称的六大类，人格与职业环境的匹配是形成职业满意度、成就感的基础。各个兴趣类型的特点及较为适宜的职业环境如下。

1 现实型（R）

①愿意使用工具从事操作性工作。

②动手能力强，做事手脚灵活，动作协调。

③不善言辞，不善交际。

主要是指各类工程技术工作、农业工作。通常需要一定体力，需要运用工具或操作机器。主要职业：工程师、技术员；机械操作、维修、安装工人，矿工、木工、电工、鞋匠等；司机，测绘员、描图员；农民、牧民、渔民等。

2 研究型/调研型（I）

①抽象思维能力强，求知欲强，肯动脑，善思考，不愿动手。

②喜欢独立的和富有创造性的工作。

③知识渊博，有学识才能，不善于领导他人。

主要是指科学研究和科学实验工作。

主要职业：自然科学和社会科学方面的研究人员、专家；化学、冶金、电子、无线电、电视、飞机等方面的工程师、技术人员；飞机驾驶员、计算机操作员等。

3 艺术型（A）

①喜欢以各种艺术形式的创作来表现自己的才能，实现自身的价值。

②具有特殊艺术才能和个性。

③乐于创造新颖的、与众不同的艺术成果，渴望表现自己的个性。

主要是指各类艺术创作工作。

主要职业：音乐、舞蹈、戏剧等方面的演员、艺术家编导、教师；文学、艺术方面的评论员；广播节目的主持人、编辑、作者；绘画、书法、摄影家；艺术、家具、珠宝、房屋装饰等行业的设计师；等等。

4 社会型（S）

①喜欢从事为他人服务和教育他人的工作。

②喜欢参与解决人们共同关心的社会问题，渴望发挥自己的社会作用。

③比较看重社会义务和社会道德。

主要是指各种直接为他人服务的工作，如医疗服务、教育服务、生活服务等。

主要职业：教师、保育员、行政人员；医护人员；衣食住行服务行业的经理、管理人员和服务人员；福利人员；等等。

5 企业型/事业型（E）

①精力充沛、自信、善交际，具有领导才能。

②喜欢竞争，敢冒风险。

③喜爱权力、地位和物质财富。

主要是指那些组织与影响他人共同完成组织目标的工作。

主要职业：经理企业家、政府官员、商人、行业部门和单位的领导者、管理者等。

6 传统型（C）

①喜欢按计划办事，习惯接受他人的指挥和领导，自己不谋求领导职务。

②不喜欢冒险和竞争。

③工作踏实，忠诚可靠，遵守纪律。

主要是指各类与文件档案、图书资料、统计报表之类相关的各类科室工作。

主要职业：会计、出纳、统计人员；办公室人员；秘书和文书；图书管理员；旅游、外贸职员、保管员、邮递员、审计人员、人事职员等。霍兰德所划分的六大类型，并非是并列的、有着明晰的边界的。他以六边形标示出六大类型的关系，如图1－1－1所示。

从图1-1-1中可以看出：每一种类型与其他类型之间存在不同程度的关系，大体可描述为3类。

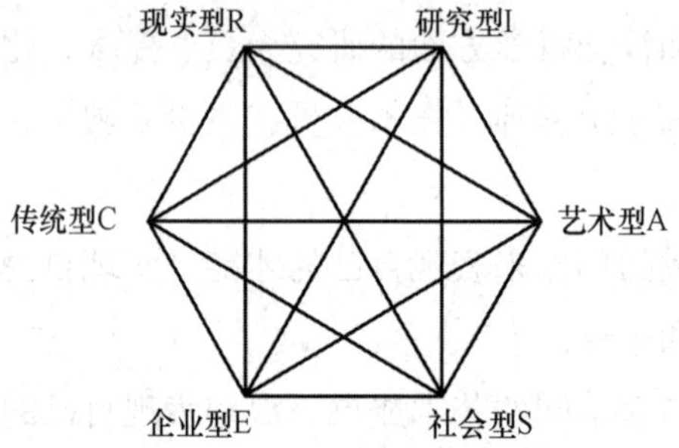

图1-1-1　六大类型关系

（1）相邻关系，如RI、IR、IA、AI、AS、SA、SE、ES、EC、CE、RC及CR。属于这种关系的两种类型的个体之间共同点较多，现实型R、研究型I的人都不太偏好人际交往，这两种职业环境中也都较少有机会与人接触。

（2）相隔关系，如RA、RE、IC、IS、AR、AE、SI、SC、EA、ER、CI及CS，属于这种关系的两种类型个体之间共同点较相邻关系少。

（3）相对关系，在六边形上处于对角位置的类型之间即为相对关系，如RS、IE、AC、SR、EI及CA即是，相对关系的人格类型共同点少，因此，一个人同时对处于相对关系的两种职业环境都兴趣很浓的情况较为少见。

人们通常倾向选择与自我兴趣类型匹配的职业环境，如具有现实型兴趣的人希望在现实型的职业环境中工作，可以最好地发挥个人的潜能。但职业选择中，个体并非一定要选择与自己兴趣完全对应的职业环境。一则因为个体本身常是多种兴趣类型的综合体，单一类型显著突出的情况不多，因此评价个体的兴趣类型时也时常以其在六大类型中得分居前三位的类型组合而成，组合时根据分数的高低依次排列字母，构成其兴趣组型，如RCA、AIS等；二则因为影响职业选择的因素是多方面的，不完全依据兴趣类型，还要参照社会的职业需求及获得职业的现实可能性。因此，职业选择时会不断妥协，寻求与相邻职业环境、甚至相隔职业环境，在这种环境中，个体需要逐渐适应工作环境。但如果个体寻找的是相对的职业环境，意味着所进入的是与自我兴趣完全不同的职业环境，则工作起来可能难以适应，或者难以做到工作时觉得很快乐，相反，甚至可能会每天工作得很痛苦。

（二）职业兴趣测试90题

根据霍兰德的理论，人格类型可以分为六种，分别是现实型、社会型、常规型、艺术型、企业型和研究型，通过回答下列问题，你就能够发现自己属于哪个类型。

本问卷共90道题目，每道题目是一个陈述，请你根据自己的真实情况对这些陈述进行评价，如果符合实际情况就在相应的题目前打“√”，否则打“×”，不要漏答。

1. 强壮而敏捷的身体对我很重要。
2. 我必须彻底地了解事情的真相。
3. 我的心情受音乐、色彩和美丽事物的影响极大。
4. 和他人的关系丰富了我的生命并使它有意义。
5. 我相信会成功。
6. 我做事必须有清楚的指引。
7. 我擅长于自己制作、修理东西。
8. 我可以花很长的时间去想通事情的道理。
9. 我重视美丽的环境。
10. 我愿意花时间帮别人解决个人危机。
11. 我喜欢竞争。
12. 我在开始一个计划前会花很多时间去计划。
13. 我喜欢使用双手做事。
14. 探索新构思使我满意。
15. 我寻求新方法来发挥我的创造力。
16. 我认为能把自己的焦虑和别人分担是很重要的。
17. 成为群体中的关键任务执行者，对我很重要。
18. 我对于自己能重视工作中的所有细节感到骄傲。
19. 我不在乎工作把手弄脏。
20. 我认为教育是个体发展及磨炼脑力的终身学习过程。
21. 我喜欢非正式的穿着，尝试新颜色和款式。
22. 我常能体会到某人想要和他人沟通的需要。
23. 我喜欢帮助别人不断改进。
24. 我在决策时，通常不愿冒险。
25. 我喜欢购买小零件，做成成品。
26. 有时我长时间阅读，玩拼图游戏，冥想生命本质。
27. 我有很强的想象力。
28. 我喜欢帮助别人发挥天赋和才能。
29. 我喜欢监督事情直至完工。
30. 如果我面对一个新情景，会在事前做充分的准备。
31. 我喜欢独立完成一项任务。
32. 我渴望阅读或思考任何可以引发我好奇心的东西。
33. 我喜欢尝试创新的概念。
34. 如果我和别人发生摩擦，我会不断尝试化干戈为玉帛。
35. 要成功就必须定高目标。

36. 我喜欢为重大决策负责。
37. 我喜欢直言不讳，不喜欢拐弯抹角。
38. 我在解决问题前，必须把问题进行彻底分析。
39. 我喜欢重新布置我的环境，使他们与众不同。
40. 我经常借着和别人交谈来解决自己的问题。
41. 我常想起草一个计划，而由别人完成细节。
42. 准时对我来说非常重要。
43. 从事户外活动令我神清气爽。
44. 我不断地问：为什么？
45. 我喜欢自己的工作能够抒发我的情绪和感觉。
46. 我喜欢帮助别人寻找可以和他人相互关注的办法。
47. 能够参与重大决策是件令人兴奋的事情。
48. 我经常保持清洁，喜欢有条不紊。
49. 我喜欢周边环境简单而实际。
50. 我会不断地思索一个问题，直到找出答案为止。
51. 大自然的美深深地触动我的灵魂。
52. 亲密的人际关系对我很重要。
53. 升迁和进步对我极重要。
54. 当我把每日工作计划好时，我会较有安全感。
55. 我不害怕过重工作负荷，且知道工作的重点。
56. 我喜欢能使我思考、给我新观念的书。
57. 我希望能看到艺术表演、戏剧及好的电影。
58. 我对别人的情绪低潮相当的敏感。
59. 能影响别人使我感到兴奋。
60. 当我答应一件事时，我会竭尽监督所有细节。
61. 我希望粗重的肢体工作不会伤害任何人。
62. 我希望能学习所有使我感兴趣的科目。
63. 我希望能做些与众不同的事。
64. 我对别人的困难乐于伸出援手。
65. 我愿意冒一点险以求进步。
66. 当我遵循成规时，我感到安全。
67. 我选车时，最先注意的是好的引擎。
68. 我喜欢能刺激我思考的话。
69. 当我从事创造性的事时，我会忘掉一切旧经验。
70. 我对社会上有许多人需要帮助感到关注。

71. 说服别人依计划行事是件有趣的事情。
72. 我擅长于检查细节。
73. 我通常知道如何应付紧急事件。
74. 阅读新发现的书是件令人兴奋的事情。
75. 喜欢美丽、不平凡的东西。
76. 我经常关心孤独、不友善的人。
77. 我喜欢讨价还价。
78. 我花钱时小心翼翼。
79. 我用运动来保持强壮的身体。
80. 我经常对大自然的奥秘感到好奇。
81. 尝试不平凡的新事物是件相当有趣的事情。
82. 当别人向我诉说他的困难时，我是个好听众。
83. 做事失败了，我会再接再厉。
84. 我需要确切地知道别人对我的要求是什么。
85. 我喜欢把东西拆开，看看能否修理它们。
86. 我喜欢研读所有的事实，再有逻辑地做出决定。
87. 没有美丽事物的生活，对我而言是不可思议的。
88. 人们经常告诉我他们的问题。
89. 我常能借着资讯网络和别人取得联系。
90. 小心谨慎地完成一件事是件有成就感的事情。

评分办法：下表中的数字代表上列兴趣测验中的题号。

现实型	1	7	13	19	25	31	37	43	49	55	61	67	73	79	85
研究型	2	8	14	20	26	32	38	44	50	56	62	68	74	80	86
艺术型	3	9	15	21	27	33	39	45	51	57	63	69	75	81	87
社会型	4	10	16	22	28	34	40	46	52	58	64	70	76	82	88
企业型	5	11	17	23	29	35	41	47	53	59	65	71	77	83	89
常规型	6	12	18	24	30	36	42	48	54	60	66	72	78	84	90

（1）请算出每种类型打“ √ ”的数目，并填在下面：

现实型____ 研究型____ 艺术型____社会型____企业型____常规型____

（2）将上述分数从高到低依次排好，并填在下面：

第一位____第二位____第三位____第四位____第五位____第六位____

知识点2 职业性格测试

在职业心理中，性格影响着一个人对职业的适应性，一定的性格适于从事一定的职业；同时，不同的职业对人有不同的性格要求。因此，在考虑或选择时，不仅要考虑自己的职业兴趣，还要考虑自己的职业性格特点。下面的测验根据人的职业性格特点和职业对人的性格要求两方面来划分类型，每一种职业都与其中的几种性格类型相关。

职业性格测验表

根据自己的实际情况，对下面的问题做出“是”或“否”的回答。

第一组

（1）喜欢内容经常变化的活动或工作情景。

（2）喜欢参加新颖的活动。

（3）喜欢提出新的活动并付诸行动。

（4）不喜欢预先对活动或工作做出明确而细致的计划。

（5）讨厌需要耐心、细致的工作。

（6）能够很快适应新环境。

第一组总计次数（　　）。

第二组

（1）当注意力集中于一件事时，别的事很难使我分心。

（2）在做事情时，不喜欢受到出乎意料的干扰。

（3）生活有规律，很少违反作息制度。

（4）按照一个设定好的工作模式来做事情。

（5）能够长时间做枯燥、单调的工作。

第二组总计次数（　　）。

第三组

（1）喜欢按照别人的批示办事，需要负责任。

（2）在按别人指示做事时，自己不考虑为什么要做这些事，只是完成任务就算。

（3）喜欢让别人来检查工作。

（4）在工作上听从指挥，不喜欢自己做出决定。

（5）工作时喜欢别人把任务的要求讲得明确而细致。

（6）喜欢一丝不苟地按计划做事，直到得到一个圆满的结果。

第三组总计次数（　　）。

第四组

（1）喜欢对自己的工作独立做出计划。

（2）能处理和安排突然发生的事情。

（3）能对将要发生的事情负起责任。
（4）喜欢在紧急情况下果断做出决定。
（5）善于动脑筋、出主意、想办法。
（6）通常情况下对学习、活动有信心。
第四组总计次数（　　）。

第五组

（1）喜欢与新朋友相识和一起工作。
（2）喜欢在几乎没有个人秘密的场所工作。
（3）试图忠实于别人且与别人友好。
（4）喜欢与人互通信息，交流思想。
（5）喜欢参加集体活动，努力完成所分给的任务。
第五组总计次数（　　）。

第六组

（1）理解问题总比别人快。
（2）试图使别人相信你的观点，善于使别人按你的想法来做事情。
（3）善于能通过谈话或授信来说服别人。
（4）善于使别人按你的想法来做事情。
（5）试图让一些自信心差的同学振作起来。
（6）试图在一场争论中获胜。
第六组总计次数（　　）。

第-七组

（1）你能做到临危不惧吗？
（2）你能做到临场不慌吗？
（3）你能做到知难而退吗？
（4）你能冷静处理好突然发生的事故吗？
（5）遇到偶然事故可能伤及他人时，你能果断采取措施吗？
（6）你是一个机智灵活、反应敏捷的人吗？
第七组总计次数（　　）。

第八组

（1）喜欢表达自己的观点和感情。
（2）做一件事情时，很少考虑它的利弊得失。
（3）喜欢讨论对一部电影或一本书的感情。
（4）在陌生场合不感到拘谨和紧张。
（5）相信自己的判断，不喜欢模仿别人。
（6）很喜欢参加学校的各种活动。

第八组总计次数（　　）。

第九组

(1) 工作细致而努力，试图将事情完成得尽善尽美。

(2) 对学习和工作抱认真严谨、始终一贯的态度。

(3) 喜欢花很长时间集中于一件事情的细小问题。

(4) 善于观察事物的细节。

(5) 无论填什么表格，态度都非常认真。

(6) 做事情力求稳妥，不做无把握的事情。

第九组总计次数（　　）。

统计和确定你的职业性格类型

根据每组回答“是”的总次数，填入下表：

组	回答“是”的次数	相应的职业性格
第一组	（　）	变化型
第二组	（　）	重复型
第三组	（　）	服从型
第四组	（　）	独立型
第五组	（　）	协作型
第六组	（　）	劝服型
第七组	（　）	机智型
第八组	（　）	好表现型
第九组	（　）	严谨型

选择“是”的次数越多，则相应的职业性格类型越接近你的性格特点；选择“不”的次数越多，则相应性格类型越不符合你的性格特点。

各类职业的性格特点如下。

1. ［变化型］

这些人在新的和意外的活动情景中感到愉快，喜欢经常变化职业的工作。他们追求多样化的生活以及那些能将其注意力从一件事转到另一件事上的工作情景。

2. ［重复型］

这些人喜欢连续不断地从事同样的工作，他们喜欢按照一个机械的和别人安排好的计划或进度办事，喜欢重复的、有规则的、有标准的职务。

3. ［服从型］

这些人喜欢按别人的指示办事。他们不愿自己独立做出决策，而喜欢对分配给自己的工作负起责任。

4. ［独立型］

这些人喜欢计划自己的活动和指导别人的活动，他们在独立和负有职责的工作中感到愉快，喜欢对将要发生的事情做出决定。

5. ［协作型］

这些人在与人协同工作时感到愉快，他们想要得到同事们的喜欢。

6. ［劝服型］

这些人喜欢设法使别人同意他们的观点，这一般通过谈话或写作来达到。他们对于别人的反应有较强的判断力，且善于影响他人的态度、观点和判断。

7. ［机智型］

这些人在紧张和危险的情景下能很好地执行任务，他们在危险的状态下总能自我控制和镇定自如。他们在意外的情境下工作得很出色，当事情出了差错时，他们不易慌乱。

8. ［好表现型］

这些人喜欢能表现自己的爱好和个性的工作情景。

9. ［严谨型］

这些人喜欢注意细节精确，他们按一套规则和步骤将工作做得完美。他们倾向于严格、努力地工作，以便看到自己出色地完成的工作效果。

知识点3 职业能力测评

除了性格、兴趣以外，技能是自我认知中的另一个重要组成部分。技能，在职场上可以看作是我们的资产、本钱，它决定着我们是否能胜任工作，是否能获得雇主的青睐。技能资产越多，我们职业生涯发展的潜力就越大，升值的空间也越大。

（一）了解技能与职业的关系

任何一种职业都要求从业者必须具备相应的技能，而且技能的强弱决定了人们工作绩效的高低。例如，教师要很好地完成教学活动，就需要一些基本技能作保障：流畅的口头表达能力、逻辑思维能力和教学组织能力。

1. 能力、技能与能力倾向

在日常生活、学习和阅读中，我们常听到或看到“能力”“技能”这两个词汇的交替使用，还有“能力倾向”，到底它们是不是一回事儿？有没有区别？我们先来了解一下这几个概念。

（1）能力。心理学认为，能力是一种个性心理特性，是顺利完成活动的一种必备的心理条件，包括知识与躯体行为。能力通常被称为智力，是先天就具有或通过学习而获得的。因此，能力的影响因素主要包括遗传、环境和教育。

（2）技能。技能强调的是经过学习和练习发展起来的能力，是在你从事活动时有效地运用你的天资和知识的力量。影响技能的因素更多地在于实践。

（3）能力倾向。能力倾向区别于你已发展起来的技能，是你天生的但可能尚未开发的、可用于学习和发展技能的能力。能力倾向指的是你具备的某些方向的潜能。

我们可以看到，从严格意义上讲，“技能”和“能力”是有不同的定义的。但从编写的目的出发，为便于你更好地拓展自己的知识、素质与行为，我们在本书中不再严格区分“能力”和“技能”这两个概念，即它们意味着同样的东西。

2. 技能与职业相吻合的原则

技能是职业适应性的首要和基本的制约因素，人的技能水平及其发展方向是存在差异的，因此，无论是组织在招聘时，还是个人在择业时，都应考虑到技能与职业的吻合问题，并遵循以下原则：

（1）技能水平要与职业层次基本一致。不同层次的职业或职业类型，由于所承担的责任不同，对人的技能有不同的要求。因此，你应根据自己所达到或可能达到的能力水平确定相吻合的职业层次。

（2）充分发挥优势技能的作用。每个人都拥有一个由多种技能组成的技能系统。在这个系统下，各方面技能的发展是不平衡的。职业选择，应主要考虑其最佳技能，选择最能运用其优势技能的职业。

请根据实际情况，填写表 1－1－1 的测评。

表 1－1－1　　职业能力测评表

每一道题目分“强”“较强”“一般”“较弱”“弱”五等级，请您在选定的栏目打√。					
（一）一般学习能力倾向（G）	强 1	较强 2	一般 3	较弱 4	弱 5
1. 快而容易地学习新内容					
2. 快而正确地解数学题					
3. 你的学习成绩					
4. 对课文的字、词、段落篇章的理解、分析和综合能力					
5. 对学习过的知识的记忆能力					
（二）言语能力倾向（V）	强 1	较强 2	一般 3	较弱 4	弱 5
1. 善于表达自己的观点					
2. 阅读速度和理解能力					
3. 掌握词汇量的程度					
4. 你的语文成绩					
5. 你的文学创作能力					
（三）算术能力倾向（N）	强 1	较强 2	一般 3	较弱 4	弱 5
1. 做出精确的测量					
2. 笔算能力					
3. 口算能力					

续表

每一道题目分“强”“较强”“一般”“较弱”“弱”五等级，请您在选定的栏目打√。					
4. 计算能力					
5. 你的数学成绩					
（四）空间判断能力倾向（S）	强 1	较强 2	一般 3	较弱 4	弱 5
1. 解决立体几何方面的习题					
2. 画二维度的立体图形					
3. 看几何图形的立体感					
4. 想象盒子展开后的平面图					
5. 想象三维度的物体					
（五）形态和知觉能力倾向（P）	强 1	较强 2	一般 3	较弱 4	弱 5
1. 发现相同图形中的细微差别					
2. 识别物体的形状差异					
3. 注意物体的细节部分					
4. 观察物体的图案是否正确					
5. 对物体的细微描述					
（六）书写知觉能力倾向（Q）	强 1	较强 2	一般 3	较弱 4	弱 5
1. 快而准地抄写资料（如姓名、日期、电话号码等）					
2. 发现错别字					
3. 发现计算错误					
4. 能很快查找编码卡片					
5. 自我控制能力（如较长时间抄写资料）					
（七）眼手运动协调能力倾向	强 1	较强 2	一般 3	较弱 4	弱 5
1. 玩电子游戏					
2. 打篮球、排球、足球一类活动					
3. 打乒乓球、羽毛球运动					
4. 打算盘能力					
5. 打字能力					
（八）手指灵巧度（F）	强 1	较强 2	一般 3	较弱 4	弱 5
1. 灵巧地使用很小的工具					
2. 穿针眼、编织等使用手指的活动					
3. 用手做一件小艺品					
4. 用计算器的灵巧度					
5. 弹琴					
（九）手腕灵巧度（M）	强 1	较强 2	一般 3	较弱 4	弱 5
1. 用手把东西分类					

续表

每一道题目分“强”“较强”“一般”“较弱”“弱”五等级，请您在选定的栏目打√。					
2. 在推拉东西时手的灵活度					
3. 很快地削苹果					
4. 灵活地使用手工工具					
5. 在绘画、雕刻等手工活动中的灵活性					

（二）统计分数的方法

（1）对每一类能力倾向计算总分数。每组五道题完成后，分别统计各等级选择的次数总和，用下面公式计算出该类的总计次数（把“强”定为第一项，以此类推，“弱”定为第五项；第一项之和就是选“强”的次数和）。

总计次数：（第一项之和 ×1） + （第二项之和 ×2） + （第三项之和 ×3） + （第四项之和 ×4） + （第五项之和 ×5）。

（2）计算每一类能力倾向的自评等级。自评等级：总计次数/5。

表 1 – 1 – 2 为自评等级表，请将自评结果填写在表中。

表 1 – 1 – 2　　　　自评等级表

职业能力倾向	自评等级	职业能力倾向	自评等级
G		Q	
V		K	
N		F	
S		M	
P			

知识点 4　职业价值观测验

俗话说人各有志，在一个人选择自己的职业的时候，这个志向其实就是他的职业价值观。职业价值观是指当一个人面临职业选择的时候，他无论如何都不会放弃的职业中至关重要的东西。它表明了一个人通过工作所要追求的理想是什么，是为了钱，还是为了权力，还是为了一种情感关系？职业价值观在职业生涯过程中非常重要，这是因为它是以人们实际的生活工作经历和他人的反馈为基础形成的。即使面临非常困难的状况，职业价值观在职业选择过程中也往往不会被放弃。所以，通过职业价值观的测试，可以帮我们更好地选择最适合自己的工作环境和工作领域，并且更好地规划自己的职业发展方向。比如，通过测试，你的职业价值观为“技术/职能型”，那么意味着你在实际工作中，应尽量在

"技术/ 职能"领域发展，而不一定朝着管理者的方向努力；如果你的职业价值观是"安全/稳定型"，那么一些民企、外企等竞争很激烈，变化很大的工作环境，可能不是很适合你；但如果你的职业价值观是"挑战型"，那么恰恰相反，一些民企、外企等竞争激烈的环境，可能反倒最适合你的发展，而一些比较简单、平淡、重复的工作，可能非常不利于你的潜能的发挥。本测试就是帮你了解你在几种最常见的职业价值观上的表现以及在你的身上占主导地位的职业价值观。

职业价值观测试量表

指导语：下面有52道题目，每个题目都有5个备选答案，请根据自己的实际情况或想法，在题目后面圈出相应字母，每题只能选择一个答案。通过测验，你可以大致了解自己的职业价值观念倾向。

A———非常重要

B———比较重要

C———一般

D———较不重要

E———很不重要

(1) 你的工作必须经常解决新的问题。 A B C D E

(2) 你的工作能为社会福利带来看得见的效果。 A B C D E

(3) 你的工作奖金很高。 A B C D E

(4) 你的工作内容经常变换。 A B C D E

(5) 你能在你的工作范围内自由发挥。 A B C D E

(6) 工作能使你的同学、朋友非常羡慕你。 A B C D E

(7) 工作带有艺术性。 A B C D E

(8) 你的工作能使人感觉到你是团体中的一份子。 A B C D E

(9) 不论你怎么干，你总能和大多数人一样晋级和涨工资。 A B C D E

(10) 你的工作使你有可能经常变换工作地点、场所或方式。 A B C D E

(11) 在工作中你能接触到各种不同的人。 A B C D E

(12) 你的工作上下班时间比较随便、自由。 A B C D E

(13) 你的工作使你不断获得成功的感觉。 A B C D E

(14) 你的工作赋予你高于别人的权力。 A B C D E

(15) 在工作中，你能试行一些自己的新想法。 A B C D E

(16) 在工作中你不会因为身体或能力等因素，被人瞧不起。 A B C D E

(17) 你能从工作的成果中，知道自己做得不错。 A B C D E

(18) 你的工作经常要外出、参加各种集会和活动。 A B C D E

(19) 只要你干上这份工作，就不再被调到其他意想不到的单位和工种上去。 A B C D E

(20) 你的工作能使世界更美丽。 A B C D E

(21) 在你的工作中，不会有人常来打扰你。 A B C D E

(22) 只要努力，你的工资会高于其他同年龄的人，升级或涨工资的可能性比干其他工作大得多。 A B C D E

(23) 你的工作是一项对智力的挑战。 A B C D E

(24) 你的工作要求你把一些事务管理得井井有条。 A B C D E

(25) 你的工作单位有舒适的休息室、更衣室、浴室及其他设备。 A B C D E

(26) 你的工作有可能结识各行各业的知名人物。 A B C D E

(27) 在你的工作中，能和同事建立良好的关系。 A B C D E

(28) 在别人眼中，你的工作是很重要的。 A B C D E

(29) 在工作中你经常接触到新鲜的事物。 A B C D E

(30) 你的工作使你能常常帮助别人。 A B C D E

(31) 你在工作单位中，有可能经常变换工作。 A B C D E

(32) 你的作风使你被别人尊重。 A B C D E

(33) 同事和领导人品较好，相处比较随便。 A B C D E

(34) 你的工作会使许多人认识你。 A B C D E

(35) 你的工作场所很好，比如有适度的灯光，安静、清洁的工作环境，甚至恒温、恒湿等优越的室内条件。 A B C D E

(36) 在工作中，你为他人服务，使他人感到很满意，你自己也很高兴。 A B C D E

(37) 你的工作需要计划和组织别人的工作。 A B C D E

(38) 你的工作需要敏锐的思考。 A B C D E

(39) 你的工作可以使你获得较多的额外收入，比如常发实物，常购买打折扣的商品，常发商品的提货券，有机会购买进口货等。	A　B　C　D　E
(40) 在工作中你是不受别人差遣的。	A　B　C　D　E
(41) 你的工作结果应该是一种艺术而不是一般的产品。	A　B　C　D　E
(42) 在工作中不必担心会因为所做的事情领导不满意，而受到训斥或经济惩罚。	A　B　C　D　E
(43) 在你的工作中能和领导有融洽的关系。	A　B　C　D　E
(44) 你可以看见你努力工作的成果。	A　B　C　D　E
(45) 在工作中常常要你提出许多新的想法。	A　B　C　D　E
(46) 由于你的工作，经常有许多人来感谢你。	A　B　C　D　E
(47) 你的工作成果常常能得到上级、同事或社会的肯定。	A　B　C　D　E
(48) 在工作中，你可能做一个负责人，虽然可能只领导很少几个人，但你信奉“宁做兵头，不做将尾”的俗语。	A　B　C　D　E
(49) 你从事的那种工作，经常在报刊、电视中被提到，因而在人们的心目中很有地位。	A　B　C　D　E
(50) 你的工作有数量可观的夜班费、加班费、保健费或营养费。	A　B　C　D　E
(51) 你的工作比较轻松，精神上也不紧张。	A　B　C　D　E
(52) 你的工作需要和影视、戏剧、音乐、美术、文学等艺术打交道。	A　B　C　D　E

评分与评价

上面的52道题分别代表十三项工作价值观。每圈一个A得5分、B得4分、C得3分、D得2分、E得1分。请你根据下面评价表中每一项前面的题号，计算一下每一项的得分总数，并把它填在每一项的得分栏上。然后在表格下面依次列出得分最高和最低的三项。

评价表

评价表得分题号价值观说明

（1）利他主义 2，30，36，46 工作的目的和价值，在于直接为大众的幸福和利益尽一份力。

（2）美感 7，20，41，52 工作的目的和价值，在于能不断地追求美的东西，得到美感的享受。

（3）智力刺激 1，23，38，45 工作的目的和价值，在于不断进行智力的操作，动脑思考，学习以及探索新事物，解决新问题。

（4）成就感 13，17，44，47 工作的目的和价值，在于不断创新，不断取得成就，不断得到领导与同事的赞扬，或不断实现自己想要做的事。

（5）独立性 5，15，21，40 工作的目的和价值，在于能充分发挥自己的独立性和主动性，按自己的方式、步调或想法去做，不受他人的干扰。

（6）社会地位 6，28，32，49 工作的目的和价值，在于所从事的工作在人们的心目中有较高的社会地位，从而使自己得到了人们的重视与尊敬。

（7）管理 14，24，37，48 工作的目的和价值，在于获得对他人或某事物的管理支配权，能指挥和调遣一定范围内的人或事物。

（8）经济报酬 3，22，39，50 工作的目的和价值，在于获得优厚的报酬，使自己有足够的财力去获得自己想要的东西，使生活过得较为富足。

（9）社会交际 11，18，26，34 工作的目的和价值，在于能和各种人交往，建立比较广泛的社会联系和关系，甚至能和知名人物结识。

（10）安全感 9，16，19，42 不管自己能力怎样，希望在工作中有一个安稳局面，不会因为奖金、涨工资、调动工作或领导训斥等经常提心吊胆、心烦意乱。

（11）舒适 12，25，35，51 希望能将工作作为一种消遣、休息或享受的形式，追求比较舒适、轻松、自由、优越的工作条件和环境。

（12）人际关系 8，27，33，43 希望一起工作的大多数同事和领导人品较好，相处在一起感到愉快、自然，认为这就是很有价值的事，是一种极大的满足。

（13）变异性或追求新意 4，10，29，31 希望工作的内容应该经常变换，使工作和生活显得丰富多彩，不单调枯燥。

得分最高的三项是：（1）________；（2）________；（3）________。

得分最低的三项是：（1）________；（2）________；（3）________。

从得分最高和最低的三项中，可以大致看出你的价值倾向，在选择职业时就可以加以考虑。

案例讲坛

捡了芝麻丢了西瓜

刘勇是计算机专业学生。开始他想做一个软件工程师，因为这和他的专业更贴近。但是他从报纸上看到，说软件工程师是一个青春职业，和年龄有很大关系，28岁以后软件工程师就面临着被淘汰的可能性，工作会不太稳定。于是他想去卖包子，他认为他家楼下卖包子的生意很稳定。从一个想做软件工程师到想卖包子，这给我们的震动也非常大。后来因为家里的反对，放弃了这个想法。于是决定去公司应聘了，首先想到的是去做销售，因为他看到很多公司高层领导都从销售开始做起的。但是求职销售没有成功，他又回到IT业，想做IT培训老师，但还是没有成功。整个过程下来以后，他找了很多工作，做了很多选择，但都没有成功，变得非常失望、焦虑，他觉得自己的能力不被社会所接受。人焦虑的时候会去排解这种情绪，于是他去上网、玩游戏，这样可以暂时降低焦虑的情绪。毕业的时候为了逃避就业的压力，他决定考公务员，成为高校中的考公务员一族。这也是高校中的一个普遍现象，每年考公务员的人数绝对比找工作的人数要多，这个数也是几年来积累下来的。

那么，他的问题出自哪里呢？

点评：我们来分析一下，影响就业率的因素是什么？很简单，每个学生能顺利就业，就业率就会高了。学生就业的影响因素在哪里呢？一个是他选择的方向正确，选择了适合自己的方向，求职的成功率就会极大提高。第二，他的行动要积极，能力再强的人，如果行动不积极，那也不会很快找到工作。从刚才我们分析的案例上也能看出，一方面他的求职方向变动很大，不太清楚自己适合的工作；另一方面，他的行动最后变得很消极，不是很积极。

那么，怎样才能有一个正确的决策，清楚适合自己的工作呢，这就需要进行职业测评和职业生涯规划。

在了解自我方面，职业测评可以起到很好的作用。在西方，每个学校都有心理学系，职业测评很完善。在中国心理学专业比较少一些，学生在大学期间很少有机会接受系统的心理学教育，很难系统科学地了解自我。这时候职业测评就可以起到重要的辅助作用，帮助学生系统地了解自我。

知识链接二 “知彼”

教学目标

（1）了解职业的定义、分类和意义。

（2）掌握职业的选择。

（3）能找到与自我相匹配的职业（岗位）群。

职业选择：螺丝钉 or 万金油

大学毕业求职，安安被一家著名的跨国公司录用，佳雯只能屈就一间小公司。安安喜不自禁，佳雯略感委屈。安安每天挤地铁，穿套装，就像标准的公司白领。在这家大公司里，安安觉得自己就是流水线上的一个零件，随着非常有规律的流程运转，周而复始，天天如此。

而佳雯是一间小公司的出纳、秘书兼行政助理，穿休闲装还是套装没人规定，基本上她得视当天的工作状况而定。因为，她每天的日程不定，从公司注册到开银行户头，同文具商、家具商、展商或者广告商讨价还价，与物业管理处、税务局、工商局打交道，到处寻找打折机票，给客户订合他们心意的酒店，甚至给老板买晚报，帮老板娘到“杏花楼”门口排队领月饼等。整天跑来跑去，佳雯觉得自己像一个打杂的。偶尔做些会议记录、回复信函、资料翻译的时候，她才有一点白领的感觉。

两年之后，安安的公司裁员，安安非常倒霉，名列其中。安安忽然发现，离开了大公司的流水线，自己似乎一无所长。她的确非常“专业”，但安安从事的这份专业在当年的职业市场上并不走俏。安安换了一家小公司，原以为自己出身“大家”，应付这样的小地方绰绰有余，没想到自己如同刚刚入行的新生，没有了流水线，她还真的不知道从何做起。

而佳雯重新去招聘中心的时候，发现自己跟两年前真的不可同日而语，同什么人都能聊出道道来，非常胸有成竹，对她感兴趣的单位不少。想起当年自己进小公司时，有经验的长者曾经安慰她道：“大公司学做人，小公司学做事。”不知从什么时候开始，自己已经成了职场“万金油”，佳雯想起来就欣喜不已。

知识点1 职业的认识

一、职业

（一）职业的定义

“职业”一词由“职”和“业”两个字组合而成。“职”字包含着责任、工作中所担当的职务等意思；“业”字含有行业、业务、事业等意思。关于职业的定义仁者见仁，智者见智。

职业是从业人员为获取主要生活来源而从事相对稳定、有收入的、专门类别的社会劳动。它是对人们的生活方式、经济状况、文化水平、行为模式、思想情操的综合反映，也是一个人的权利、义务、权力、职责，从而也是一个人社会地位的一般表征。不同的职业，通常意味着不同的发展机会与空间，也决定了不同的生活方式。

格言警句

职业是唯一能使个人的特异才能和他的社会服务取得平衡的事情。天下最可悲的事情，莫过于一个人不能实现一生的真正事业，或未能发现他已随波逐流或为环境所迫陷入了不合志趣的职业。

——杜威

（二）职业的意义

1. 职业首先是谋生的手段

“民以食为天”，个人通过就业实现生存的需要，获得个人最基本的安全感。在谋生的过程中，个人通过职业活动为社会创造着无尽的财富，为人类的繁衍提供保障。

2. 职业使人获得了社会地位

职业依人们参加社会劳动的性质和形式，形成了不同的社会集团，即不同的社会层次。它区分人们在社会劳动分工中的具体劳动方式及承担的具体工作类型。一方面，由于各种职业主体的劳动方式、经济收入的不同，形成了不同的职业层次；另一方面，又由于政治、经济、文化、历史等方面的差异，形成了特定的等级、地位与身份。

3. 职业为个人发展自我个性、实现自我价值提供了空间

人生价值的体现，无论从哪方面看，都离不开职业活动。职业规定了一个人的工作岗位及其奋斗目标，个人只有以工作岗位为起点，才能实现与社会整体的融合。一个人将丰富的知识、熟练的技能出色地运用于职业活动时，就会创造出一定的效益来回报社会，从而实现自己的人生价值。通过职业活动，一方面满足了个人对社会、集体与单位的归属感，并提供了个人为社会做贡献的场所；另一方面也满足了个人对归属、爱、尊敬与被尊敬的需要。

二、行业分类

依据企业、事业单位、机关团体和个体从业人员所从事的生产或其他社会经济活动的性质的同一性分类，即按所属行业分类。

2002 年颁布的新的《国民经济行业分类》将国民经济各行业划分为 20 个行业，95 个门类，391 个种类。其中 20 个行业分别是以下内容。

（1）农、林、牧、渔业。

（2）采矿业。

（3）制造业。

（4）电力、燃气及水生产和供应业。

（5）建筑业。

（6）交通运输、仓储和邮政业。

（7）信息传输、计算机服务和软件业。

（8）批发和零售业。

（9）住宿和餐饮业。

（10）金融业。

（11）房地产业。

（12）租赁和商务服务业。

（13）科学研究、技术服务和地质勘查业。

（14）水利、环境和公共设施管理业。

（15）居民服务和其他服务业。

（16）教育。

（17）卫生、社会保障和社会福利业。

（18）文化、体育和娱乐。

（19）公共管理与社会组织。

（20）国际组织。

三、我国未来的主导职业

进入21世纪以后，人们的生活内容逐渐丰富，职业的种类也随之加速更新。大量的新兴热门职业将会脱颖而出，同时，一些旧的职业将被世人冷落，甚至被市场淘汰出局。了解当前职业发展趋势，对于设计个人职业生涯有着重要的意义。根据全国各类专业协会的有关统计资料，人事管理机构对我国未来急需人才进行了分析和预测。分析结果认为，我国未来的主导职业有16种。

1. 教育

随着社会竞争日益激烈，信息更替的进一步加快，人们将越来越重视教育的作用。21世纪的教育将发展为终身教育和全民教育，各种各样的职业教育和社会教育方兴未艾，教育也将越来越强调个性化发展，强调非智力因素在教育中的作用。该职业从业者应该是毕业于师范类院校，获得教育学、管理学和心理学等相关专业的学历或学位，并且是具备教师资格认证的专业人才。而科技和经济的发展也必将促使教育走向专业化，对教师的个人素质提出更高的要求。

2. 财会

随着社会经济的发展和财务管理的规范化，社会对会计的需求大大增加，会计将成为各行业中的一个热门职业，社会地位和收入也较高。该职业从业者应该是具有助理会计师、会计师和高级会计师等职称或专业资格认证的专业人才，一般需要具有会计、财经、统计等专业的学历或学位。

3. 计算机技术

随着计算机技术的发展和广泛应用，各行业（如银行、医院、政府部门、企业等）对计算机技术方面的职业人才需求越来越大，从业者待遇也比较优厚。这些职业包括计算机硬件工程师、程序员、网路管理员、系统维护专家、数据库管理人员等，他们一般需要获得计算机、信息技术、电子技术或相关专业的学历或学位。

4. 计算机软件开发

计算机技术的普及促进了计算机软件业的飞速发展，软件开发成为计算机行业的重要领域，软件设计专家成为软件开发业热门人才。软件开发专家主要从事操作系统、开发工具、应用软件等计算机软件的开发工作，要求具有计算机软件专业或相关专业的学历或学位，并具有一定的软件开发经验，这项职业在未来相当长的时间里，将成为社会上的高技术和高待遇的职业。

5. 环境保护

随着环境污染的加重和国家与公众环保意识的增强，社会对环境保护类职业的人才需求将呈直线上升。环境保护具体包括环境监测、环境质量评价、环境治理（环境工程）、环境卫生等方面的工作，需要环境科学、地理学、生物学、环境化学、环境工程等方面的专业人才。

6. 医疗保健

随着人们生活水平的提高，人们对自己的生活状态和健康状况越来越关注，健康医学应运而生，医用保健品的市场也随之壮大，中医学和健康医学成为一个受大众关注的领域。因此，社会对中医师和健康医学人才的需求量将逐渐增加。通常这方面职业从业者需要获得生物医学或中医学专业方面的学历或学位。

7. 咨询服务

当今的社会是一个信息膨胀的社会，信息获取已经成为科学技术发展和商业运作的关键环节。社会分工的精细化和专门化促进了信息咨询和相关咨询行业的发展，并成为社会发展和进步的一个主导职业。目前，社会上的咨询行业有企业咨询、心理咨询、信息咨询（包括各种信息服务咨询）、教育咨询等。从事咨询业需要具有教育学、心理学、管理学、信息科学、经济学等方面的学历或学位。

8. 保险

社会经济结构的变化和各种不可预测的因素给人们的工作和生活增添了很多不确定的因素，这就需要有完善的社会保障体系，社会保障体系的不断完善促进了保险业的发展，保险业的发展将人们生活中的不确定因素造成的损失降低到最小的限度。社会对保险业务员、管理人员、精算师和索赔估价员的需要也在不断增加，待遇也高于一般的职业。一般从事保险业的人员需要具有保险专业、金融专业、经济类专业、管理类专业的学历或学位。

9. 法律

随着社会的发展和进步，法律法规也不断健全和完善，国家颁布的各种法律法规将越来越多、越来越详细，一般的老百姓对众多的法律条文不可能了解得很清楚，因此社会需要众多宣传法律的工作者；同时，从事司法工作的政府机构（如法院、检察院）也需要高素质、高学历的法律人才。此外，为了更好地开展法律咨询和处理各种刑事及民事案件，律师在社会上的需求量将越来越大，律师行业将成为一个高智力、高社会地位和高收入的职业。从事律师行业需要具有法律或其他专业领域的学历或学位，并获得国家的律师资格证书。

10. 家庭护理和服务

社会生活和工作节奏的加快使家庭成员的压力加大，照顾病人、老人和孩子成为年轻人和中年父母的沉重负担，家庭护理的需求量也因此大大增加。相关的热门职业为幼儿教师和家庭服务员，这类人员通常不需要很高的学历。但是对于这个行业的管理者，则需要具备社会服务、管理学等方面的学历或学位。

11. 专业公关

公关和企业形象设计对一个公司或企业的发展是至关重要的，公关因此成为极有发展前景的职业。该职业的从业者一般需要获得公关专业、社会服务类专业、经济贸易类专业、管理类专业的学历或学位，并具有相关的工作经验。

12. 市场营销

市场经济的日趋完善和发达，使市场营销成为产品销售非常重要的一个环节，从事商品生产和经营的企业或公司均需要市场营销方面的专业人才。该类职业人员一般需要具有市场营销学、管理学、经济类专业的学历或学位。

13. 生物化学和生物技术

生物化学和生物技术是近些年化学研究与生物技术开发的一个热门领域，该领域在生物制药、保健品开发、治疗疑难病症的药品研制、人工蛋白质合成等方面有巨大的发展潜力。目前，新药主要是生物化学家与生物技术专家开发出来的，并对治疗和预防疾病起到了主要的作用。该领域的从业者一般需要具有生物化学、生物技术、生物医学、分子生物学等专业的学历或学位。

14. 心理学研究

随着国家在心理学领域的投入力度逐年加大，心理科学也逐渐成为一个受国家和社会关注的专业，在社会各行业中的需求量也在不断增加。如从事市场研究、人力资源开发与管理、心理测量与评价、心理咨询与心理治疗、教育心理与心理健康研究、人机交互作用的研究等均需要大量的心理学人才。从事心理学方面的职业人员需要获得心理学专业或应用心理学专业的学历或学位。

15. 旅游服务

人们收入和生活质量的提高，对户外娱乐、休闲和旅游活动在经济和时间上的投入也逐渐增加，这将极大地促进旅游业的迅速发展。旅游业的发展，必将带动相关产业的迅速发展，如航空公司、出租车公司、客运公司、商业、宾馆和餐饮业等。旅游业是投入少、收益高的行业，因此，旅游业也将成为国家重点开发的产业之一。该职业的从业者一般需要具有旅游管理或管理学、地理学或相关专业的学历或学位。

16. 人力资源开发与管理

在近些年的发展中，无论是政府机构还是企业，都建立了专门负责招聘人才的人事机构或人力资源部。其职能已不再是传统的人才档案管理，而是招聘和培训员工，使人尽其才，才尽其用，最大限度地开发人力资源的潜力，创造最大的经济效益和社会效益。人力资源管理也因此备受企事业单位的重视，并成为政府机构和企业的重要职能机构。在未来社会发展中，对人力资源专家的需求也将不断增大。从事这方面职业的人员需要具有人力资源管理、心理学、管理学等专业的学历或学位。

案例讲坛

冷专业　热就业

高考后，成绩不理想的嘉欣被调到××学院第一志愿率为零的档案学专业，刚入学时，嘉欣很是郁闷了一段时间，档案学在嘉欣及其家人印象中是神秘的。但随着专业学习的深入，嘉欣发现档案学其实很适合心思缜密而又讲究条理的自己，加上老师对档案学专业的前景介绍，嘉欣开始对本专业有了兴趣和信心。她对自己的职业定位是：依靠档案学的专业优势和自己对文字工作的喜好和擅长，争取进入大型企业做行政或者档案管理工作。为了实现自己的职业理想，嘉欣还利用课余时间选修了文秘专业课程，取得文秘等级证书。

大学时光一晃就过去了，昔日最受女生青睐的新闻、法律等专业如今却遭遇到了僧多粥少的尴尬，就业率竟然跌到了全校倒数第几名。与此相反，手持冷门专业的嘉欣，求职之路却一路绿灯。好多单位的文秘岗位看中了档案学专业在资料存档和信息搜集方面的优势，频频抛出绣球，加上嘉欣手中还有双证书这张王牌，找起工作来更是游刃有余。最后嘉欣选择了通信业的龙头———华为。

点评：行业无优劣，专业无冷门，表面上再热的专业几年后也可能因为供大于求而备受冷落，而看似冷门的专业却往往因为无人问津而供不应求，特别是在这一领域有兴趣的同学，一旦真正钻研进去了，再冷的专业也可以通向成功的坦途！

知识点2　职业的选择

一、职业选择理论

（一）职业选择的概念

职业选择是指人在自身价值的指导下，依照自己的职业期望和兴趣，凭借自身的能力挑选职业的过程。

职业选择是迈向职场的第一步，是职业规划付诸实践的第一步，因而具有重要意义。在职业选择时，坚持人职和谐的理念。所谓人职和谐，是主张人应该去发现并从事自己喜欢、擅长又有相对优势的职业，使自己生命能量的积聚和消耗最大限度地满足由低到高的各种需要，提高个人和社会的生存力量。人职和谐是在对自己、对职业、对社会发展正确、客观认识的基础之上建立起来的；不能清醒地认识自己、认识职业，就无法实现人职和谐。人职和谐的代表性理论是人格—职业类型匹配理论。

（二）人格—职业类型匹配理论

1959年，美国咨询心理学家约翰·霍兰德以自己的职业咨询经验为基础提出了一种关于职业选择的人格类型理论。这是一种在特质因素理论基础上发展起来的人格与职业类型相匹配的理论。人格类型理论的实质在于择业者的人格特点与职业类型的适应。适宜的职业环境中个人可以充分施展自己的技能和能力，表达自己的态度和价值观，并且能够完成那些令人愉快的使命。在人格和职业的关系方面，霍兰德提出了一系列假设。

（1）在现实的文化中，可以将人的人格分为六种类型：实际型、研究型、艺术型、社会型、企业型与传统型。每一特定类型人格的人，便会对相应职业类型中的工作或学习感兴趣。

（2）环境也可区分为上述六种类型。

（3）人们寻求能充分施展其能力与价值观的职业环境。

（4）个人的行为取决于个体的人格和所处的环境特征之间的相互作用。

在上述假设的基础上，霍兰德提出了人格类型与职业类型的模式。或许霍兰德的建议为我们进行职业选择提供了具有更大灵活性的自由空间。具体见表1-2-1。

表1-2-1　六种人格类型的特征和适宜的职业

类型	人格特征	适宜的职业
实际型	喜欢有规则的具体劳动和需要基本操作技能的工作，缺乏社交能力，不适应社会性质的职业	工程师、技术员、机械操作、维修、安装工人、矿工、木工、电工、鞋匠、司机、测绘员、描图员、农民、牧民、渔民等
研究型	具有聪明、理性、好奇、精确、批评等人格特征，喜欢独立的和富有创造性的工作	自然科学和社会科学方面的研究人员、专家、化学、冶金、电子、无线电、电视、飞机等方面的工程师、技术人员、飞机驾驶员、计算机操作员等
艺术型	具有想象、冲动、直觉、无秩序、情绪化、理想化、有创意、不重实际等人格特征。喜欢不受常规约束，创造性强，不拘小节，自由放任，具有特殊的才能和个性，渴望表现自己的个性，具有语言、美术、音乐、戏剧、写作等方面的技能	音乐、舞蹈、戏剧等方面的演员、艺术编导、教师、文学、艺术方面的评论员、广播节目的主持人、编辑、作者、绘画、书法、摄影家、艺术、家具、珠宝、房屋装饰等行业的设计师等
社会型	具有合作、友善、助人、负责、圆滑、善社交、善言谈、洞察力强等人格特征。喜欢参加咨询、培训、教学和各种理解、帮助他人与教育他人的活动	教师、保育员、行政人员、医护人员、衣食住行服务行业的经理、管理人员和服务人员、福利人员等

续表

类型	人格特征	适宜的职业
企业型	具有冒险、野心等人格特征。善交际，喜爱权力、地位和物质财富，喜欢领导和左右他人，具有领导能力、说服能力；雄心勃勃，友好大方，精力充沛，信心十足，喜欢竞争，敢冒风险。爱好商业与管理人有关的职业	经理企业家、政府官员、商人、行业部门和单位的领导者、管理者等
传统型	具有顺从、谨慎、保守、实际、稳重、有效率等人格特征，喜欢按计划办事，忠实可靠；爱好记录、整理文件、打字、复印及操作计算机等职业	会计、出纳、统计人员、打字员、办公室人员、秘书和文书、图书管理员、旅游、外贸职员、保管员、邮递员、审计人员、人事职员等

二、如何进行职业选择

格言警句

对你而言，你所做的工作选择是正确的概率大约只是百万分之一。如果你认为你的第一选择是正确的话，那么就表明你是十分懒惰的。

——彼得 · 德鲁克

（一）职业选择的过程

职业选择需要经过这么几个基本环节：了解自我、理解职业、认知行业、情况分析、设定职业。

1. 个性气质特征——了解自我

俗话说：“人和人不一样。”在生活中，你不乏看到各种类型的人，有心理学家认为人的气质有四种。一是强而不平衡的胆汁质——这样的人情感和情绪发生迅速，爆发力好，情绪趋于外向，智力活动灵敏有力，意志力坚强，工作热情高。二是强而平衡，灵活性高的多血质——这种人情感和情绪发生迅速，表露于外，极易变化，灵活而敏捷，活泼好动，工作适应力强，讨人喜欢，交际广泛，容易接受新事物，也容易见异思迁而显得轻浮。三是强而平衡，灵活性低的黏液质——这种类型的人情绪比较稳定，兴奋性低，内向、喜欢沉思，思维和言行稳定，冷静而踏实，对工作考虑细致周到。四是弱性、易抑制的抑郁质——这种人情绪体验深刻，不易外露，对事物有较高的敏感性，观察事物细致，行动缓慢，多愁善感，工作中常缺乏果断性，交往面较窄。

人的气质带有先天遗传的性质，它能影响人的行为方式、能力的形成和发展。各种气质都有自己的优缺点，而且它和人的个性紧密联系在一起。人的个性性格是一个复杂的统一体，它主要表现在态度、意志、情绪等方面。人格特点决定了个体的行为方式和内心体验的特点。与气质相比，性格更具有后天可塑性，更大程度上反映了人的社会特性。

在选择职业的过程中，我们可以对自己的个性特征进行分析，评价个人的生理、心理特征，进而分析我们可以选择的各种职业自己是否可以胜任，最后，在了解自己的特点和职业要求的基础上进行自己职业的选择。如果一个人的个性特征与其选择的职业要求匹配得非常好，那么，这个人在职场上更具备成功的可能性。

2. 职业的基本情况——理解职业

列出你所希望的三种工作，从工作内容、工作方式、工作角度和工作要求四个方面，看看自己对想干的工作能理解多少，如果有许多内容自己不甚了解，那就应该回头去对工作内容进行深入的探究，免得将来走弯路。通过与人接触、交涉、谈话、辩论等方式，获得决策的参考。工作内容、方式、角色、要求有时是交叉重叠的，它们是互不相同有时又相互联系的，即使在某些相同的工作岗位，有的工作角色分类和要求也各不相同，这就有赖于对工作的全面理解。

3. 社会需求——认知行业

首先是人力资源供求关系处于什么状况，是供大于求，求大于供，还是基本平衡？这种判断基于当前，却要着眼于未来的趋势，需要一定的预测灵感。如药剂师职业等短缺职业，未来几年基本属于求大于供，属于可以进入的行业。

其次是人力资源的供给结构是否合理，某些行业因为待遇、传统地位等原因受到人们的青睐，高学历、高层次人才云集，供给结构存在普遍的高才低配现象，比如，硕士生进高等学校从事教务员的工作，这样的行业一般要回避。也有些行业因为历史的原因，未能培养专业化的人才，或者现在面临专业化的转型需求，需要人力资源的升级换代。

最后是进入这个行业的机会与成本。除了上述供求关系、结构问题之外，还要分析自己可以进入这个行业的资源，比如合适的人际关系资源。成本问题也很重要，比如进入酒店行业之后，短期内要适应酒店行业的“圈子文化”，要与操作层面的员工打成一片，我们能否接受这种改变？

4. 志愿单位的具体化——情况分析

在对工作有了全面理解之后，就可以进行志愿单位的排序，主要考虑的条件有地理条件、单位性质、单位规模、行业、收入、提升机会、专业对口度、工作环节、福利、调动工作的可能性、稳定性等。列出三个志愿单之后，针对以上所列出的一些内容进行适合度的衡量。看看这三个单位对自己的适合程度如何，比如对单位的了解、对从事岗位的了解、现实的可靠性如何等。

5. 制约条件的权衡与取舍——设定职业

任何一个就业单位，都有其有利条件和不利因素，十全十美的就业单位毕竟是少数。在选择时，对一些条件可能能够妥协，而对其他条件则可能无法妥协，这些条件就是制约条件。因此，必须对这些制约条件进行全盘考虑，并决定最终的单位取舍。起作用的制约条件有单位性质、工作地点、工作时间、工作内容、业务时间分配、专业对口程度、福利以及对单位的总体印象，如形象、风气和文化等。评价有两种标准：即不能妥协的和能妥协的。可以针对具体单位进行评估，如果不能妥协的条件占大多数，也许就应该重新考虑志愿单位了。结合前面所列出的职业兴趣、价值观等比较，从中找出最符合你的职业兴趣、角色兴趣、价值观等因素的就业单位。

（二）制订择业计划

为尽可能顺利地就业，对于每个毕业生来说，安排好一个就业计划至关重要，在制订计划时，应遵循如下原则。

1. 确定时限原则

世界上的任何一种选择都有时效性，职业选择的时效性更强。所以，对于你所追求的职业目标，必须制订一个大致的时效期限。如果到期不能争取到手，原则上应迅速放弃这个职业目标。因为，长时间地争取一个职业目标，容易将人们导入误区，从而丧失许多良机。

2. 目标多元原则

好猎手们都知道，如能有多个目标可供选择的话，则其收获必然甚大。在进行职业选择时，也应该使自己拥有若干个职业目标，切忌目标单一。因为目标单一，意味着机遇少，而机遇少则意味着取胜系数低。

所以选择职业时，不妨参照升学考试录取的办法，对自己所要争取的职业目标排列成第一志愿、第二志愿、第三志愿……这样，在争取某个职业目标产生失误时，就可以迅速转移到下一个职业目标上。

3. 梯级渐进原则

人们发明梯子的目的，在于分解、减少自己与要达到的目标之间的距离和难度，从而使自己分阶段、分层次地逐渐接近目标。

同理，在追求一个较理想的职业目标时，为了确保成功，也必须采用类似办法。将择业计划分解成若干个实施阶段，分层次、有步骤地推进。这样做的好处较多：一是择业过程循序渐进；二是在实施计划时一旦遇到意外情况，或者发现原定的“职业期望值”不正确，难以实现既定目标时，可用较小的代价调整到正确的方面。采取梯级渐进法，可使择业步骤稳妥可靠。选择时，具有较多的灵活性。

4. 多维观察原则

古诗云：“横看成岭侧成峰，远近高低各不同”，就是说同是一件事物，由于人们所处空间位置的不同，所以看法也就有区别。对一个职业岗位必须从多种角度去看待，以便对其形成一个正确的“职业期望值”。这就是多维观察法。看问题越全面，你的择业失误就越少。

三、在选择职业时应考虑的问题

（一）要“专业对口”，也不是非“专业对口”不可

每个毕业生都有自己所学的专业。专业是学生之长，是就业的基础条件。学生在校学

习的专业，基本确定了未来的职业方向。国家在毕业生使用和引导毕业生求职择业时，有一个基本原则就是“专业对口，学以致用”。所谓学以致用，狭义上是指“专业对口”，广义上则是指毕业生无论从事何种类型的职业，其工作性质与所学专业有密切的联系。可以是本专业范围的工作，也可以是相近专业的工作。学以致用，可以充分发挥自己的专业特长，使自己在工作中如鱼得水，脱颖而出，取得事业上的成功，同时也避免了人才浪费。

但是学生一味地按照自己所学的专业去选择职业，这未免太限制自己。职业不等同于专业，即使专业与职业完全对口，为了在该专业中充分发挥自己的作用，仅靠专业知识也是不够的，更何况许多人并不喜欢当初选择的专业。高职阶段的专业教育并不是专才的教育，当今社会上最受青睐的也是“复合型人才”。更何况在大学的任何专业的学习最主要的目的是掌握一套“如何学习的方法”。在这个以“终身学习、终身教育”为背景的社会里，只有学会“如何学习”才能让我们终身受益。在高职的学习中，除了学习专业方面的知识外，很重要的是有意识地锻炼和培养提高各种能力等综合素质。在当今社会，那些走出校门很快能融入社会，被企业认可和接受的学生都是在知识准备、能力准备和心理准备相对充足的前提之下，才获得发展机会的。

（二）第一次就业时的机会难得，不容错失

第一次就业，也就是从学校毕业时面对的机会往往是真正的空缺，同等条件下优秀者得，我们应当在市场中充分寻找，发现那个我们具有优势地位的职位。

如果职位被别人填补了，即使你很优秀，也很难获得那个机会。这就是著名的“挤公车理论”——先上车的人会排挤后上车的人。所以，把握好人生的第一个工作机会是非常重要的，尽管这个过程很辛苦。许多著名的中外企业，包括中海油、宝洁、GE等公司，都很注重应届毕业生的吸纳和培养，比如GE公司的CEO，包括韦尔奇等都是在公司内部成长起来的，有时外部人员很难通过社会招聘的形式进入重要的部门。所以，如果毕业时不能进入心仪的单位，很有可能这辈子再也没有机会，从而抱憾终生。

（三）致命的错误——降低期望值

有的职业指导者建议求职者，包括应届毕业生降低期望值。我们要根据自己的条件反复地问自己：如果我具有做这件事情的能力，我为什么降低期望值，而屈就于不适合发挥才能的工作？

“屈就”给予我们错位的幻觉——似乎我们应该去做更好的工作，挣得更高的薪酬，而我们因为种种因素牺牲了自己的理想，降低了期望值，做了别的事情，拿了更少的工资。长期这样想，会造成思想上的误区、精神上的波动，不利于我们做好手上的工作，失去在这个职位上成长的机会。事实上，现代社会已经进入市场经济，人力资源是以市场配置为基础的，如果我们经过了充分的寻找与选择，那么我们之所以获得这份工作，不是因为我们降低了期望值才获得的，而是在选择的市场上，我们的价值就在这个位置上。如果我们要提高对职位的期望值，那么可以选择对体现我们的价值而言更具有稀缺性的市场，比如去一个人力资源供给还不是十分充足的行业、地区。

（四）职业没有高低贵贱之分

如果我们有一份职业规划，我们就应当不断努力，使规划变成现实，实现我们的人生价值。一个人的职业目标是大学老师，不能因为供大于求，他就选择中学老师的职业，他不会喜欢这样的职业，于人于己都不是一件愉快的事情。而且，在现实的条件下，要从中学老师变成大学老师，是一件极为困难的事情。所以，如果因为暂时的一些因素不能选择合适的职位，那么可以选择这种职业的一个较低职位开始，同时需要继续努力，提高自己与职业目标的匹配程度，持之以恒，坚持不懈，努力返回到自己规划好的职业路线上去。

案例讲坛

择业误区——迷恋名优企业

小林是××职业技术学院模具设计与制造专业2007届毕业生。在校时，经常听回来做报告的师兄师姐在某某名企上班心得，心里痒痒的，心想自己毕业后也一定要进名企。毕业找工作时，小林花重金制作了大量精美的简历投给深圳的各名优企业，可天不遂人愿，求职半年来，他找工作的道路并不平坦。起初，应聘的知名企业看不中他，有几家中小企业看中他，可他没有兴趣。

中途，小林在一名亲戚的介绍下，进入东莞某电子科技公司做操作员。由于心态不好，总想着是在小公司上班没前途，所以，更是一副爱干不干的态度。干了不到两个月，公司决定调整他的工作岗位，他感觉面子上过不去，一气之下就辞职了。从公司出来后，小林想创业自己当头。可想归想，终因为父母反对、经济条件有限等，创业计划搁浅。

5月底，小林和同学们一起回校参加毕业论文答辩。全班同学聚会时看到同学们一个个走上工作岗位，而自己的工作没有影子，小林急了。“现在没什么要求，只要能混碗饭吃就行。”小林与辅导员聚会聊天时说。

由于小林自己没有一个正确的定位，不能清楚地认识自我，不清楚自己的实力，一味追求名企、高薪，致使职业生涯陷入了“饥不择食、慌不择路”的尴尬局面。

点评：应届毕业生一般年后就开始实习或找工作，案例中的小林进入6月份仍未就业，现在的就业形势可以说对其很不利，其实在春节后的半年时间内，就业机会一般会比较多，大学生迟迟未找到工作，不是能力有问题，而是心态有问题，所以，小林想要马上就业，还得调整好心态。应当承认，大学生进入名优企业工作，能更充分发挥出自己的聪明才智，会更有前途，因为大型企业具备较为完善实现人生价值的物质和精神条件，机遇多，福利好，有成型的企业文化和良好的工作氛围，而小企业相对人少资金不雄厚，难有发展前途，但是，大多数的名优企业里人才济济，竞争十分激烈，而一般的小企业，对人才的需求如饥似渴，同时，名优企业里大多存在“人才高消费”现象。发展的路有许多条，大家趋之若鹜的不一定是适合自己的，其实，不管在大企业，还是在小企业，找到属于自己的路，只要有真才实学，脚踏实地，照样能干出一番事业。

阅读思考

教你如何选择就业方向

大学刚毕业找工作时，老师们都建议先就业、再择业。学生们很慌张，因为不知道自己能做什么，怕找不到工作，就觉得应该先就业再择业，病急乱投医，什么类型的工作都找，匆匆忙忙地找了家单位就签下来。结果发现自己不适合这份工作。

实际上，很多人都对“先就业、再择业”这句话有误解，以为择业就是找一份工作，其实择业应该理解为选择就业方向，而不是一份工作那么简单。如果学生们还不了解自己的就业方向，就去工作，往往会积累了不适合自己就业方向的经验。当然，对于运气好的人来说，可能第一份工作就非常适合自己。所以，最好应该先择业、再就业。择业不是选择一份具体的工作，而是选择适合自己的就业方向。

现在来教你如何选择自己的就业方向，首先，把你可能的工作方向全列下来，一个人可能的工作方向无非是这几种，已掌握的技能、已有的经验、自己的专业、自己的爱好、自己的特长、小时候的梦想和家人的希望等。假如，某个人可能的工作方向如下：

（1）机械设计与制造（自己的专业）。

（2）机械产品设计（已有的技能、经验）。

（3）维修技师（已有的技能、经验）。

（4）操作员（自己的爱好）。

（5）教师（小时候的梦想，家人的希望）。

（6）公务员（家人的希望）。

已经把你可能的工作方向尽可能多地列下来了吗？如果你只有一个选择，那就没有什么好迷茫了，不用再往下看了。

而在做职业选择的时候，主要会面临以下问题：

（1）价值观问题：什么对我是最重要的？家庭、事业、健康、朋友、金钱？

（2）性格问题：我的性格适合从事这个职业吗？会不会影响这个职业的发展？

（3）爱好问题：我喜欢这个职业吗？

（4）发展前景问题：我从事这个职业，有发展吗？是否能学到我要学的领域？职级和薪资都能通过努力得到提高吗？

（5）家庭支持度问题：我的家人、家庭情况支持我做这份工作吗？包括我们生儿育女、照顾子女、赡养父母是否对我们的工作产生影响？

（6）门槛问题：我现有的知识、经验、技能、证书能让我获得我想要的工作吗？

（7）薪资满意度：我是否满意这份工作的薪资？

（8）信心问题：我有信心做好这份工作吗？

（9）市场需求问题：市场上对这个职位有需求吗？需求量大吗？

（10）时间问题：追求我的就业方向需要多长时间？我是否有时间追求我的就业方向？

（11）吃苦问题：这份工作是否很苦，我能不能吃这种苦？

（12）风险预估问题：我是否预估到从事这个职业有什么风险？我是否有能力承担这种风险？

现在，把你每一个职业对照上面列出的12个问题，如果其中有一个职业对照这12个问题都不是问题，那么，恭喜你！找到非常好的工作方向。但是肯定有些人觉得有问题，感到非常迷茫，有些人因为自己没做过的工作，就不确定自己是不是喜欢，是否适合；有些人对于自己喜欢的工作没有信心，有些人不满意薪资……所以要进一步做出分析选择。

第一步，像做选择题排除法一样，把自己明确非常不喜欢的工作删除，不确定自己是否不喜欢的就不用删了。

第二步，把自己觉得完全没有发展前景的职业删除。

第三步，把即使通过努力也完全不可能做好的职业删除。

第四步，把市场需求量太小，又入不了门槛的职业删除。

经过四步删除之后，相信你手上的选择已经很少了。有没有经过排除后剩下唯一选择的？那就不用想了，老老实实往这个唯一选择发展吧。希望大家都对自己的未来方向有一个比较清晰的认识。

思考问题

1. 你如何看待“先就业、再择业”这种观念？
2. 你对上述选择就业方向的方法有何见解？
3. 你认为这种方法是否能起到一定的引导作用？为什么？
4. 请尝试采用这种方法选择自己的发展方向并制订一份择业计划。

测试：想知道你的个性适合什么职业？

同样的工作，有些人能做得很好，有些人却怎么也做不好，这跟你的性格有一定的关系。那么，依你的个性最适合什么职业呢？

在一团火红太阳的照射下，你希望有何种景色来衬托？请从下面六个景色中选出你最喜欢和不喜欢的，再将两者组合选出适合你的类型。例如，最喜欢的选1，最不喜欢的选2，你即属于F型，见表1-2-2。

景色选项

1. 雪中的森林
2. 沙丘

3. 火山

4. 高楼大厦

5. 海峡

6. 寺庙

表 1-2-2　　　　记分表

不喜欢	1	2	3	4	5	6
喜欢	1	F	C	D	F	C
	2	B	D	D	B	C
	3	C	B	A	B	A
	4	D	E	A	E	A
	5	F	F	E	D	E
	6	D	C	A	A	C

类型描述

A. 社交积极型。在和朋友交往过程中，你能不断地发挥自己独特的个性和才能。你非常好动，极不情愿做一位家庭主妇，倒是适合从事保险、推销或常有机会和众多人接触的服务业。而像一些需要技术性的工作和一成不变的事务性工作是极不适合你的。

B. 美的感觉型。你的点子很多，对美的鉴赏力与众不同，在音乐、电视、电影等艺术工作领域上往往能一展所长。

C. 智慧分析型。你热衷于某项知识的研究，若能持续此精神，往往能在该知识领域上大放异彩，甚至成为权威人物。和计算机相关的工作极适合你。

D. 秘书事务型。你处理事情相当利落明快，因此适合担任企业顾问、参谋、秘书方面的工作。你对工作的要求极高，只肯为你所尊敬、崇拜的人付出心力，所以多半是从事和医师、学者、大众传播有关的助理工作。女性的话，即使婚后仍会继续其婚前的工作。

E. 个性技艺型。你喜欢在工作领域中自由发挥而不愿受人拘束，也可说你极向往艺术家般的生活。女性的话，极可能选择和本身才艺有关的工作，甚至以此为终身的职业。

F. 完全依靠型。你是把家庭摆在第一位的人。若你是一名女性，准会甘之如饴地做一名家庭主妇，且铁定是一位贤妻良母。反之，是男性的话，则对职业生活会有所抱怨。

知识链接三　“决策”

教学目标

（1）了解职业生涯、职业生涯规划及其相关概念；掌握职业规划的要素和原则、步骤和方法。

（2）能综合“知己”“知彼”，撰写职业规划书。

就业见闻

小戈是××职业技术学院 2002 年首届大专毕业生（挂靠××学院），他这样设计自己的职业生涯：进入大学学习语文教育专业，在学生会任职锻炼——留校做学生工作（辅导员）——做学校院系学生工作管理干部（副书记）——成为高校学生管理工作专家。

知识点 1　职业生涯与职业生涯规划

一、职业生涯

职业生涯是指一个人终生经历的所有职业发展阶段，即职业、职位的变动及工作理想实现的整个过程。一般来说，职业生涯开始于任职前的学习和培训，终止于退休。

职业生涯是人一生中最重要的历程，是追求自我实现的重要人生阶段，对人生价值起着决定性作用。同时，职业生涯又是一个动态的过程，一个人一生在职业岗位上所度过的、与工作活动相关的连续经历，并不包含在职业上成功与失败或进步快与慢的含义，不论职位高低，不论成功与否，每个工作着的人都有自己的职业生涯。

一个人的职业生涯是一个漫长的过程。他可能遵循传统，一生只从事一种职业，持续而稳定地在此职业岗位上晋升、增值；也可能由于个人兴趣、能力、价值观以及工作环境的变化而经历不同的岗位、职业甚至行业。

格言警句

人生就像弈棋，一步失误，全盘皆输，这是令人悲哀之事；而且人生还不如弈棋，不可能再来一局，也不能悔棋。

——弗洛伊德

日本生涯专家高桥宪行将人的生涯形态归纳与概述为 18 种形态，如表 1－3－1 所示。

表 1-3-1 职业生涯的形态

类 型	定 义
卓越精英型	知名度极高，一举一动经常在无形之中牵动多人的利益，乃是众所周知的
超级巨星型	知名人士，品行端正，知识丰富，具有敏锐的观察力，经常适时化险为夷，扭转乾坤
劳碌命型	安分守己，过着朝九晚五的安定生活
得过且过型	缺乏理想、抱负，很少为工作奋斗和拼搏，凡事只求生活过得去即可
捉襟见肘型	机会来了不知把握，机会走了又怨天尤人，自暴自弃
祸从口出型	喜欢批评，常在言语中将过错推卸给别人，喜欢标新立异，又经常提出一些根本无法实现的计划
中兴二代型	继承可观家产，又能兢兢业业发扬光大
外出磨练型	将第二代接班人送到外公司去工作，从基层做起，靠自己的能力、关系发展自己，磨炼成长
家道中落型	面对困境时，经常束手无策，欲振乏力
游龙翻身型	能充分运用人生的蛰伏期，深刻思考自己的未来，并重新规划自己，终至飞跃
转业成功型	面对生涯困境，能迈开步伐，解脱束缚，另谋出路，闯出一番天地
一飞冲天型	智能与经营才华出众，又有冲劲，遇有赏识者提供必要的资源，就能一跃而起
强力搭档型	在幸遇知音、志趣相投、能力互补的强力搭档配合下，开创成功的生涯
福星高照型	相当幸运，往往随着时势的推移，在风云际会中成就美好的事业前程
暴起暴落型	人生多舛，起伏不定，崛起、衰败往往在一夕之间
随波逐流型	目标不够明确，策略不够坚定，行动也常三心二意，因此只有随波逐流，难有创进
强者落日型	能够呼风唤雨，才能出众，但常因人生的际遇，虎落平阳，以致了度余生
一技在身型	专精于某一领域，专心钻研，始终不懈，显得非凡踏实

二、职业生涯规划

格言警句

吾十有五而志于学，三十而立，四十而不惑，五十而知天命，六十而耳顺，七十而从心所欲，不逾矩。

——孔子

职业生涯规划简称生涯规划，又叫职业生涯设计，是指个人与组织相结合，在对一个人职业生涯的主客观条件进行测定、分析、总结的基础上，对自己的兴趣、爱好、能力、特点进行综合分析与权衡，结合时代特点，根据自己的职业倾向，确定其最佳的职业奋斗目标，并为实现这一目标做出行之有效的安排。按照职业生涯规划的时间维度来分类，职业生涯规划可分为短期计划、中期计划、长期计划和人生规划四种类型，如表 1-3-2 所示。

表 1-3-2　　　　　　　　　　　　　　　职业生涯规划的分类

类型	定义及任务
短期规划	3 年内的规划，主要是确定近期目标，规划近期要完成的任务。如对专业知识的学习，专业技能和组织管理能力的培养，就业目标的确定等
中期规划	3～5 年内的目标任务，是最常用的一种职业生涯规划。如 3 年后要成为部门业务骨干或部门负责人，创造相应的业绩以及为实现此目标而参加的教育、培训
长期规划	5～10 年的规划，主要设定较长远的目标。如规划 35 岁要成为一家中小单位长期计划的主要负责人或技术、业务负责人，45 岁成为一家大型单位的主要负责人或技术、业务负责人，掌握更大的权力以及为实现此目标而采取的具体措施
人生规划	整个职业生涯的规划，时间长达 40 年左右，设定整个人生的发展目标和阶梯。如规划成为一个拥有相当数量资产的公司董事或总经理，或总工程师、总经济师、总会计师等

如图 1-3-1 所示，个人职业生涯规划从短期到中期，再到长期乃至整个人生规划，如同将要拾级而上的阶梯，需要一步一步发展，前一个目标是后一个目标的基础，后一个目标是前一个目标的方向，呈阶梯形状，所有的阶段目标都为远期目标服务。但在实际操作中，时间跨度太长的规划由于环境、个人条件的变化性而难以把握；而时间跨度太短的规划又没有多大意义，所以，一般来说，个人职业生涯规划掌握在 2～5 年内比较好。这样既便于根据实际情况设定可行目标，又便于随时根据现实的反馈进行修正和调整。

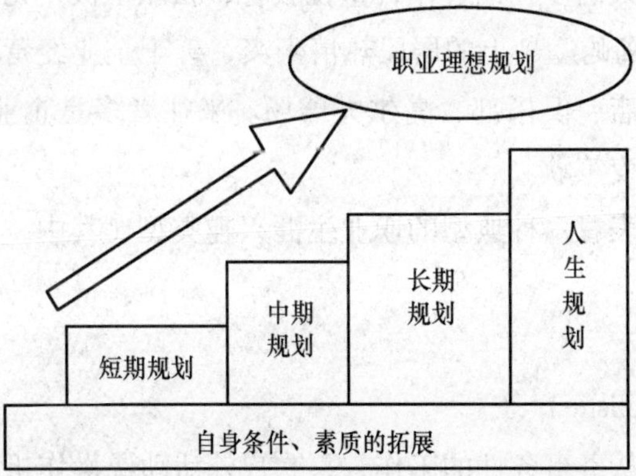

图 1-3-1　各类职业规划目标关系示意图

在设计职业生涯发展阶段时要注意以下问题：

（1）远期目标设计是否有激励作用。

（2）近期目标设计是否符合远期目标的要求。

（3）近期目标是否具体，并具有操作性。

（4）各发展阶段的划分是否合理，并呈递进关系，前后具有推进和带动作用。

（5）各发展阶段的时间是否合理，目标是否统一。

（6）各个发展阶段是否相衔接。

（7）各个目标阶段是否符合设计者自身发展规律和社会发展要求。

测试：你的职业生涯规划测评

如果有机会让你到以下六个岛屿旅游，不用考虑费用等问题，你最想去的哪个？可以按照喜欢程度选出三个。

A岛：美丽浪漫的岛屿。岛上充满了美术馆、音乐厅，弥漫着浓厚的艺术文化气息。同时，当地的原住民还保留了传统的舞蹈、音乐与绘画，许多文艺界的朋友都喜欢来这里找寻灵感。

I岛：深思冥想的岛屿。岛上人迹较少，建筑物多僻处一隅，平畴绿野，适合夜观星象。岛上有多处天文馆、科博馆以及科学图书馆等。岛上居民喜好沉思、追求真知，喜欢和来自各地的哲学家、科学家、心理学家等交换心得。

C岛：现代、井然的岛屿。岛上建筑十分现代化，是进步的都市形态，以完善的户政管理、地政管理、金融管理见长。岛民个性冷静保守，处事有条不紊，善于组织规划。

R岛：自然原始的岛屿。岛上保留有热带的原始植物，自然生态保持得很好，也有相当规模的动物园、植物园、水族馆。岛上居民以手工见长，自己种植花果蔬菜、修缮房屋、打造器物、制作工具。

S岛：温暖友善的岛屿。岛上居民个性温和、十分友善、乐于助人，社区均自成一个密切互动的服务网络，人们多互助合作，重视教育，弦歌不辍，充满人文气息。

E岛：显赫富庶的岛屿。岛上的居民热情豪爽，善于企业经营和贸易。岛上的经济高度发展，处处是高级饭店、俱乐部、高尔夫球场。来往者多是企业家、经理人、政治家、律师等，衣香鬓影，夜夜笙歌。

结果：六个岛屿代表着六种典型的职业生涯兴趣类型（其中，第一个是主要兴趣，第二、三个是辅助兴趣）。

选择R岛

类型：实用型（Realistic）

喜欢的活动：愿意从事事务性的工作，喜欢户外活动或操作机器，而不喜欢在办公室工作。

喜欢的职业：制造业、渔业、野外生活管理业、技术贸易业、机械业、农业、技术、林业、特种工程师和军事工作。

选择I岛

类型：研究型（Investigative）

喜欢的活动：处理信息（观点、理论），喜欢探索和理解、研究那些需要分析、思考的抽象问题，喜欢独立工作。

喜欢的职业：实验室工作人员、生物学家、化学家、社会学家、工程设计师、物理学家和程序设计员。

选择 A 岛

类型：艺术型（Artistic）

喜欢的活动：创造，喜欢自我表达，喜欢写作、音乐、艺术和戏剧。

喜欢的职业：作家、艺术家、音乐家、诗人、漫画家、演员、戏剧导演、作曲家、乐队指挥和室内装潢人员。

选择 S 岛

类型：社会型（Social）

喜欢的活动：帮助别人，喜欢与人合作，热情关心他人的幸福，愿意帮助别人解决困难。

喜欢的职业：教师、社会工作者、牧师、心理咨询员、服务性行业人员。

选择 E 岛

类型：企业型（Enterprising）

喜欢的活动：喜欢领导和影响别人，或为了达到个人或组织的目的而善于说服别人。希望成就一番事业。

喜欢的职业：商业管理、律师、政治运动领袖、营销人员、市场或销售经理、公关人员、采购员、投资商、电视制片人和保险代理。

选择 C 岛

类型：事务型（Conventional）

喜欢的活动：组织和处理数据，喜欢固定的、有秩序的工作或活动，希望确切地知道工作的要求和标准。愿意在一个大的机构中处于从属地位。喜欢的职业：会计师、银行出纳、簿记、行政助理、秘书、档案文书、税务专家和计算机操作员。

知识点 2　职业生涯规划的必备要素和制定原则

一、职业生涯规划的必备要素

打造自己理想的职业生涯，规划自己理想的职业前景，找到属于自己理想的职业方向，需要同时具备几个相关的必备要素，如图 1－3－2 所示。

二、职业生涯规划的制定原则

（一）清晰性原则

无论是目标、措施还是规划本身，都要清晰、明确，各阶段的划分、路线及具体实施一定要具体、可行。

（二）长期性原则

规划一定要从长远考虑，明确个人职业发展的大方向。大方向如果定位不准确，阶段

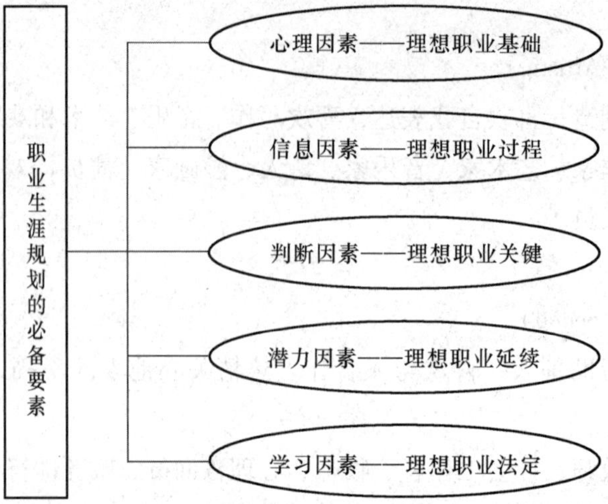

图1-3-2 职业生涯规划的必备要素关系图

性目标和措施制定得再好，也不会产生好的效果。

（三）挑战性原则

所确定的目标要有一定的高度，一个轻易就能够实现的目标不能反映出一个人的真实能力，也不能充分体现一个人的人生价值。因此，目标要具有一定的挑战性，在每一个阶段性目标要实现时，都能有一种成就感，从而激励自己向新的更高目标迈进，直至达到最终目标。

（四）可行性原则

目标或措施应充分考虑到个人、社会和企业环境的特点与需要，从实际出发。各阶段的路线和路线划分与措施安排要脚踏实地、切实可行，不搞花架子、不搞形式主义。

（五）阶段性原则

职业生涯目标的实现，并不是一蹴而就的，而是要对整个职业生涯目标进行分解，指定每一时期的阶段性目标以及计划完成的时间和具体实施措施。这点对学生来说尤为重要，只有充分注意到这一点，才能意识到对学习阶段进行科学规划的重要性。

（六）可持续性原则

拟订职业生涯规划方案时要考虑到职业生涯发展的整个历程，持续连贯。要做到主要目标与分目标相一致，目标与措施相一致，个人目标与组织发展目标相一致。

（七）可评估原则

目标要明确，措施要具体，完成时间要有限定，以便检查和评估，方便自己随时掌握执行情况，为规划的修正和调整提供参考依据。

总之，学生在制定职业生涯规划时，除必须掌握上述原则外，还应该择己所爱、择己所长、择世所需、择己所利。

知识点3 职业生涯规划的步骤

职业生涯规划是一个周而复始的连续过程，其设计流程如图 1 -3 -3 所示。

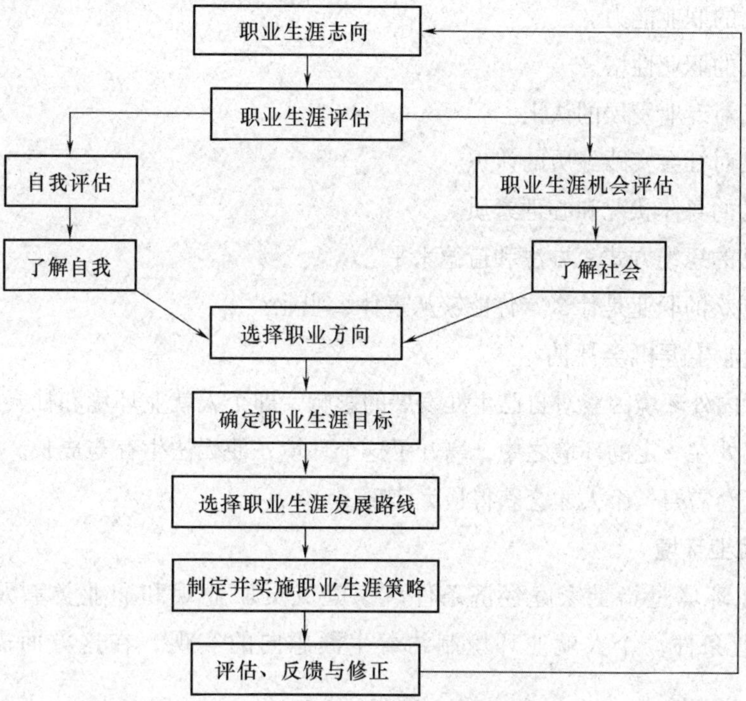

图 1 -3 -3　职业生涯规划设计流程示意图

一、树立正确的生涯志向

俗话说："志不立，天下无可成之事"。志向是事业成功的基本前提，没有志向，事业的成功也就无从谈起。综观古今中外，各行各业的佼佼者，都有一个共同特点，就是具有远大的志向，立志是人生的起跑点，反映着一个人的抱负、胸怀、情趣和价值观，影响着一个人的奋斗目标及成就。所以，在制定生涯设计时，首先确立志向，这是制定职业生涯设计的关键，也是生涯设计最重要的一点。

二、职业生涯评估

职业生涯评估包括两方面内容，即自我评估和职业生涯机会评估。它是进行职业生涯设计的基础。

（一）自我评估

就是对自己做全面分析，通过自我分析，认识自己，了解自己。因为只有认识了自己，明确了自己的长处，扬长避短，才能对自己的职业做出正确的选择，才能选定适合自己发展的生涯路线，才能对自己的生涯目标做出最佳选择。因此，自我评估是生涯设计的重要步骤之一，是确定职业目标的重要依据。

通常情况下，学生可以通过深入思考和了解以下问题，来综合评估自身条件，增强自信心，确定职业目标。

（1）自己的职业需要、动机、兴趣。

（2）自己的理想、信念和世界观。

（3）自己的职业能力。

（4）自己的职业性格。

（5）自己对专业发展的认识。

（6）自己对社会实践经历的认识。

（7）自己的身体状况和心理素质。

（8）自己的思维方式、方法和道德水平。

（9）你喜欢的职业是什么？你能够从事什么职业？

（二）职业生涯机会评估

主要分析内外环境因素对自己生涯发展的影响，即个人就业环境和社会就业环境的影响。每个人都处在一定的环境之中，离开了这个环境，便无法生存与成长。只有充分认识适应与满足社会需要，个人才会获得最大实现。

1. 个人就业环境

个人就业环境是指受家庭经济条件、家庭成员职业观和职业类型及其社会关系所影响的就业条件。个人就业环境制约着生涯志向的实现，在这方面需要解决以下问题：

（1）你的家庭经济条件来源和途径。

（2）你的家庭经济收入的数量。

（3）家庭收入是否能满足你升学或自办经济实体的需要？

（4）家庭成员从事的职业类型。

（5）家庭成员的工作性质和地位。

（6）家庭成员的职业环境。

（7）家庭成员的社会关系。

（8）家庭成员对你就业和发展方向的态度。

（9）你受家庭成员职业观影响的程度。

2. 社会就业环境

社会就业环境是指受社会经济、文化、科技、教育、就业政策和企业组织发展状态影响的就业条件。社会就业环境不仅影响到人们的就业，还影响人们生活的各个方面。各个地区的经济发展不平衡，企业类型和发展的状况也有着很大差异，这就决定了个人发展的机遇不同。

通过对社会就业环境的分析，需要解决以下问题，以确定自己是否适应社会环境的变换以及怎样调整自己来适应社会需要。

（1）你准备前往求职就业的地区的经济发展形势如何？是发展好，还是一般或者较差？这里将来能给你提供怎样的发展机会？

（2）你准备前往求职就业的地区的优势产业是什么？

（3）你准备前往求职就业的地区将会出现哪些新兴的行业？这些行业是否适合你的职业发展？

（4）你准备前往求职就业的地区有哪些就业市场和就业渠道？

（5）你准备前往求职就业的地区人口规模和素质结构如何？

（6）你准备前往求职就业的地区与你专业对口的职业群有哪些？

（7）社会上还有哪些地方、哪些行业和哪些企业有更好的发展机会？

（8）还有哪些重要的社会因素会影响到你的职业选择和职业发展？

总之，只有对这些环境因素充分了解，才能做到在复杂的环境中避害趋利，使生涯设计具有实际意义。

三、选择职业方向

通过自我评估、生涯机会的评估，认识自己，分析环境，在此基础上对自己的职业方向或目标职业做出选择。也就是在职业方向选择时，要充分考虑到自身的特点，了解职业世界，使自己的性格、兴趣、特长与职业相吻合，这一点对即将步入社会选择职业的学生非常重要。

在选择职业时，一般的程序是先选择行业，再选择行业中的某一类职业，然后选择理想的单位，最后是选择具体的部门和职位。当然，现代人力市场是非常复杂的，许多因素难以确定，按照程序找到适合自己的企业、职业、职位也是困难的。因此，在选择具体职业时，应多加考虑，多问自己几个问题。

（1）哪些行业对你来说有比较多的发展机会？

（2）在发展机会较多的行业中，你又最喜欢哪一类职位？

（3）把什么类型的职业作为你职业生涯的起点？

（4）你对机会较多的行业和自己喜欢的职位了解多少？

（5）你喜欢什么样的企业？

（6）你喜欢的企业会给你提供好的发展机会吗？

（7）你喜欢的企业会给你好的待遇吗？

（8）你对所选择的企业了解多少？

（9）你选择的企业会给你什么样的职位？

（10）你能胜任的职位需要具备什么条件？

四、确定职业生涯目标

职业生涯目标的设定，是职业生涯设计的核心。一个人事业的成败，很大程度上取决于有无正确适当的目标。生涯目标的设定是以自己的最佳才能、最优性格、最大兴趣、最有利的环境等条件为依据的。

通常目标分为短期目标、中期目标、长期目标和人生目标（图 1－3－4）。短期目标又分为日目标、周目标、月目标和年目标。学生在校期间的职业生涯规划主要是短期目标和中期目标，这也是确定职业目标的重点。短期目标一般是素质能力的提高，如获得某种职业技能、通过相应的证书的考试等。短期目标必须清楚、明确、现实、可行，一个好的短期职业目标应符合下列规范和要求。

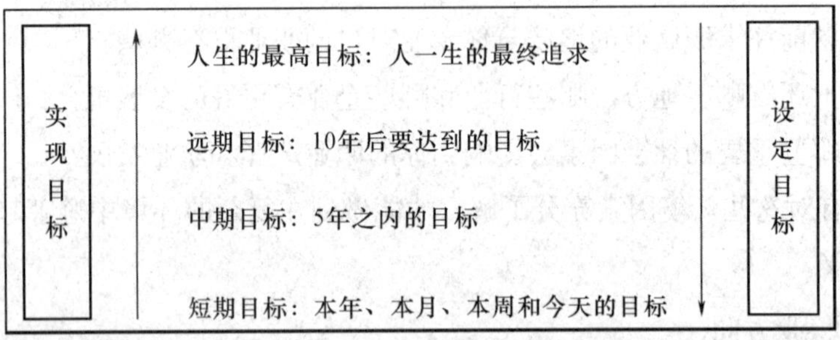

图 1－3－4　职业生涯目标设定图

（1）目标清晰、明白、确定。

（2）目标不是幻想性的，要切实可行。

（3）目标对于本人应有意义，同时与自我价值和长期目标应一致。

（4）目标应顾及企业内外环境，要实际。

（5）辨别和衡量各短期目标的重要性，依其重要程度和可能实现的时间，排列目标实施顺序。

（6）辨认目标中隐含的需求能力目标，找出差距，明确增强能力的努力方向。

（7）规定目标完成时限，包括起始时间和终结时间。

（8）预测目标成功与否的程度。

中期目标要细化至具体工作，如毕业后进入什么样的公司从事什么样的工作等。学生在制定职业目标时，应根据经济社会发展的趋势，用发展的眼光、长远的观点来指导自己的职业选择。服从社会需要是学生实现职业规划的前提条件，学生应志存高远，以社会利益为重，从社会需要出发选择职业。

长期目标的期限一般掌握在 10 年左右为宜。长期目标的确定要以工作环境的需求为依据，从市场角度出发，放眼未来，预测可能的职业进步，找自己最渴望和追求的东西，用心去思考和发现适合自己的长远职业目标。

尽管人们设定了自己的职业生涯目标，但是，并不是所有的目标都能变为现实，只有 SMART（聪明）的目标才有可操作性。这样的目标具有以下特征。

S（Specific）——具体性。目标必须明确而具体，明确描述出每一工作职责所需要完成的行动，不能含糊。要充分了解每一个行为的目的，真正了解什么是最重要的事情，以利于合理安排时间，未雨绸缪，把握现在。要清晰地评估每一个行为的进展，正面检讨每一个行为的效率，把重点从工作本身转移到工作成果上来。

M（Measurable）——可衡量。目标必须能量化，可测定，要有定量数据，如数据、质量、时间等，这样才能循序渐进，逐步实现目标。

A（Achievable）——它包含两方面含义。首先必须是合理的，是在个人可控制的范围之内的。其次目标要有一定的挑战性，必须要跳一跳才能达到。目标的制定必须恰到好处，长期目标要尽可能远大，中短期目标应既具有激励作用，又要现实可行、具体明确。下一级目标要服从上一级目标，围绕上一级目标来制定。

R（Realistic）——现实性。目标要符合自身条件和客观环境的实际情况，要把自己的目标与公司目标、部门目标协调起来，这样才能获得“双赢”。反之，个人目标与企业目标背离，就无法实现自己的目标，并且不可能长期与企业共存。

T（Time-limited）——时限性。目标必须规定起始时间和完成时间，以克服人的惰性。总之，有效的生涯设计需要切实可行的目标，以便排除不必要的犹豫和干扰，全心致力于目标的实现。

五、选择职业生涯路线

职业生涯路线是为了实现职业生涯目标而选择的发展方向和所走的职业道路轨迹。在确定人生目标后，就必须考虑向哪一条路线发展，是走行政管理路线，向行政方面发展，还是走专业技术路线，向业务方面发展等，其具体情况如图 1－3－5 所示。这是在职业生涯规划和设计中必须解决的问题，以便使自己学习、工作以及各种行为沿着自己设计的生涯路线和预定的方向前进。职业生涯路线的选择，是职业生涯发展成功的重要步骤之一。

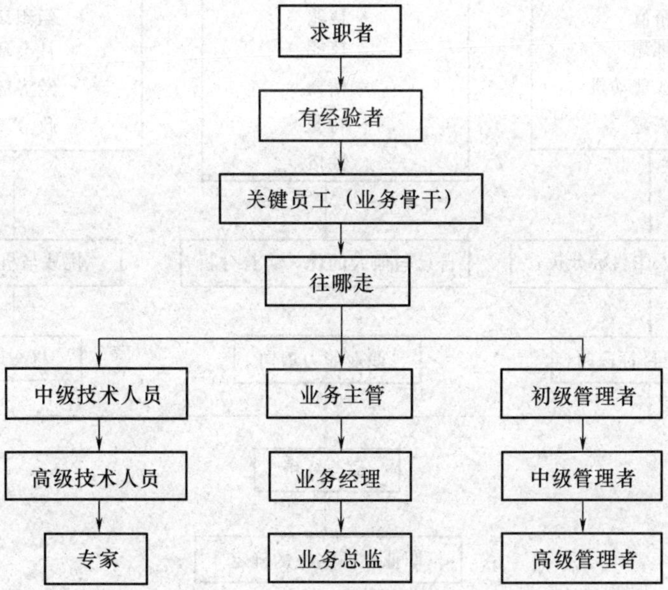

图 1－3－5　各类职业目标关系图

学生在设计职业生涯路线时，必须要解决好以下三个问题：

（1）我想往哪一条路线（或方向）发展？这是通过对自己的职业价值、职业理想、职业动机等的分析，确定自己的职业目标取向。

（2）我适合往哪一条路线（或方向）发展？这是通过对自己的性格、特长、经历、学历的分析，确定自己的职业能力取向。

（3）我可以往哪一条路线（或方向）发展？这是通过对自己身处的社会环境、经济环境、政治环境、组织环境的分析，确定自己的机会取向。

这三个问题的实质就是对“知己”“知彼”有关情况的综合分析成果加以运用的过程。三个取向都确定后，就可以选择适合自己的职业生涯路线，其分析过程如图 1－3－6 所示。

六、制定并实施职业生涯策略

职业生涯策略的制定和实施是指为实施职业生涯目标，制定相应的措施、方案并以实际行动予以落实。实施方案必须具体、清晰、具有可操作性。当确定了职业生涯目标后，就要明确自身现实状况与实现目标要求之间的差距（包括思想、观念、能力等方面的差距），并根据目标制定相应的具体实施方案，以缩短差距，使目标实现成为可能。实施方案的内容包括教育培训计划、实践计划、缩小差距的措施等。例如，在职业素质方面，计划学习哪些知识，掌握哪些技能，开发哪些潜能等；在实践方面，有意识地参加学校组织的各种社会实践活动（包括职业实践活动），像顶岗实习、“三下乡”活动、社会调查等。

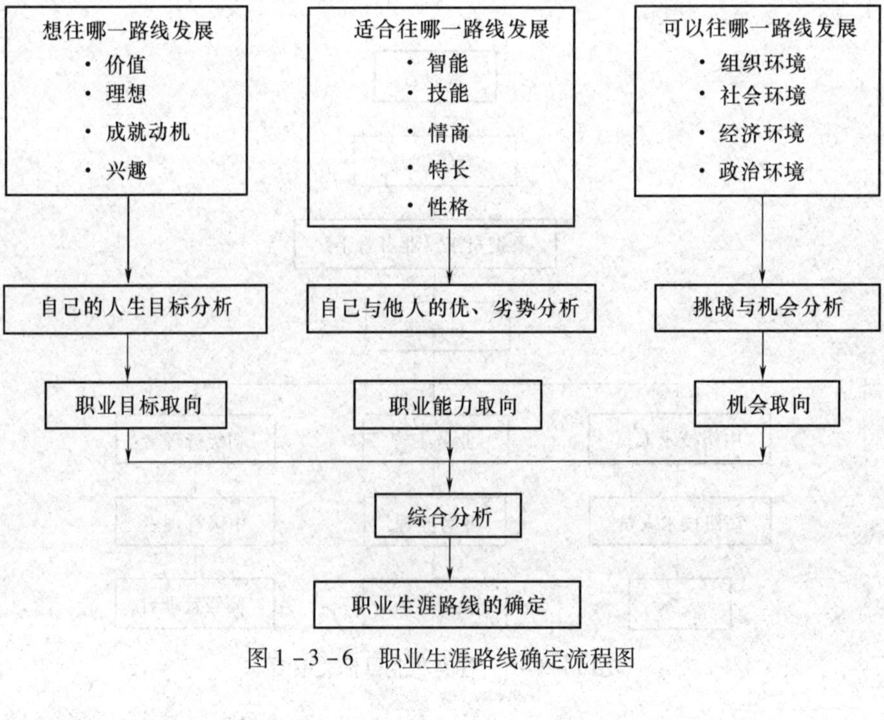

图 1－3－6　职业生涯路线确定流程图

七、职业生涯规划的评估、反馈与修正

反馈与修正是职业生涯规划完善的必要条件。为此，要设定一个衡量此规划是否成功的标准，如果无法实现预期目标，就必须及时做出调整和修正。职业发展规划设计只是一般的规划定式，不是一次完成的。制定好的职业发展规划，也不是一成不变的。它的实施基本上是一种不断调整的动态过程。俗话说："计划赶不上变化"，影响生涯设计的因素很多，有的变化因素是可以预测的，而有的变化因素难以预测。在此情况下，要使生涯设计行之有效，就需要时时审视内外环境的变化，不断地对自己的规划进行评估和修订，并调整自己的前进步伐，以便符合和实现自己的理想。

（一）职业生涯规划的评估要点

职业生涯规划评估可以参照各类短期、中期预定目标和实际结果比照而行。一般来说，职业生涯规划的评估都可以归结为自我素质和行为对现实环境的适应性判断，分析自己现状，特别是对变化的环境，找出偏差所在，并做出修正。

1. 抓住最重要的内容

在学生职业生涯规划的评估中，只要抓住一两个关键的目标和最主要的策略方案进行追踪即可。在学生职业生涯的某一阶段，1 年、2 年内，或者 3 年、5 年内，总有一个最重要的目标，其他目标都是指向这个核心的，你完全可以通过优先排序，重点评估那些可能达到这个核心目标的主要策略执行结果。

2. 分离出最新的要求

在学生职业生涯规划过程中，要善于抓住外部环境的最新变化而做出适当的策略，使自己的职业规划不落伍。

3. 找到突破方向

有时，在某一点上取得突破性的进展将使整个局面发生意想不到的改变。想一想，你先前规划中的策略方案，哪一条对于目标的达成应该有突破性的影响？达到了吗？如何寻求新的突破？

4. 关注最弱点

管理学中有个著名的木桶理论，即一只沿口不齐的木桶，其容量的大小，不取决于最长的那块木板，而取决于最短的那块木板。在反馈评估过程中，当然要肯定自己取得的成绩与长处，但是更重要的是切合变化的环境，发现自己的素质与策略的"短木板"，然后想办法修正，或者把这块木板换下，或者把它加长，唯有如此，你的职业生涯中这只桶才能有更大的容量。

你可以在 1 年、2 年或者 3 ~ 5 年等任何时候回过头来，看看你在制定实施策略前，通过 SWOT 分析发现的劣势等如今是否通过阶段行动的努力而有所改观？如果没有，为什么会行而无效，差距又在哪里？一般来讲，你的短木板可能存在下列方面：

（1）观念差距。观念陈旧往往会造成策略的失误，导致行动失败。因此，要不断检查

自己的观念、更新自己的观念。

（2）知识差距。按照实施策略所积累的知识仍然不够，还是学错了方向，要取得职业的成功，需要更加注重建立合理、科学的知识结构。

（3）能力差距。环境的变化，对人的能力要求也是在不断变化的。彼一时你通过种种努力提高了某些能力，但此一时可能又会出现新的差距。另外，前一阶段是否坚持按计划措施来提高能力，提高了多少能力？遇到什么困难？这对以后都是一个重要的启发。

（4）心理素质的差距。很多时候，我们没有取得预期的进步，并不是规划得不够好，或者措施不够得当，而是心理素质不够。一个人职业生涯的发展，首先是心理素质的成长过程。要不断加强心理素质锻炼，提高心理的适应力、承受力，树立良好的职业心态以及阳光心态。

（二）职业生涯规划的修正

人生目标往往是基于特定社会环境和条件而制定或实现的，这样的环境和条件总是在变化的，确定了目标也应该进行修改和更新。

1. 建议在此过程中注意回答以下问题

（1）你的人生价值是什么？

（2）你有哪些技能和条件？

（3）你最感兴趣的事情是什么？

（4）你的人格特质是什么？

（5）你是否好高骛远？

（6）你建立了自己的就业信息网络吗？

2. 职业生涯规划修正的内容

以上问题的答案将作为修正新的职业生涯规划的参考依据，对职业生涯规划进行修正的内容包括。

（1）职业的重新选择。

（2）职业生涯路线的选择。

（3）阶段目标的修正。

（4）人生目标的修正。

（5）实施措施与计划的变更等。

3. 职业生涯规划修正的目的

（1）对自己的强项充满自信（我知道我的强项是什么）。

（2）对自己的发展机会有一个清楚的了解（我知道自己什么地方还有待改进）。

（3）找出关键的有待改进之处。

（4）为这些有待改进之处制订详细的行动改变计划。

（5）以合适的方式答复那些给予反馈的人，并表示感谢。

（6）实施你的行动计划，确保你能够取得显著的进步和商业成就。

案例讲坛

你制定好毕业五年的职业生涯规划了吗？

陈晓学的是机械专业，在学校成绩不错，毕业后前三年工作也很出色，在公司里技术成熟、独当一面。可是，这些年机械行业发展缓慢，使他感到压抑，沉闷，薪水与自己的几个做IT的同学相比，差距很大。于是，自己总想转行。看到IT人士知识含量高、技术含量高、工资也很可观，真是羡慕死了，每天都想着如何才能进入IT行业，最后想了个办法，没有技术，去做销售，或者转向生产管理，也试着去应聘了几个公司，可是面试机会都没有，毕竟专业知识欠缺，心理又不踏实。所以，是否坚持改行，一直犹豫不决，举棋不定。在彷徨中又过了两年，于是2006年找了宏威职业顾问。咨询师为他做了分析后，坚决不同意他改行，而且告诉他，机械行业是黎明前的黑暗，很快就要火起来，2007年沉睡了多年的机械行业果然大有起色，陈晓也从沉睡中醒来，焕发了精神。

点评：陈晓的问题是外部原因导致内心的不平衡，而引起职业脚步差点错乱的原因有以下两点：

（1）每个时期都有每个时期不同的发展平台，找工作最好按照发展方向，应该是职业生涯规划的某一个平台。然后脚踏实地、逐个平台地往上走，逐步走出自己的成功之路。每个人的职业主要根据个人的实际情况找到职业切入点，否则，糊里糊涂找份工作，不适合自己，导致职业错位，职业处于游离状态。净在边道上晃悠，始终没有步入正轨。由于方向不对，越走越错。几年之后回头一看，职业生涯走出一条蜿蜒小路，曲曲弯弯，来回周折。

（2）每个人在经济大潮里游泳，机遇与风险并存，每个从事的行业都像一只股票，高高低低，既随大势，又有自己的独特走势，但是，行业又不能像股票那样可以随时买进卖出。因为隔行如隔山，新的行业里你没有优势，很难进入。就是进去了，你也要在师弟师妹们后面爬行，心中很难平静，必然引发再次跳槽改行，造成职业生涯脚步紊乱。在你的行业里，你行但行业不行，你还能顶一阵；改行之后行业行而你不行，那可就惨了。改行的阵痛和枯涩，验证了“隔行如隔山”是真知灼见的道理。“隔山放炮，没有准头”，对老的行业的积累全部清零，对新的行业从头再来，知识跟不上行业、企业要求，甚至表现出了基本行业常识的缺乏，所以朝阳的行业不一定给你带来的是阳光，必须理智地对待自己的行业和工作。

知识点4 职业生涯规划书模板

一、自我分析

1. 价值观分析——最看重什么

人才素质测评结果显示，我的价值观前三项是 ××取向（×分）、××取向（×分）

和××取向（×分）。我的具体情况是……

2. 兴趣分析——喜欢干什么

人才素质测评结果显示，我的职业兴趣的前三项是 ××型（×分）、××型（×分）和××型（×分）。我的具体情况是……

3. 个人性格分析——适合干什么

人才素质测评结果显示，我的性格是××型，最合适做 ××类的工作，其次是××，我的具体情况是……

4. 能力分析——能够干什么

人才素质测评结果显示，我的××能力得到最高（×分）、××能力得到较低（×分）。我的具体情况是……可以制成表格，如表 1－3－3 所示。

表 1－3－3　　人才素质测评表

我的优势能力	我的弱势能力
（略）	（略）

5. 自我分析小结：（略）

二、职业分析

参考人才素质测评报告建议以及通过××等途径方法，我对影响职业选择的相关外部环境进行了较为系统的分析。

1. 家庭环境分析

经济状况、家人期望、家族文化等以及对本人的影响。

2. 学校环境分析

学校特色、专业学习、实践经验等对本人的影响。

3. 社会环境分析

就业形势、就业政策、竞争对手等。

4. 职业环境分析

（1）行业分析。

××行业现状及发展趋势，进入行业的可能性等分析。

（2）职业分析。

××职业的工作内容、工作要求、发展前景、岗位设置等分析。

（3）企业分析。

××单位类型、企业文化、发展前景、发展阶段、产品服务、员工素质、工作氛围等分析。

（4）地域分析。

××工作城市的发展前景、文化特点、气候水土、人际关系等分析。

5. 职业分析小结（略）

三、职业定位

综合第一部分（自我分析）及第二部分（职业分析）的主要内容得出本人职业定位的分析表，如表 1－3－4 所示。

表 1－3－4　　环境分析

内部环境因素	优势因素（S）	弱势因素（W）
外部环境因素	机会因素（O）	威胁因素（T）

结论如表 1－3－5 所示。

表 1－3－5　　结论

职业目标	将来从事（××行业的）××职业
职业发展策略	举例：进入××类型的组织（到××地区发展）
职业发展路径	举例：走专家路线（管理路线等）
具体路径	举例：××员———初级××———中级××———高级××

四、计划实施

计划实施如表 1－3－6 所示。

表 1－3－6　　计划实施一览表

计划名称	时间跨度	总目标	分目标	计划内容	策略和措施	备注
短期计划（大学计划）	2007—20××年	如大学毕业时要达到××	大一要达到……大二要达到……或在××方面要达到……	专业学习、职业技能培养、职业素质提升、职业实践计划等	大一以学习专业知识为主，大二以掌握职业技能为主……或为了实现××目标，我要……	大学生职业规划重点
中期计划（毕业后五年计划）	20××—20××年	如毕业后五年时要达到……	毕业后第一年要……第二年要……或在××方面要达到……	职场适应、人脉积累、岗位转换及升迁等		大学生职业规划重点

续表

计划名称	时间跨度	总目标	分目标	计划内容	策略和措施	备注
长期计划（毕业后十年或以上计划）	20××—20××年	如退休时要达到……	毕业后第十年要…… 第二十年要……	事业发展、工作和生活关系、健康、心灵成长、子女教育、慈善等		方向规划

五、评估调整

职业生涯规划是一个动态的过程，必须根据实施结果的情况以及因变化进行及时的评估与修正。

1. 评估的内容

（1）职业目标评估。是否需要重新选择职业？如果……我就……

（2）职业路径评估。是否需要调整发展方向？如果……我就……

（3）实施策略评估。是否需要改变行动策略？如果……我就……

（4）其他因素评估。身体、家庭、经济状况以及机遇、意外情况的及时评估。

2. 评估的时间

我会定期评估规划；当出现特殊情况时，我会随时根据变化进行相应的调整。

3. 规划调整的原则（略）

案例讲坛

模具设计与制造专业学生的职业生涯规划书

一、前言

好的计划是成功的开始，古语讲，凡事“预则立，不预则废”就是这个道理，所以我明白拥有成功的职业生涯才能实现完美的人生。

二、自我分析与评价

1. 自我评价——自信与坚强

我给自己设定了不同时期的不同职业目标，为了能够实现这些职业目标，我会不懈地去努力，我的自信与坚强就是我实现这些目标最大的保障。

2. 职业兴趣——摄影类、制图类

我有较强的独立思考能力和空间想象能力，喜欢去探索新的事物，去享受自然，用自己的笔去描述自然。

3. 职业个性——敢于创新、坚持不懈

我是一个善于发现新事物和探索新事物的人，善于和别人沟通，敢于创新，敢于探索，总是坚持不懈。

4. 职业价值观———综合选择

我的人才素质测评报告结果显示：我的职业价值观排在前三位的是追求关系（8 分）、追求成就（7 分）、支持满足（5 分）。我的具体情况是，首先在得到一份工作后要和自己的同事、领导关系相处得融洽，在这之后要追求自己的劳动成果，做好自己分内工作的同时，适当去帮助他人。在工作时也需要他人的支持。

5. 胜任能力

（1）优势能力。

敢于创新，坚持不懈，具有积极向上的心态，对自己充满信心，有上进心。

（2）劣势能力。

做事没有逻辑性，不能很好地整理自己的文件，有点懒惰，没有很好的语言表达能力。

三、职业分析

参考人才素质测评报告建议以及通过向朋友亲戚的了解，我对影响职业选择相关外部环境进行了较为系统的分析。

1. 家庭环境分析

我家在农村，父母在私营企业上班，家庭经济状况一般，在农村，大家最喜欢攀比的就是家庭状况，还有就是子女的就业情况，大家对我都有很大的期望。

2. 学校环境分析

我就读的学校是河源职业技术学院，它是一所全日制高等职业技术学校，学校专业特色鲜明，有着独特的办学理念，学校教学设施齐全，师资力量也比较不错，教学质量也在不断提高。总而言之，我们学校在同行列的大专院校中排在第一方阵。

3. 职业分析

模具制造与自动化这个职业在目前是一个很热门的专业，而我们在这方面的人才也不是很多，现在的社会是靠机器发展的一个机械化的社会，所以在这方面就业比较良好。

4. 社会环境分析

我国目前就业形势都趋向饱和，但我认为在机械设计和机械制图方面还需要更多人才，而职业市场对技能型人才技能技术要求较高，同时面向这方面的人才也在不断增多。

5. 职业环境分析

随着我国发展的不断深入，工业产品的需求不断增加，同时这方面技能人才的需求也在不断增长，我认为只要掌握好一门技能，在机械行业也可以找到一份好的工作。我生长在中国经济比较发达的珠三角城市，沿海城市的就业状况较好，对人才的需求量较多，可对人才技能技术要求也很高。

6. 职业分析小结

我认为周边给了我一个良好的就业环境，但这并不代表不需要危机感，只有更好地充实自己，才能在就业中取得相应的优势。

四、职业定位

综合前面的自我分析和职业分析这两部分的内容，我得出本人职业定位的SWOT分析表，如表1-3-7所示。

表1-3-7　职业定位的SWOT分析表

内部环境因素	优势因素（S）	弱势因素（W）
	工作认真负责，做事小心细致，有耐心	没有很好的语言表达能力
外部环境因素	机会因素（O）	威胁因素（T）
	在一个经济比较发达的地区，有多种职业应聘	目前就业形势严峻

我希望将来从事机械设计或机械制图方面工作，进入国家企业或好一些的私营企业，并通过自己不断地努力和学习来实现自己的目标，为国家的发展做出自己的一份贡献，具体的路径如表1-3-8所示。

表1-3-8　职业发展规划

职业目标	将来从事机械设计或机械制图的职业
职业发展策略	回自己家乡惠州发展
职业发展路径	打好基础，循序渐进
具体路径	初级工，中级工，技术人员

五、计划实施

计划实施如表1-3-9所示。

表1-3-9　计划实施

计划名称	时间跨度	总目标	分目标	计划内容	策略和措施
短期计划	2007—2009年	英语过四级，计算机过江苏省一级B，拿到中级证，加入党组织	大一英语过四级，计算机过一等级，考取中级证书，考取CAD制图证书	增加英语阅读量，熟记词汇，多参与专业技能培训，丰富计算机知识	大一以适应大学生活为主，大二以专业课学习和技能为主，为实现总目标坚持到底，掌握基本的职业技能

续表

计划名称	时间跨度	总目标	分目标	计划内容	策略和措施
中期计划	2010—2012 年	毕业后能找到发展自我专业类型的工作	第一年以学习为主，第二年要学习并不断积累经验	搞好人际关系，适应工作环境，在技能方面不断强化自己	学习他人经验，多实习，进一步提高技能，积累经验
	2013—2018 年	能成为一个中级或高级的技术人员	学习更多的技能，能拿到高级证书	积累更多经验，多创新，多思考	谦虚学习，多向有经验的师傅学习
长期计划	2018—退休	创业	提高自己的管理水平	能招商引资，创建自己的企业	走专家的路线，发扬党的精神和爱国精神

知识点5 职业生涯规划的方法

一、自我规划法

自我规划法是国外职业专家推荐的一种简单易行的方法。这是许多职业咨询机构和心理学专家进行职业咨询与职业规划时常采用的一种方法。它需要学生自己独立思考并回答七个问题，找出自己职业规划的优势和劣势。综合七个问题的答案，就可以设计出自己的职业规划。

1. Who am I?（我是谁?）

面对这个问题，应该对自己进行一次深刻的反思。要先考虑自己扮演的社会角色，还要凸显自己的性格特点和能力素质，自己的优点和缺点，尽量准确地表达自己的想法，帮助自己认清自己的“真实面目”。确定答案完全齐备后，按重复性对答案进行排序。

2. What do I want to do?（我想做什么?）

这个问题是对自己职业发展的一个心理趋向的检查。每个人在不同的时期都有可能有不同的理想，这主要与不同阶段的环境、兴趣、性格有关。但随着年龄的增长，这种职业理想会逐渐固定下来，并确定自己的人生目标。在具体回答问题时，需要回忆从儿时到现在每个阶段的理想，依次把它们列出，再依照理想实现的程度大小对这些答案排序。

3. What can I do?（我能做什么?）

这个问题是对自己能力与潜力的考察，一个人的职业定位最根本的还要归结于他的能力，而其职业发展空间的大小则取决于自己的潜力。对于一个人潜力的了解应该从个人的兴趣、做事的韧性、临事的判断力以及知识结构是否全面、是否及时更新等方面考察。考察成熟以后，就可以把自己确定的能力和潜力归纳出来，这需要认真地排序。

4. What can support me?（环境支持或允许我做什么?）

这个问题主要考察影响职业规划的主客观因素。主观方面包括同事关系、领导态度、亲戚关系等，而客观方面则包括本地的各种状态，如经济发展、人事政策、企业制度、职业发展空间等。在进行职业选择时应该把主、客观两方面的因素综合起来，把一切有利于自己发展的因素调动起来。

5. What is my advantage?（我的优势是什么?）

分析自己的优势需要从以下三方面考虑。

(1) 学习了什么?

包括在校期间，自己从专业学习中有何收益；在社会实践活动中，提高与升华了哪些方面的知识和能力。努力学好专业课程是职业生涯规划的前提。要注意学习，善于学习，同时要善于归纳、总结，把单纯的知识真正内化为自己的智慧，为自己多准备点“后备能源”。

(2) 曾经做过什么?

包括在校期间，自己担当了什么学生职务，在社会实践活动中取得了什么样的成就，积累了哪些工作经验等。要提高自己经历的丰富性和突出性，自己应该有针对性地选择与职业目标相一致的工作项目，坚持不懈地努力工作，这样才会使自己的经历有说服力。

(3) 最成功的是什么?

包括在校期间，自己做过了哪些成功的事情，是如何做成功的等，通过分析，可以发现自己的长处，以此作为个人深层次挖掘动力之源，形成职业生涯规划的有力支撑。

6. What is my disadvantage?（我的劣势是什么?）

这个问题主要分析自己的劣势。在职业生涯规划中，不可回避自己的弱点。回答这个问题需要注意以下两点：

(1) 自己性格的不足。人无法避免与生俱来的弱点，这就意味着你在某些方面存在着先天不足，有些事情是你力所不能及的。安下心来，跟别人好好交流，看看别人眼中的你是什么样子，与你自己预想的是否一致。找出其中的偏差并加以弥补，这将有助于自我提高。对于性格方面的缺点，要学会取长补短，扬长避短。

(2) 经历、经验的缺乏。经济、经验的缺乏并不可怕，怕的是自己还没有认识到或认识到了而一味地掩盖自己的不足。正确的态度是：认真对待，善于发现，努力克服不足，自我提高。

7. What can I be in the end?（我的职业目标是什么?）

明晰了前面六个问题，就会从各个问题中找到对实现有关职业目标有利和不利的条件，列出不利条件最少的、自己想做而且又能够做的职业目标，那么，第七个问题自然就有了一个清楚明了的框架。

二、SWOT 法

SWOT 法最早是由美国旧金山大学的管理学教授在 20 世纪 80 年代初提出来的。SWOT 分析是一种功能强大的分析工具，也是检查个人技能、能力、职业、爱好和职业机会的有用工具。

SWOT 是四个英文单词的缩写，即 Strength（优势）、Weakness（劣势）、Opportunity（机会）和 Threat（威胁）。一般来讲，优势和劣势从属于个人自身，而机会和威胁则来自外部环境（包括组织环境和社会环境）。因此，在进行职业生涯规划时，首先分析自己是否具有较好的生涯机会。我们可以画一个表格，然后逐一分析，填写上自己的分析结果，如图 1－3－7 所示。

进行 SWOT 分析法时，应遵循以下步骤。

机　　会

内部	优势（S） 1. 2. 3. 利用优势和机会组合	机会（O） 1. 2. 3. 改进劣势和机会的组合	外部
个人因素	劣势（W） 1. 2. 3. 消除劣势和威胁的组合	威胁（T） 1. 2. 3. 监视劣势和威胁的组合	环境因素

图 1－3－7　SWOT 分析图

1. 评估自己的优势和劣势

每个人都有自己独特的技能、天赋和能力。在当今分工非常细的市场经济里，每个人擅长于某一领域，而不是样样精通（当然，除非天才）。例如，有些人不喜欢整天坐在办公桌旁，而有些人则一想到不得不与陌生人打交道时，心里就发麻，惴惴不安。请先做个表格，列出自己喜欢做的事情和优势所在（如果认为界定自己的优势比较困难，可以做一些测试习题，做完之后，就会发现优势所在）。同样，通过列表，可以找出自己不喜欢做的事情和劣势。挖掘自身的优势和劣势同等重要，因为可以基于这些做两种选择：一是努力改正常犯的错误，提高自身技能；二是放弃那些技能要求很高且不擅长的职业。

2. 找出自己的职业机会和威胁

众所周知，不同的行业（包括这些行业里不同的公司）都面临不同的外部机会和威胁，所以，找出这些外界因素将有助于求职者成功地找到一份适合自己的工作，因为这些机会和威胁会影响自身的第一份工作和今后的职业发展。如果公司处于一个常受到外界不利因素影响的行业里，那么，这个公司能提供的职业机会自然是很少的，而且没有职业升迁的机会。相反，充满了许多积极外界因素的行业将为求职者提供广阔的职业前景。请列出自己感兴趣的一两个行业，然后认真地评估这些行业所面临的机会和威胁。

3. 列出今后3～5年内自己的职业目标

请求职者仔细地对自己做一个SWOT分析评估，列出从学校毕业后5年内最想实现的3～5个职业目标。这些目标可以包括：你想从事哪一种职业，你将管理多少人，或者你希望自己拿到的薪水属于哪一级别。请时刻记住：你必须竭尽所能地发挥出自己的优势，使之与行业提供的工作机会完美匹配。

4. 提纲式地列出一份今后3～5年的职业行动计划

这一步主要涉及一些具体的内容，特别是达到自己的职业目标而需要提高的内容。列出一份实现最匹配的职业目标的行动计划，并且详细地说明为了实现每一目标你要做的每一件事，何时完成这些事。如果你觉得需要一些外界帮助，请说明你需要何种帮助和如何获取这种帮助。例如，你的个人SWOT分析可能表明，为了实现你理想中的职业目标，需要进修更多的管理课程，那么，你的职业行动计划应说明你何时进修这些课程、是些什么水平的课程以及何时进修这些课程，等等。你拟订的详尽的行动计划将帮助你做决策，就像外出旅游前事先制订的计划将成为你的行动指南一样。

5. 寻求专业帮助

能分析自己职业发展及行为习惯中的缺点并不难，但要以合适的方法去改变它们却很难。有时需要自己的朋友、上级主管、职业咨询专家帮助自己改善自身的弱势，而协助和监督以及及时的信息反馈，对于弱势的改善和计划的顺利实施都有很大的帮助。在很多情况下借助专业的咨询力量会让自己大走捷径。

三、生涯愿景模型法

（一）个人愿景的含义

愿景（意愿图景），原本是企业管理的概念，概括了企业的未来目标，使命及核心价值，是企业哲学中最核心的内容，是企业最终希望实现的图景。个人愿景是人们心中所真正追求的愿望的景象，它就是一个人心灵深处用景象呈现出来的奋斗目标，是一生最热切渴望达成的事情。它是一个特定的结果，一种期望的未来或意象。当你为一个自己认为至高无上的目标献上无限心力的时候，它就是一种自然的、发自内心的强大力量。图1－3－8显示了个人愿景的组成及相互关系。

愿景有多个方面，有物质上的欲望；有个人的健康、自由方面、对自己诚实；还有对社会方面的贡献；对某领域知识的贡献等，都是人们心中真正愿望的一部分。总的来说，个人愿景主要包括以下几个方面：

（1）自我形象。你希望成为什么样的人？假如你可以变成你向往的那种人，你会有哪些特征？

（2）有形财产。你希望拥有哪些物质财产？希望拥有多大的数量？

（3）家庭生活。在你的理想中，你的家庭生活环境是什么样子的？

（4）个人健康。你对于自己的健康、身材、运动以及其他和身体有关的事情，有什么期望？

（5）人际关系。你希望和你的同事、家人、朋友以及其他人保持哪一种关系？

（6）职业工作。你理想中的职业状况是什么样子？你希望你的努力可以发挥什么样的影响力？

（7）个人休闲。在个人的学习、旅游、阅读或其他的活动领域中，你希望创造出什么样的成果？

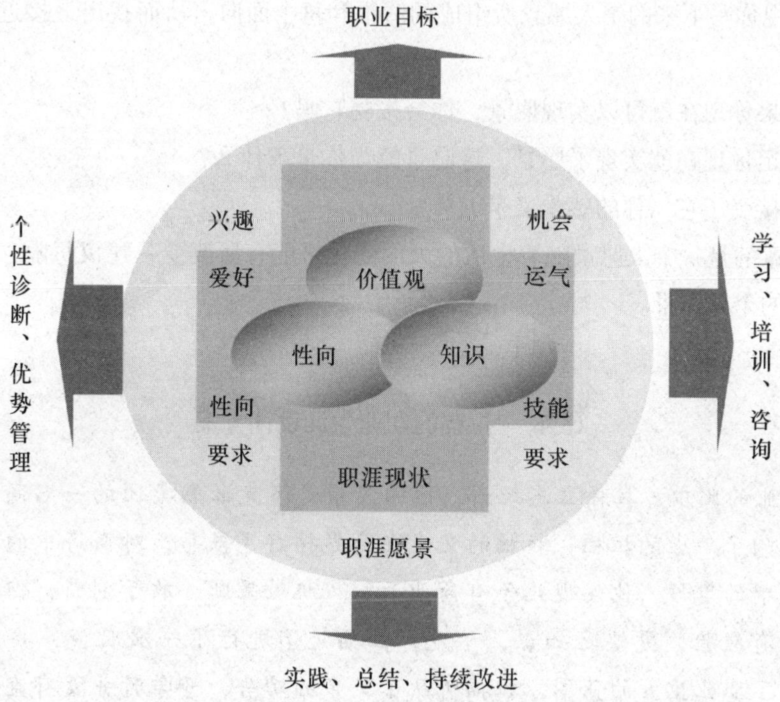

图1-3-8　个人愿景的示意图

（二）如何建立个人愿景

拥有个人愿景是把握自己并实现自我超越的关键因素。虽然每个人都有自己的愿景，但在很多情况下，人们对自己的愿景的认识往往是模糊的，或者可能是误解。这样就会造成行动的盲目。因此，对于每个人来说，关键并不是如何建立个人愿景，而是如何理清个人愿景。个人愿景可以为自己的生活导航提供进行日常工作生活和生涯选择时的必要指导。撰写个人愿景的过程就是找到自己愿景的过程，你一定要写下自己的个人愿景，以聚焦你的欢乐、成功、贡献。简单步骤如下。

1. 想象实现愿景后的情景

假设你得到了深深渴望获得的成果，那么回答以下问题。

（1）这到底是什么样的情景，怎样来形容它？

（2）你的感觉如何？

（3）这种感觉是不是你真正所想要的？

2. 形容个人愿景

想象你正在达成一生最热切渴望达成的愿望，这些愿望会成为什么样子？请你回顾在你学生时代、高中毕业时、大学毕业时、参加工作后以及现在的个人愿景，其中哪些愿景实现了，哪些没有实现，原因是什么？这些愿望包括自我形象、有形的财产、感情生活、个人健康、人际关系、工作和个人休闲等。

3. 检验并弄清楚愿景

分步检视你写下来的个人愿景所组成的清单和每个面向，从而找出最接近你内心深处的层面。

（1）如果你现在就可以实现愿景，你会接受它吗？

（2）假定你现在就实现了愿景，这愿景能为你带来什么？

（3）你接受了它，你的感受又是怎样？

值得注意的是：个人愿景随着生活的大的变化可能有所改变，建议每隔三年，重新定位一下自己的个人愿景。

阅读思考

比尔 ·拉福的职业生涯设计方案

中学毕业的比尔·拉福立志经商，他的父亲是洛克菲勒集团的一名高级职员，父亲的生活熏陶了年少的拉福，拉福的父亲在商界摔打了多年，对商海中的事务了如指掌，深谙其中的奥妙。他发现儿子有商业天赋，机敏果断，敢于创新，但却很少经历过磨难，没有经验，更缺乏知识，于是，拉福父子进行了一次长谈，共同制订了计划，描绘出了职业生涯的蓝图。拉福听从了父亲的劝告，开学时并没有直接去读贸易专业，而是选了工科中最普通、最基础的专业——机械制造。因为做商贸必须具备一定的专业知识，在贸易中，工业商品占据了绝对多数，如果不了解产品的性能、生产制造情况，很难保证贸易的收益。因此，具备一些工科的基本知识是经商的先决条件，况且，工科学习不仅是知识技能的培训，它还能帮助你建立一套严谨求实的思维体系，训练你的推理能力，使你有一种脚踏实地的工作态度，这些素质对经商帮助极大。比尔·拉福就这样在麻省理工学院度过了四年，他没有拘泥于本专业，还广泛接触了其他课程，学习了有关化工、建筑、电子等许多方面的基本知识，这些知识在他后来的商业活动中发挥了不可忽视的作用。

大学毕业后，比尔·拉福没有立即一头扎进商海。按照原先的设计，他开始攻读经济学的硕士学位。商业毕竟不同于工业，这是一种经济活动，有其本身的规律和特征。在市场经济条件下，一切经济活动都是通过商业活动来进行的，不了解经济规律，不学习经济学的知识，很难在商业领域内立足。于是，比尔·拉福又考进了芝加哥大学，开始了为期三年的经济学硕士课程。这期间，比尔·拉福掌握了经济学的基本知识，深入了解了经济规律，懂得了商业活动的社会地位作用，搞清了影响商业活动的众多因素。他还特意认真学习了有关的经济法律，明白了没有法律保障，现代商业将陷入一片混乱。他更注重学习微观经济活动的管理知识，而不是把主要精力用来研究理论经济学。因此，比尔·拉福对会计财务管理较为精通。这样，几年下来，他在知识上完全具备了经商的素质。

令人意外的是，比尔·拉福拿到硕士学位居然没有立即投身商海，而是考公务员，去政府部门工作。原来，他的父亲，这位老谋深算的商业活动家深知，经商必须有很强的交往能力，人际关系在商业活动中异常重要，要想在商业上获得成功，必须深知处世规则，充分了解人的心理特征，善于与人交往，能够给人以良好的印象，使人信任你，愿意与你合作。人是相当复杂的感情动物，有时候一言不慎就会断绝你的出路，使你失去很多机会，损失巨额利润；相反，如果能很好地利用这些关系，你就能比别人更多一些周旋余地，别人办到的你能办到，别人得不到的你能得到，这种开拓人际关系能力是在任何学校都学不到的，只有在社会上，在工作中才能得到锻炼。而训练交际能力，观察人际关系的最佳去处就是政府部门，要知道，官场险恶，政治阴暗，在复杂的政界生活，必须小心谨慎，有时候一不留神，就会遭人算计，在这种环境里工作，每个人都会逐渐变得机敏、老练、处变不惊。比尔·拉福在政府部门一干就是5年，这5年中，他在环境的压迫下树立起强烈的自我保护意识，胸中筑起了很深的城府。他在后来的商业生涯中，从未上当受骗，没有人能算计到他，这全归功于他在政府的5年锻炼。此外，他通过五年的政府机关工作，结识了一大批各界人士，建立起一套关系网络，为他提供丰富的信息、便利的条件，这对他后来的商业成功帮助极大。

5年的政府工作结束之后，比尔·拉福已完全具备了成功商人所需的各种条件，羽翼丰满了，于是，他辞职下海，去了父亲为他引荐的通用公司熟悉商业业务；又过了两年，他已熟练掌握了商情与商务技巧，业绩斐然。这时候，他不再耽搁时间，婉言谢绝了通用公司的高薪挽留，跳出去开办拉福商贸公司，开始了梦寐以求的商人生涯，正式实施多年前的计划。功夫不负苦心人，比尔·拉福的准备工作做得太充分了，他几乎考虑到每个细节，学会了商人应学的一切。因此，他的生意进展异常顺利，拉福公司的成长速度出奇得快，20年之后，拉福公司的资产从最初的20万美元发展为2亿美元，而比尔·拉福本人也成为一个传奇人物，到处受人尊敬。

1994 年 10 月，比尔·拉福率团到中国进行商业考察，在北京长城饭店接受中国青年报记者采访时，谈起了他的经历。比尔·拉福认为他的成功应感谢他父亲的指导，他们共同制定了一个重要的生涯规划，这个生涯规划设计方案使他最终功成名就。看一下他的成功的设计图：工科学习—工学学士—经济学学习—经济学硕士—政府部门工作—锻炼人际交往能力、熟悉人际关系—大公司工作—熟悉商务环境—开公司—致富。

比尔·拉福的生涯设计脉络清晰，步骤合理，充分考虑了自己的个人兴趣、个人素质，着重突出了职业技能的培养，这种生涯设计在他坚持不懈的努力下，终于变为现实。

问题思考：

在钦佩比尔·拉福持之以恒的毅力时，相信你也会不禁为这一设计方案叫好，从他的成功之路中，你是否学到了什么？

训练指导

模拟职业生涯规划设计大赛

一、大赛背景

调查显示，在高校大学生群体中有不少人存在着学习兴趣不浓，学习动力不足，人生目标不明确，缺乏职业规划，求职经验和自信心不足的现象。同时也有一部分同学拥有自己的创意，却没有展示自我的平台。在当今这个知识大爆炸、科学技术发展一日千里的时代，各行各业对人才素质的要求已越来越高。作为一名大学生，如果不能从根本上提高自身的综合素质，有预见性地、科学地规划自己的学习生涯和职业生涯，很难跟得上时代的步伐。

为了能够更好地帮助广大同学树立正确的人生观、学习观、成才观，确立正确的奋斗目标，同时也提高同学们的创业、择业、就业能力。我们精心策划了此次“规划未来，成就梦想”——某职业学院大学生职业生涯规划设计大赛。

二、大赛目的

（1）帮助广大同学明确学习目标，端正学习态度，增强学习动力，树立和提高职业规划的意识和能力。

（2）提高同学们制作自荐书及参加职场应聘的技巧和能力。

（3）创建一种学校和社会相结合的互动模式，给广大同学提供认识社会，认识职场的机会。

（4）丰富同学们的课余生活，提供实践、交流和学习的平台。

三、大赛主题

传播规划理念、拓展职业空间、打造锦绣前程。

四、参与对象及方式

（1）参与对象：全体在校生。

（2）参与方式：以个人为单位报名参加。

五、活动内容

1. 初赛

参赛人员：以各小组为单位进行初赛，每位同学制作一份职业生涯规划设计书参加比赛。

作品形式：将职业规划以电子版 WORD 文档形式提交。

晋级名额：每组前 2 名晋级决赛。

2. 决赛

作品形式：将个人职业规划作品制作成 PPT，在决赛中现场进行展示（不包括标题 20 页以内）。

决赛内容：分为自我陈述和评委提问两个环节，时间各 10 分钟，由评委现场给分。决赛总成绩由两部分构成，其中职业规划作品占 60%，个人作品现场展示占 40%。

六、活动评选规则及说明

（一）比赛的内容和形式

初赛：以“职业规划设计参赛作品”为评选标的。

决赛：以“职业规划设计参赛作品”和“个人作品现场展示”为评选标的（所占比重分别为 60% 和 40%）。

（二）参赛作品评选规则

职业生涯规划简而言之就是：知己、知彼，合理选择职业目标和路径，并用高效行动去实现职业目标。按满分 100 分的标准评分。

1. 参赛作品设计与撰写要求

（1）选手根据自我认知与测评报告，结合自己的实际情况与社会需求，从专业、就业、职业等方面进行个人职业生涯规划设计。

（2）个人职业生涯规划设计作品必须有扉页（封面）。扉页（封面）填写参赛者的真实姓名、学校、专业、班级、联系电话等相关信息。作品要求内容完整、简明扼要、格式清新、版面美观大方、创意新颖，能充分体现个性而不落俗套，文如其人，杜绝抄袭！

2. 参赛作品评分标准（初赛）

本次大赛将以合适、合理、思想、真实、逻辑、创新、可行性为主要评选标准，淡化文学性和艺术性。

特别提示：本次大赛参赛作品的评选将以近期目标规划为评选重点，近期目标规划指大学期间和毕业后五年的职业生涯规划。

（1）自我认知（30 分）。

要求客观认识自我，准确职业定位（所谓“知己”）。

根据测评报告以及其他评估方法，客观分析自己的职业兴趣、职业能力、行为风格、职业价值观、个性特征等，了解自己喜欢干什么？能够干什么？适合干什么？最看重什么？人与岗是否匹配？作为设定职业生涯目标和策略的基础，做出准确的职业定位。

评分标准中，经验与能力8分，兴趣与特长8分，个性与态度8分，思维方式与价值观6分。

（2）职业选择（10分）。

正确评估职业机会（所谓“知彼”）。

通过多种途径，尽可能获取目标行业、目标职业、目标企业（用人单位）的相关资讯，结合自己的专业情况、就业机会、职业选择、家庭环境、社会需求等因素，理性评估职业机会，以此作为设定自己职业目标的基础。

参赛学生需要考虑，我向哪一条路线发展？我能够往哪一条路线发展？我可以从哪一条路线发展？并在实践过程中不断优化职业目标（即发展目标、发展路线、发展方法）。评分标准中，性格与职业的匹配度占5分；兴趣、特长与职业的匹配度占5分。

（3）设定职业生涯目标（15分）。

在知己、知彼的基础上，选择最合适自己的职业目标。职业目标的设定分为近期和中长期，各阶段职业目标的设定要具体、可行。在评分标准中，职业目标的具体程度占5分；职业目标近期与中长期结合情况占10分。

（4）职业生涯路线的选择（15分）。

在设定职业目标后，确定相应的职业发展路径和方法。

评分标准中，职业生涯路线选择是否逻辑清晰、设计合理占5分；是否定位准确，表达完整占10分。

（5）制订行动计划与措施（30分）。

制订行动计划和措施，终生学习，高效行动。

围绕职业目标的实现，制订具有针对性、明确性与可行性的行动计划，特别是要详尽制订好大学期间和毕业后五年内的实施计划。在制订计划时要注意区分轻重缓急，在行动计划和策略制定完成后，要采取高效的行动，学会时间管理和应对干扰。评分标准中，行动计划、措施与所学知识结合程度占8分；与未来就业结合程度占8分；与职业生涯目标结合程度占7分；与自身特点结合程度占7分。

（6）与时俱进，灵活调整。

根据自我发展、社会变迁以及其他不可预测的因素，主动适应各种变化，及时评估，灵活调整，不断修正、优化自己的职业生涯规划。

3. 决赛评分标准

决赛增加“个人作品现场展示”比赛内容，满分为100分。其中，“参赛作品”权重占60%（为60分），“个人作品现场展示”的权重占40%（为40分）。

七、注意事项

（1）所有参赛者均需认真准备简历、认真撰写职业生涯规划设计书，涉及内容虚假等将不被接纳，由此而发生的任何争议将由参赛者自行负责。

（2）所有参赛作品概不退稿，请自行保留底稿。

（3）参赛者必须是参赛作品的原创作者，并保证其拥有该作品的合法著作权。

（4）获奖作品如发现有抄袭、盗用、作弊等不法手段，或有出售、商业推广及直接或间接商业目的、或不符合规定及违反他人著作权的，即予以取消其参赛资格、追回奖励，且一切法律责任由参赛者自行负责。

（5）所有参赛作品的著作权、版权归参赛者和主办方所有，主办方可以将所有入选作品汇集成册出版发行，参赛者不得有任何异议。

（6）所有参赛作品均不得涉及暴力、色情、非法宗教宣传等与国家相关法律、法规相抵触的内容。如遇此类投稿，主办方有权自行决定对其采取不予评审、不予发表或删除等措施。

（7）参赛者若违反本规则的任何条款，主办方有权立即取消其参赛资格，或取消其已获得的奖项并要求返还奖品，同时保留进一步追究损害赔偿的权利。

（8）由于病毒、黑客攻击及其他人为干扰、突发事件或其他主办方无法控制等不可抗力因素，影响活动的管理、安全、评审或公正性的情况下，主办方有权单方面推迟或取消部分或全部的活动。

（9）活动主办方保留进一步补充本比赛规程的权利。

（10）活动主办方不承担因参赛作品所致的包括但不限于肖像权、名誉权、隐私权、著作权、商标权等纠纷而产生的法律责任。

（11）除非另行规定，本活动规程为参赛者和主办方就活动的相关事宜达成的书面协议，受法律保护。

（12）本次活动的比赛规程如有未尽事宜，将及时修订，请参赛选手及时留意大赛通知。

（13）活动组委会拥有本次活动的最终解释权。

某职业学院职业规划大赛活动组

××××年五月十二日

××职业技术学院参加广东省第五届大学生职业规划大赛获奖作品鉴赏

（2010 届毕业生　丁　梦　二等奖）

职业生涯规划书

职业生涯规划书

姓　　名：×××

性　　别：男

学　　校：河源职业技术学院

班　　级：07级数控一班

目　　标：CNC技师

规划年限：6年

指导老师：袁艺老师

联系电话：××××××

E-MAIL：dingkuanmeng@qq.com

规划明天　成就未来

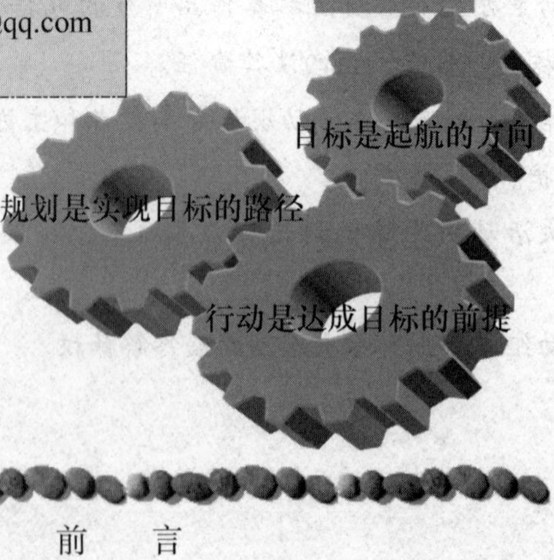

前　言

Daisy，2006 年大学毕业，取得了经贸外语专业学士学位。大学期间的她积极参加社会实践活动：发表文章、组织大型活动、校外兼职，同时获得了许多相应证书。本来可以选择留校的Daisy由于男朋友的原因，大四的时候就来到广东一个二级城市发展，并顺利地获得知名快速消费品C公司销售总监助理与一家直销化妆品牌A公司美容培训导师的两份Offer。比较之后，Daisy还是选择了更有名气的C公司。但是，在C公司不到三个月的时间里，因无法忍受繁琐的工作内容，便借回校答辩之际提出了辞职。而以后的一年时间，虽然她频繁地跳槽，但结果大都不尽如人意。眼看时光流逝，自己在大学时的辉煌战绩也渐渐失去了求职的效力。如今她又面临着一次抉择：一边是在世界知名500强公司担任销售助理职位，一边是影响力一般的某国内媒体公司做发行主管。这次她不敢再轻易做决定了。

很简单的一个故事，却隐藏着一个深刻的道理。未来是什么样子无疑决定于现在的选择！什么样的选择决定什么样的前程，而灿烂的未来就看今天的努力与付出！给你一个绘制未来蓝图的机会，而今天就该毫不犹疑地抓住手中的笔！

大学三年快要过去了，意味着我即将走出象牙塔的庇护，需要进入社会去闯荡。虽然我把长期的职业生涯目标定为CNC工程师，但对仅剩不到一年时间的我来说，我会紧握绘制我未来蓝图的画笔，用百分之二百的信心和汗水去认真规划大学最后一年，用心创设毕业后五年的中期目标。

首先，我会画出一个身穿普通操作工制服的人，然后在他前面画上一座桥，在桥的第四个墩上是一个CNC技师（这是我毕业后五年的目标），桥的另一边会是一位CNC工程师站在那里，那便是我最终的目标所在！我会用我的努力，我的奋斗，我的坚持，加上时间的考验，从桥的这一边慢慢走向另一边！在此时，我的图或许是简单的，但经过时间的粉刷，它将闪耀刺眼的光彩！

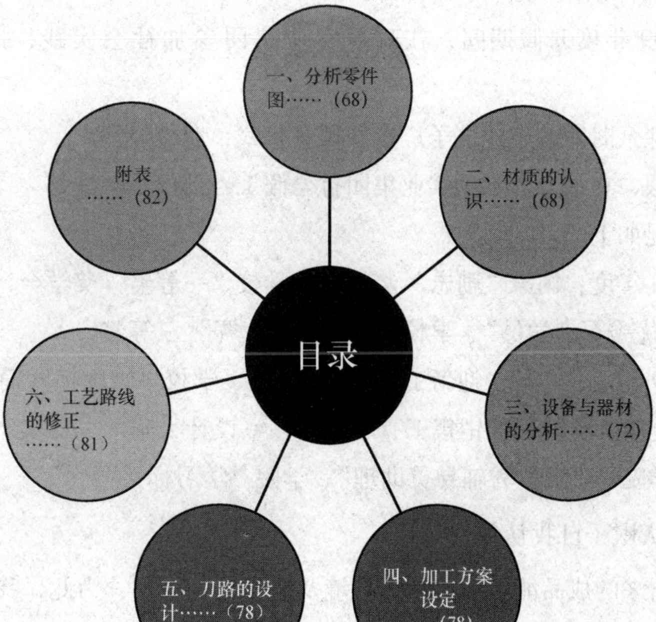

一、分析零件图（总体介绍）

1. 零件名称（目标）：毕业后5年成为CNC技师

2. 材料（自我简介）

（1）姓名：丁梦。

（2）学校/专业：××职业技术学院/数控技术。

（3）教学背景如下。

①专业课程：机械制图及公差、AutoCAD、机械制造技术基础、专业英语、金属工艺学、Pro/E、数控编程与操作、UG-CAD/CAM、MastercamX、塑料模具设计与制造、数控加工工艺与编程、模具设计指导、特种加工、《质量和环境管理体系审核指南》理解与实施。

②基础课程：高等数学、思想道德修养与法律基础、应用文写作、大学英语、英语口语、计算机基础、毛泽东思想、邓小平理论与“三个代表”重要思想概论。

③选修课程：经济与生活、Mastercam9.1、社交礼仪、电工基础、企业管理。

（4）在校担任的职位。曾任学院生活部部长、爱心协会外联部干事、现任2008级数控三班辅导员助理、河源市无偿献血服务队队员。

（5）工作经历如下。

①大一：学校实训中心金工实习车间进行普通车床、普通铣床综合实训。

②大二：在河源市嘉德盛实业有限公司、河源市高新技术开发区农夫山泉广东万绿湖有限公司见习；学校实训中心数控维修室进行数控机床维修与检测实训；实训中心模具数控车间进行数控车床、数控铣床综合实训。

③2008—2009年度寒假期间，在政星实业集团参加社会实践，操作注塑机生产产品。

④2009年，课余时间在丰达电子厂参加社会实践，职位焊锡。

⑤2009年暑假，在河源市永勤实业集团打暑假工，部门是装配部。

（6）获奖情况如下。

①2007—2008年度：国家“励志”奖学金、学校“一等奖”奖学金、学校“优秀青年志愿者”、学校“优秀军训学员”、学校“寝室设计大赛”三等奖。

②2008—2009年度：学校“迎新工作积极分子”、学校“雄鹰杯”简历制作大赛一等奖、学校“工商模拟市场”最佳销售王、学校“寝室设计大赛”一等奖、学院UG软件加工比赛一等奖、学院“十大优秀辅导员助理”、学院“学习标兵”。

二、材质的认识（自我认识）

考虑到加工出来的成品能否适应工作环境及选材是否合理，为此，我使用了优赛生涯网在线测评工具，对我自己进行了探索。

1. 职业兴趣

(1) 根据优赛生涯在线测评工具，我的职业兴趣测评结果如图 1 - 3 - 9 所示。

类型	得分
企业型 (E)	48
社会型 (S)	34
实用型 (R)	76
事务型 (C)	33
研究型 (T)	42
艺术型 (A)	37

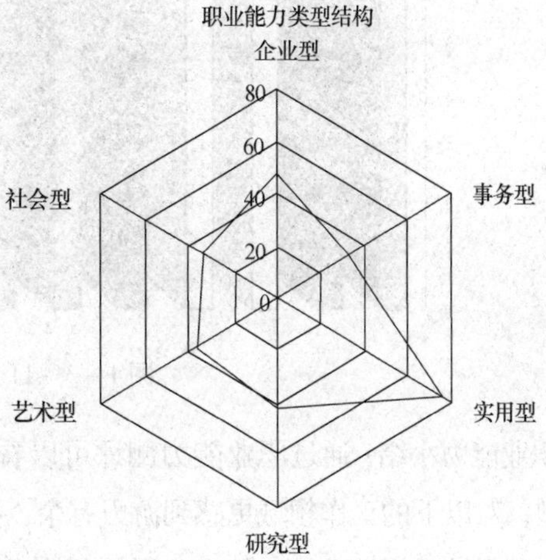

图 1 - 3 - 9　职业兴趣测评

(2) 职业兴趣小结。

通过职业兴趣测评可以看出，我的职业兴趣类型倾向于实用型、研究型、企业型；对以下的工作领域更感到有热情：机械工程师、机械师、制图员、建筑工程师、环保工程师、航空工程师、公路工程师、电力工程师、信号工程师、自动化工程师、海洋工程师、交通工程师、农业经济人员、无线电修理、汽车修理、手表修理、线路维修、电子技术员、医药检验科人员。

2. 职业能力

(1) 根据优赛生涯在线测评工具，我的职业能力测评结果如图 1 - 3 - 10 所示。

类型	得分
实用型 (R)	78
企业型 (E)	42
社会型 (S)	32
研究型 (I)	48
事务型 (C)	34
艺术型 (A)	36

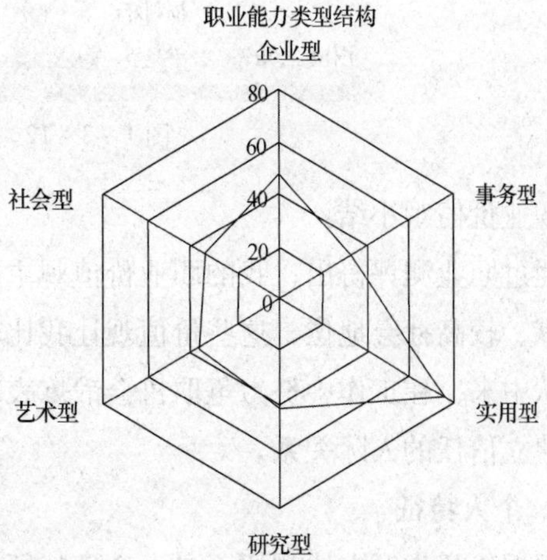

图 1 - 3 - 10　职业能力测评

(2) 通用技能测评结果如图 1 - 3 - 11 所示。

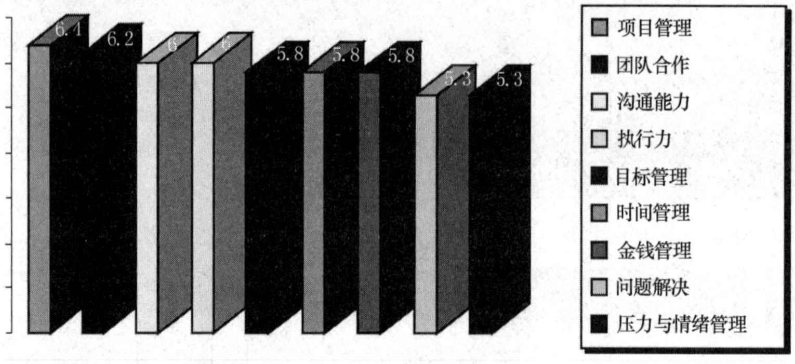

图 1－3－11 通用技能测评

职业能力小结：通过职业能力测评可以看出，我的职业能力类型倾向于实用型、企业型、研究型，对以下的工作领域更感到游刃有余：机械维护人员、机械检查员、数字控制设备操作人员、航天发动机技术员、随机工程师、轮船船长、航海领航员、大副、试管实验员。

多项通用能力是现在企业员工必须拥有的，这让我更自信我能胜任未来的行业。

3. 职业价值观

根据优赛生涯在线测评工具，我的职业价值观测评结果如图 1－3－12 所示。

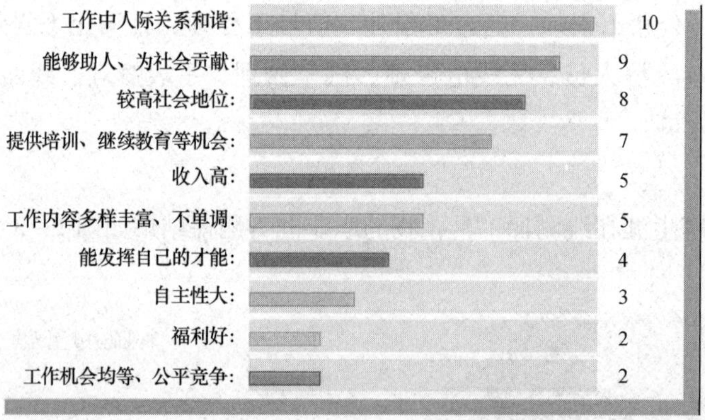

图 1－3－12 职业价值观测评

职业价值观小结：

通过职业测评得出，我的职业价值观主要倾向工作中人际关系和谐、能够助人、为社会贡献、较高社会地位，这些价值观让我比较注重与同事的关系，能更快地让我融入到工作团队中来，在工作中努力争取机会锻炼表现自己，在助人的过程中培养了与人的沟通能力，建立信任的人际关系。

4. 个人特征

根据优赛生涯在线测评工具，个性特征测评结果如图 1－3－13 所示。

个性特征小结：

根据 DISC 个性特征测评显示，我的个性特征倾向于高支配度与稳健度类型。

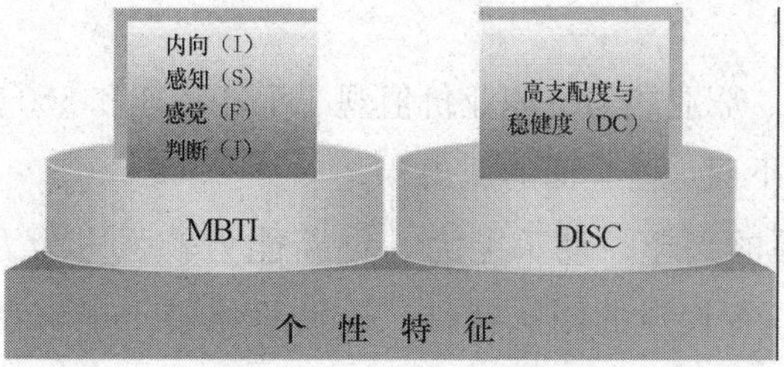

图 1－3－13　个性特征测评

根据 MBTI 个性特征测评显示，我的个性特征倾向是 ISFJ 型。

这种类型的人目标明确，具有很强的责任心、事业心、富有同情心，喜欢助人为乐，做事十分稳健，总能在规定的时间内完成任务，不轻易冒险，但是在一定情况下也会表现出急躁和缺乏耐心。一般适合的职业有：机械、电气工程师、计算机程序员、数据库管理员、实验室技术人员等。

5. 360 度评估

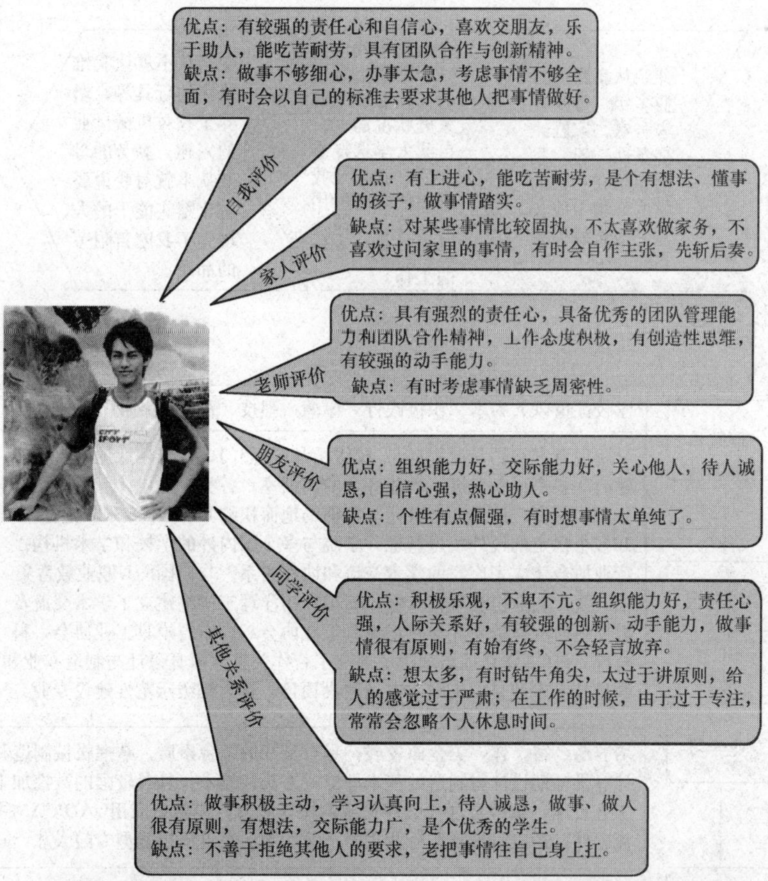

360度评价小结：通过多种关系对我的优、缺点剖析，都认为我是一个交际能力好、组织能力好、动手能力强、自信心强、有责任心、积极乐观、有创新能力、有上进心、有团队合作精神的人，这些优点将是我职业生涯走向成功的一大动力；但是，我做事不够细心和考虑问题不够全面这些缺点将成为我以后职业生涯的一个绊脚石，所以，在今后我将多加注意，尽早纠正缺点。

自我认识与小结：

经过我的职业兴趣、职业能力、职业价值观、个性特征和360度评估这五个方面的综合分析，我对自己有了下面这些全面的认识。

对机械行业有浓厚的兴趣，动手能力、创新能力较强，为人和善、乐于助人，能很快地融入集体中，具有较强的团队精神，这些性格特点能够使我在机械行业更加得心应手。

综上分析，我较合适的行业是机械类。

三、设备与器材的分析（环境的评估）

（一）外部环境的认知

（1）家庭环境分析。

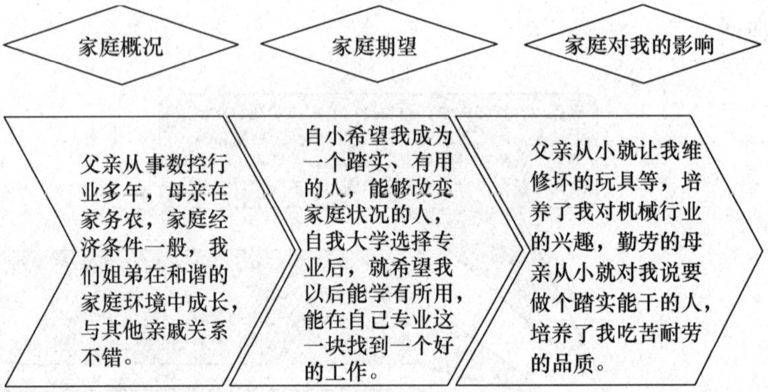

（2）学校环境分析。

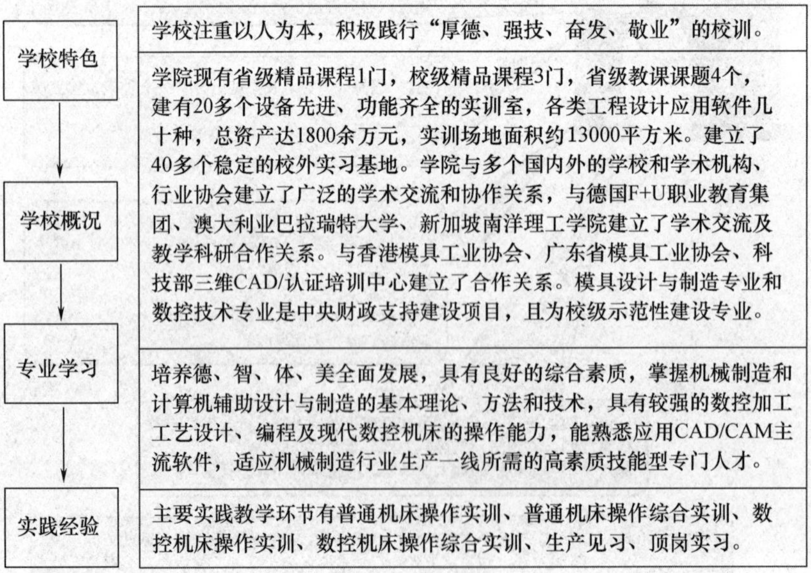

（3）社会环境分析。

①就业环境。具体分析见图1－3－14和图1－3－15。

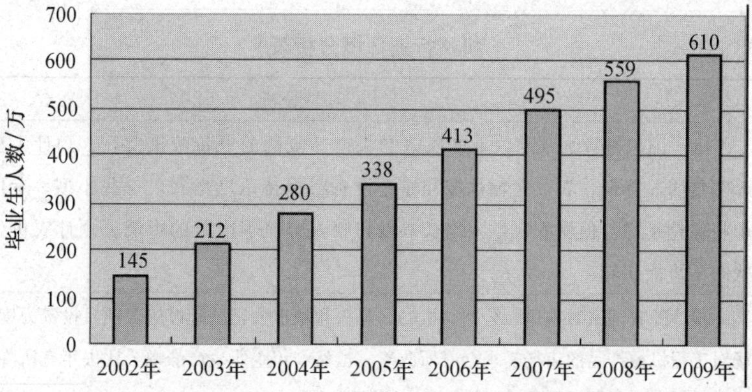

图 1－3－14　近年大学生毕业人数

图 1－3－15　2008 年某省应聘大学生

随着高校逐年扩招，大学毕业生数量越来越多，而公共部门对大学生的新增需求越来越少，近几年就业率稳定在 60% ~65% 。

据中国劳动力市场信息网监测中心监测的数据显示，金融网危机下，企业对技能人才尤其是高技能人才的需求不减。目前，广东省对技术工人的需求量大约在 502 万人，还有 130 多万的缺口。到 2010 年，广东省高技能人才需求总量将达 273. 6 万人，缺口达 131. 7 万人。

河源市社会发展局预测，河源及河源周边地区未来 2 ~5 年内，将需要 5000 名左右的各种层次的数控模具技术人才。可见，在就业压力大的情况下，我们专业的就业前景还是十分广阔的。

②机械行业环境分析如表 1－3－10 所示。

表 1－3－10　　机械行业环境分析表

机械行业	环境分析
农机行业	由于国家继续加强对农业的投入和农产品收购的顺价政策实行，预计大型农机产品生产降幅将明显降低，农业运输机械和输送设备将保持适度增长，一些小型、专用农机具市场需求将保持平稳。但受农民收入增长减慢和收入分流等因素的影响，预计农机生产低速增长的状态不可能扭转
工程机械行业	预计随着国家对铁道、公路、机场、码头和城市公用基础设施等项目投资力度的加强，国内市场对工程机械产品的市场需求会有所改善。虽然今年企业生产涨幅会比去年有所降低，但全年工程机械行业仍将保持适度增长
仪器仪表行业	从目前主要仪表产品的发展前景看，预计投资类仪表的市场需求会有所好转，受住房制度改革的推动，预计各种水表电表需求将逐渐趋稳，光学仪器和消费类仪表将能够继续保持目前的增长态势，全年生产增长将在 5% 左右
石化通用行业	由于石油化工通用设备行业的产品多是量大面广的辅机制造，尽管今年以来这个行业生产增幅逐月回落，但与其他机械制造行业相比仍是基本适度的。从主要产品情况看，受海上石油发展的影响，石油钻采、炼油化工保持一定增长；气体压缩机、高中压阀门生产与化肥行业生产不景气有关，降幅都较大。从目前相关行业发展前景看，今后石化通用行业情况会有转机，流水线生产增长会有所恢复，尤其是国家加大对年产 30 万吨及以上合成氨、48 万吨及以上尿素、30 万吨及以上乙烯成套设备等的技术改造会促进需求的平稳增长
电工电气行业	从目前电工行业经济运行状况看，行业经济形势将进一步趋好，尤其是国家决定新建电厂和改造老厂所需的 60 万千瓦以下的火电机组将采用国产输送设备。加强中低压凝汽式机组、老机组和重点主力机组，三年内停运和报废 1000 万千瓦中低压小火电机组。集中资金加快电网特别是城市电网和农村电网的建设与改造等措施，无疑会促进电工行业的发展。同时，也应看到，由于电工行业一些大型主机厂资金供应受三角债困扰特别严重，这对下一步电工企业的正常生产运行会造成不利影响

③企业用人要求。

专业能力	具备从事数控行业所需的技能和与之相应的知识，包括单项的技能与知识、综合的技能与知识
方法能力	具备从事数控行业所需要的工作方法和学习方法，包括制订工作计划的思路、独立学习新技术的方法、评估工作结果的方式等
社会能力	具备从事数控行业所需的行为能力，包括人际交往、公共关系、职业道德、环境意识等。因此，应在现有的人才培训计划基础上，拓宽专业课程。要特别加强新技术、新工艺在专业运用中的学习。要把职业道德、行业要求渗透到专业教学中，培养学生具有过硬的专业素养

④数控技术的发展趋势。

· 高速、高精加工技术及装备的新趋势。

· 5 轴联动加工和复合加工机床快速发展。

· 智能化、开放式、网络化成为当代数控系统发展的主要趋势。

· 重视新技术标准、规范的建立。

⑤行业工作要求如表 1-3-11 所示。

表 1-3-11　　行业工作要求表

		工作要求	市场需求量	工资待遇	培养地
蓝领层	数控机床操作技工	精通机械加工和数控加工工艺知识，熟练掌握数控机床的操作和手工编程，了解自动编程和数控机床的简单维修	较大	1500~3500 元/月	中职学校
灰领层	数控编程员	掌握数控加工工艺知识和数控机床的操作，掌握复杂模具的设计和制造专业知识，熟练掌握二维 CAD/CAM 软件如 UG、Pro/E 等，熟练掌握数控手工和自动编程技术。数控编程员应具有较强的软件应用能力	较大	2000~8000 元/月	本科、高职院校
	数控机床维护人员	熟悉各种数控系统的特点、软硬件结构，掌握数控机床的操作与编程，能进行 PLC 和参数设置。清楚数控机床的机械结构和机电联调。精通数控机床的机械和电气维修	较小但缺乏	5000~8000 元/月	高职学校
金领层	数控通才	精通数控编程员、数控操作技工和数控维护、维修人员所需掌握的综合知识，并在实际工作中积累了大量实际经验，知识面广，能自行完成数控系统的选型、数控机床机械结构设计和电气系统的设计、安装、调试和维修，独立完成机床的数控化改造	抢手	年薪为 10 万~20 万	本科、高职学院组织培养，且经过特殊的现场实训和名师指导

⑥目标地域分析。

· 目标城市：河源市。

· 目标城市的区位优势。

河源南接珠三角，北连大内陆，境内京九、广梅汕两条铁路交会，并在龙川设有京九铁路南段最大的编组站，惠河、梅河和粤赣高速公路贯穿全境，河源已经全面融入了“珠三角两小时经济生活圈”，成为粤东北陆路交通枢纽和沟通长三角与珠三角的“大陆桥”，为绿色农副产品的流通运输提供了十分便利的交通条件，还可发展成粤北山区新的物流中心。

今年，省政府明确珠三角城际轻轨惠州至河源段是全省城际交通网的一部分，该项目已获省发改委批复，同意由广东省铁路建设投资集团牵头组织开展惠州至河源城际轨道交通项目前期工作，并且，惠州至河源城际轻轨项目前期工作正式启动，该项目建成后，河源到广州、深圳只需50分钟车程，这意味着河源将融入珠三角“一小时生活圈”。

· 目标城市的发展前景。

自确立了工业立市、走新型工业化道路以来，吸引了越来越多的外资企业到河源投资办厂，产业配套能力逐步加强，目前河源形成了以模具制造、汽车制造、电子机械、轻工纺织、食品饮料、建筑材料为主的六大支柱产业，河源经济的迅速发展也迫切需要大批高技能型人才。河源市高新技术开发区、明珠工业园、福星工业园、临江工业园等，仅机械类厂家就有150余家。随着城市化建设步伐的加快，农村劳动力向城镇转移，河源市的工业会有很大的发展。社会、经济的发展必然带动作为21世纪制造业前沿的数控、模具行业的大发展。“十一五”期间，河源市确立“工业立市”：在市区有五个工业园区，每个县区有1~2个工业园区。数控模具技术相关行业需要大量的有一定专业基础的高技能型人才，特别是在一线从事生产、维护的技能型人才，并且按行业发展速度预测，所需人才数量呈逐年上升趋势。

2009年9月15日，河源市再获产业转移竞争扶持资金，成为了两次获竞争扶持资金的城市。据河源市市长刘小华介绍，五个亿资金到位后，园区的信用评级将更高，融资平台也将更充实，银行将更乐于贷款给园区。根据园区发展需要和偿贷能力，河源计划再融资19个亿，更好地发挥资金的放大效应，投入到园区的建设中。

（二）目标职业分析

1. 目标职业名称：CNC技师

2. 岗位说明

CNC技师是指从事数控机床的开发、编程、设计、操作、维护等工作的专业技术人员。

3. 工作内容

（1）进行日常设备的维护工作，完成设备维护的日常报表。

（2）编程CNC零件加工工艺的流程，书写操作指导书。

（3）对操作工进行CNC设备的培训。

（4）数控机床的故障诊断。

（5）设备的改善和完善。

（6）及时完成机器的预防性维护。

（7）项目进度的协调，外协厂质量、进度、检测跟踪。

4. 需具备的工作经验

熟悉数控设备控制系统，熟悉编程中的G代码和M代码，熟悉CNC数控加工中心的编程和操作；具有良好的机械绘图能力，能够使用多种专业软件进行绘图；具有丰富的

CNC 机床维修、保养经验；具有较强的分析与解决问题的能力；有较强的组织与沟通能力。

5. 发展前景

据了解，目前我国机床的数控化率仅为 1.9%，但现有的数控机床还是由于缺乏专门人才而未被充分利用，为此，国家规划在 2010 年前，使数控化率达 10% 以上，我国数年内将增加 40 万 ~50 万台数控机床，相应需要 60 万 ~80 万数控专业技术人才。

目前，广东就业难度提高，但对于有一技之长的普工和技工仍供不应求，在河源地区企业一般是机械制造类企业居多，数控模具技术相关行业需要大量的有一定专业基础的高技能型人才，特别是在一线从事生产、维护的技能型人才，并且按行业发展速度预测，所需人才数量呈逐年上升趋势。

（三）人岗匹配分析

综合考虑自我探索和职业探索的结果，我基本选定了职业目标，从价值观出发，我评估了三个职业与我的匹配程度，具体如图 1－3－16 所示。

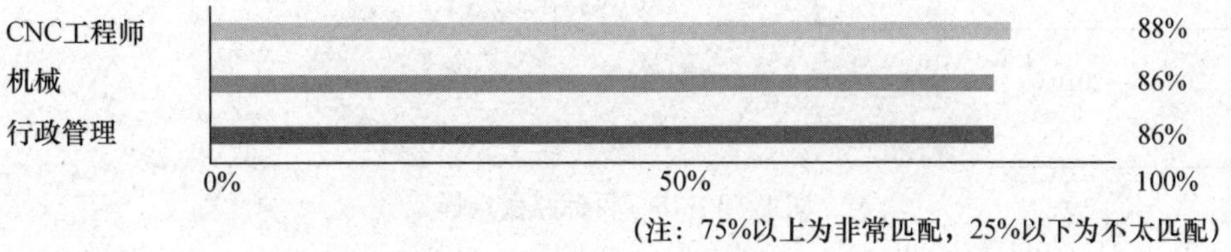

图 1－3－16　人岗匹配分析

（四）SWOT 分析

针对以上的分析结果，综合考虑其他因素，进行了以下 SWOT 分析，见图1－3－17。

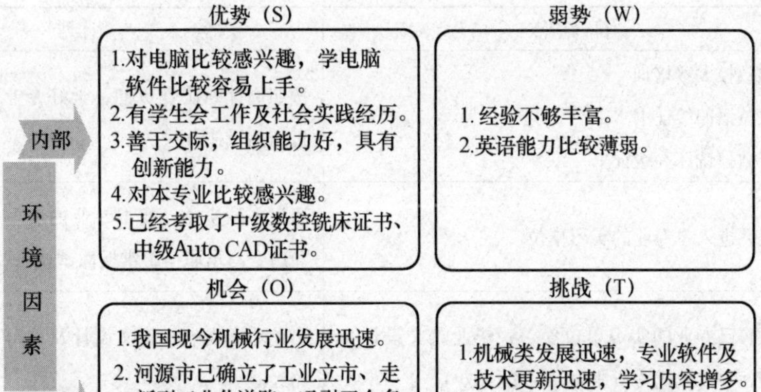

图 1－3－17　SWOT 分析

四、加工方案设定（目标路线）

1. 目标选择：毕业后5年成为CNC技师

2. 路线选择

路线的选择如图1－3－18所示。

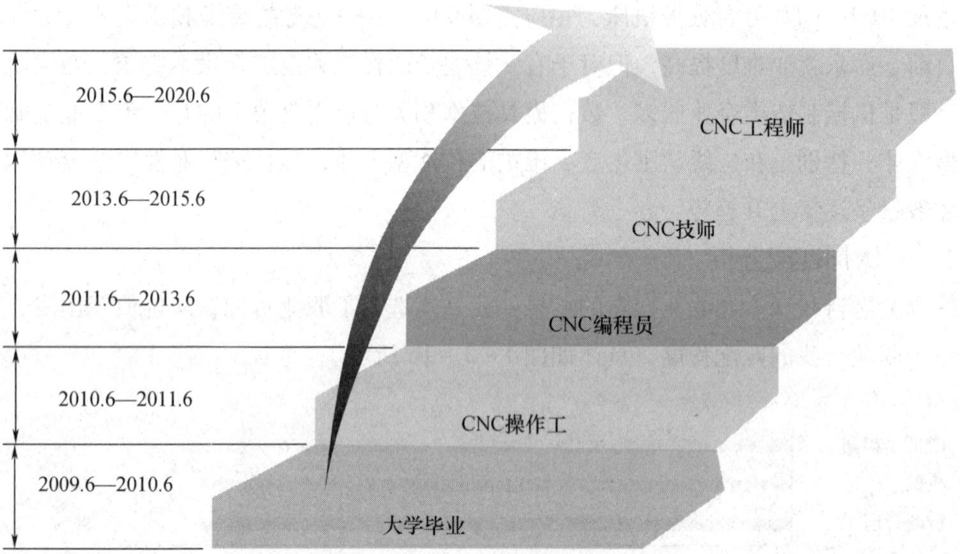

图1－3－18　目标路线选择

五、刀路的设计（分期计划）

1. 毕业前计划

年计划

年度具体计划如表1－3－12所示。

表1－3－12　　　　年计划表

时间	目标重点	计划
大三上学期	参加数控大赛培训 考取英语四级证书 考取数控铣床高级证书	按照周计划认真贯彻，学好专业知识，熟悉学校机床的操作方法
寒假	寻找并进入本专业的实习单位	通过多种途径寻找本专业的实习单位，并设计好简历，写求职信，掌握面试技巧及职场礼仪
大三下学期	进入自己专业的实习单位实习；毕业论文设计与答辩，争取以优秀毕业生的身份毕业	出色地完成毕业论文设计及答辩，积累顶岗实习的经验

月计划

具体月计划内容如表1－3－13所示。

表 1-3-13　　　　　　　　　　　月计划表

时间	事件	时间	事件
2009 年 9 月	筹备成立数控兴趣小组	2009 年 10 月	旅游 目标：擦掉来河源市内心那份遗憾，给自己降压，数控机床综合实训 目标：能够熟练地操作学校的机床
2009 年 11 月	备考英语四级证书 目标：通过英语四级考试	2009 年 12 月	考取数控铣床高级证书 准备期末考试，物色实习单位
2010 年 1 月	期末考 目标：平均分在 80 分以上 到自己专业有关的单位面试，成功进入后，按公司要求进行顶岗实习 目标：适应公司里的生活	2010 年 2 月	继续在公司顶岗实习 目标：搞好人际关系，进一步巩固知识，积累工作经验 回家团聚
2010 年 3 月	回学校报到 继续在公司顶岗实习	2010 年 3 月至 4 月	继续在公司顶岗实习 目标：表现优秀，争取毕业后能够继续在公司工作
2010 年 5 月	回校写毕业论文及准备答辩	2010 年 6 月	论文答辩 目标：出色地完成论文答辩 回公司上班

附注：在每个月中，有可能会有意想不到的事情发生，我将会从容应对，必要时会对相应的目标做调整，合理安排时间。在每个月可能会出现一段集中时间的小忙，还可能出现其他的突发工作，在繁忙期间，我将制订“日程表”，分清事情的轻重，合理安排时间。

周计划

具体周计划的内容如表 1-3-14 所示。

表 1-3-14　　　　　　　　　　　周计划表

时间	星期一	星期二	星期三	星期四	星期五	星期六	星期日
起床时间：6：45，7：00～7：30 学习英语							
第一节	专业英语	学习英语	专业英语	Pro/E	学习英语	实训楼实操、自主学习等	
第二节							
第三节	自主学习	图书馆自习	自主学习	Pro/E	Pro/E		
第四节							

续表

<table>
<tr><th>时间</th><th>星期一</th><th>星期二</th><th>星期三</th><th>星期四</th><th>星期五</th><th>星期六</th><th>星期日</th></tr>
<tr><td colspan="8">午休时间：12：45～13：45 其他时间自由安排</td></tr>
<tr><td>第五节</td><td colspan="5" rowspan="2">巩固大学所学的专业软件</td><td colspan="2" rowspan="7">看专业视频、电影等复习本周所学内容
实训楼实操
体育锻炼
其他
注：以上学习项目根据本周学习进度来进行调整</td></tr>
<tr><td>第六节</td></tr>
<tr><td>第七节</td><td rowspan="2">拓展课外知识</td><td rowspan="2">体育锻炼</td><td rowspan="2">产品质量工程</td><td rowspan="2">拓展课外知识</td><td rowspan="2">产品质量工程</td></tr>
<tr><td>第八节</td></tr>
<tr><td>18：30～19：15</td><td colspan="5">自由安排</td></tr>
<tr><td>19：30～21：30</td><td>自主学习</td><td>自主学习</td><td>自主学习</td><td>自主学习</td><td rowspan="2">自由活动</td></tr>
<tr><td>21：30～睡觉前</td><td colspan="4">预习明天要学的科目，其他时间自由安排</td></tr>
<tr><td colspan="8">附注：为学校安排的课程，上课起止周：专业英语 11～19，Pro/E（01～05，11～14），产品质量工程（11～19），实训时间（7～10），其余未安排的时间为自主学习；坚持每天体育锻炼一小时；睡前半小时背英语单词。以上学习计划为一般情况所实施的方案，它的执行具有弹性，并非一成不变，我会根据实际情况调整，若无特殊情况，将坚持执行。</td></tr>
</table>

大学生涯的其他目标及实施方案

建立好的人际关系：拥有良好的人际关系，朋友们会鼓励你、支持你或其他方面的帮助，多一个朋友就多一条出路。

执行方案如下。

（1）主动与室友谈心，在别人需要帮助的时候伸出援手。

（2）主动与同班同学交流，多谈学习心得，互相交流，积极参加班级活动。

（3）关心帮助身边的朋友，常与毕业的师兄、师姐联系。

（4）为老师分担工作，提出对集体有帮助的建设性的建议。

保持良好的体质：好的体质是朝目标奋斗的前提，没有了健康这个本钱，“目标”就不用奋斗下去了。

执行方案如下。

（1）养成好的生活习惯，坚守我们宿舍的八荣八耻（见附表一）。

（2）每天坚持体育活动一个小时（如打篮球、踢球、跑步和掌上压等）。

（3）少吃辛辣热气食物，少吃油腻食物，纠正吃饭太急太快的坏习惯。拓展自己的兴趣爱好。大学最后一年的时间是紧张忙碌的，在适当的时候放松一下，让自己保持良好的心态，也是为了更好地为明天而奋斗。

执行方案如下。

（1）有空多参加公益活动，如无偿献血志愿服务工作等。

（2）有机会就去旅游，在山水间陶冶性情和放松自己。

（3）学习计算机软件，如平面设计等软件。

（4）到图书馆找自己感兴趣的书籍来看。

2. 毕业后计划

毕业后的计划具体内容如表 1－3－15 所示。

表 1－3－15　　毕业后计划表

计划名称	短期计划（毕业后 1 年）	中期计划（毕业后 3 年）	中期计划（毕业后 5 年）	长期计划（毕业后 10 年）
时间	2010. 6—2011. 6	2011. 6—2013. 6	2013. 6—2015. 6	2015. 6—2020. 6
职务目标	CNC 操作工	CNC 编程员	CNC 技师	CNC 工程师
学习目标	巩固提升专业知识	提升并拓宽专业知识	学习管理方面的知识与技能	巩固与提升专业管理知识与技能
能力目标	掌握高级技能证书的工作要求	掌握技师技能证书的工作要求	掌握高级技师技能证书的工作要求	全面提升巩固各方面知识及技能
计划内容	继续在实习单位工作，巩固专业知识，提升专业技能	学习管理方面的知识，培训新员工操作数控机床等	考取一级技师证书，在市及市级以上刊物发表论文	
最终目标	成为公司重点培养的储备干部	成为高技能人才	成为管理和组织能力好的高技能人才	成为高技能复合型人才
执行方案	（1）养成良好的职业道德。 （2）养成多动脑、多动口、多动手、多查阅的好习惯。 （3）虚心向人学习，主动与人交流，拓宽知识面。 （4）通过学习、工作、培训等途径，巩固提升自身能力。 （5）通过多种方法了解数控行业的发展情况，学习、学习、再学习，给自己进行充电。			
	适应公司环境	学习再学习，考取技师技能证书	参加培训，学习组织管理能力，提升自身综合能力	提升写作等方面能力

六、工艺路线的修正（评估与调整）

由于社会环境、家庭环境、组织环境、个人成长曲线等变化以及各种不可预测因素的影响，一个人的职业生涯发展往往不是一帆风顺的。为了更好地主动把握人生，适应千变万化的职场世界，我对风险进行预测，目标进行管理，计划进行评估！

1. 风险预测

风险	应对方案
（1）没有以优秀毕业生毕业，减少了一个就业的砝码。	（1）调整自己的心态，相信自己能够找到一份好的工作。
（2）毕业时，没能顺利进入中、大型企业。	（2）可以进入规模小点的企业或降低工资要求，积累工作经验。
（3）公司资源有限，使我的能力无法提升或公司将因经营不善倒闭。	（3）选择更好的公司，继续向目标前进。

2. 目标管理与修正

（1）目标管理。毕业前，我将做到每个星期做一个次小结，每个月做一次总结。在总结中发现自己的不足，在总结中成长；毕业后，作为一个技术人员，经常都会出现机器故障等问题，所以我将每天做笔录，每个星期做一次经验总结，每月做一次汇总，每年做一次目标的评估。

（2）目标修正。天有不测风云，未来发展总不是自己能够想怎样就能够怎样的。对此，如果未来的目标不可以达到或不可以实现时，我将会调整好心态，从多方面考虑并及时对我的目标进行修改。

（3）目标修正原则。择己所爱，择己所能，择己所需，择己所利。

3. 计划实施评估

评估人：执行者本人。

评估内容如下。

（1）达成结果的评价（绩效如何？是否满意？偏差度是多少）。

（2）达成过程的评价（目标活动是否顺利？是否按进度进行？当环境变动该如何处理）。

（3）执行者的评价（针对执行者能力、应变情况、能力成长状况、处事方法等）。

评估时间如下。

（1）日常评估（学习工作告一段落或进展到某一种程度时）。

（2）定期评估（每周一次、每月、每季度或年终）。

（3）总评价（学期末、项目完成时或者某一大目标完成时）。

附表 1　　宿舍八荣八耻

以团结互助为荣，以损人利己为耻；
以遵纪守法为荣，以违规违纪为耻；
以诚实守信为荣，以见利忘义为耻；
以好学勤练为荣，以恶学懒惰为耻；
以勤俭节约为荣，以铺张浪费为耻；
以运动锻炼为荣，以晚睡晚起为耻；
以文明上网为荣，以沉迷网络为耻；
以言行得体为荣，以吵闹喧哗为耻。

——A2408 宣

附表 2　　我校数控专业近几年就业情况

数控技术	毕业生人数	就业人数	就业率	就业单位对口率	就业单位性质				就业地域			平均月薪/元
					国企	民企	事业	其他	河源市	珠三角	其他	
2007 届	101	97	96.04%	67.07%	5	11	4	77	36	58	3	900

续表

数控技术	毕业生人数	就业人数	就业率	就业单位对口率	就业单位性质				就业地域			平均月薪/元
					国企	民企	事业	其他	河源市	珠三角	其他	
2008 届	108	106	98.15%	70.75%	8	17	3	78	45	56	5	1100
2009 届	95	92	96.84%	76.84%	6	20	6	60	40	48	4	1400

附表 3　　生涯人物访谈一

一、访谈目的：进一步认识数控行业

二、访谈地点：数控教研办公室

三、访谈人基本情况

姓名：×××　　性别：男　　联系方式：××××××

现工作单位：河源职业技术学院　　现任岗位职务：数控教研主任

四、访谈主要内容

（1）进入数控行业有什么素质要求？

一般要具有良好的职业道德和敬业精神，对工作精益求精；具有良好的人文素质和心理素质，周密细心的工作作风；具有健康的体魄和吃苦耐劳的精神等。

（具有良好心理素质的数控加工人员会乐观向上，工作时具有良好的心态，加之周密细心的工作作风是杜绝人身及设备事故发生的有力的主观保证因素。乐观向上的心理素质会富有进取精神，不断刻苦钻研，克服困难，掌握高新技术，不断提高数控加工的技术水平，具有良好的职业道德和敬业精神的数控加工人员会富有更强的责任感。对工作会精益求精，不敷衍了事，工作到位，这是保证加工质量的重要因素。）

（2）数控行业需要什么样的技能和其他能力？有什么要求？

读懂及能绘制工程图的能力；工艺准备能力；数控加工编制能力；数学计算及计算机应用能力；数控加工能力；工件检验能力及加工误差分析能力；数控机床维护、保养和一般故障排除能力；英语阅读与翻译的初步能力；现代生产组织管理的初步能力；自学能力；创新能力；独立工作能力以及与其他人协作协调能力；具有处理车间生产现场工艺技术问题的初步能力；管理车间生产现场的初步能力。

（3）我现在可以通过什么方式提高哪些技能或素质，以便日后能进入这一行业呢？

多沟通多交流，与专业老师、企业员工多交流，谈谈心得体会和工作体会。多参加实践或深入企业一线，深入了解工作流程，亲身体验，不断积累知识和经验。多记多思考，在学习中遇到的问题和解决方法要用本子记下来，方便以后查询。多上数控相关论坛和网站，了解技术最新动态，以便明确自己的学习目标和发展目标。

（4）您能给我一些学习或就业方面的建议吗？

数控专业的“钱途”无量，前程不容置疑！在此，想对立志从事数控工作的及还在迷茫中的数控在校生谈几点学习忠告和建议。

目前要将精力放在学习上，不要在担心找工作上分心，只要学好了，肯定是好工作来找你，要调整好学习心态；要想方设法多接触熟悉多种数控机床的操作，特别是主流的西门子、法那克等，但是要先精通其中一项，再拓展其他方面，就业时就有优势可言了；要学会用网络自学，多上百度数控吧和数控论坛上看看，了解最新动态，以便规划好自己职业目标。

续表

五、访谈总结

在这次与我校数控教研主任访谈中，除了以上访谈内容外，黄主任还把他年轻时找工作的经历、在公司里曾担任的职务、职务的工作内容及薪酬等一一讲述给我听，让我受益匪浅。同时，也对我未来的职业目标路线给了一个很好的建议。

针对以上这次访谈，我对进入数控行业前应具备的条件做了以下总结：

（1）具备良好的素质及职业道德。

（2）除了具备专业技能外，还应具备自学、创新、协调、问题解决、管理等能力。

（3）养成良好的职业习惯：多沟通交流、多实践、多记、多思考。

访谈人：×××　　专业班级：2007 级数控技术一班

学号：2007104137　　访谈时间：2009 年 9 月 26 日

附表 4　　**生涯人物访谈二**

一、访谈目的：了解数控行业的成功人士

二、访谈地点：上海

三、访谈方式：互联网

四、访谈人基本情况

姓名：××　　QQ：××××××

现工作单位：中舟海洋科技（上海）有限公司　　现任职务：品管部经理

五、访谈内容

（1）您是怎样在数控行业做出成绩的？

喜欢热爱数控行业。任何行业，要想做出成绩，有所建树，必须先热爱自己的行业，这也是我坚持数控行业的动力。

耐得住寂寞。数控行业属于复合型技术，还需要掌握大量的相关知识学科，进入这行一般都是从底层做起，随着时间的推移，才能越来越强。在这期间，大浪淘沙，大量的人会因为客观或主观因素退出转行。

专业知识要扎实、知识面要广。数控属于实践型的，需要通过实际工作的经验、总结来不断提高，这样就要求我们必须有扎实的专业知识和广阔的知识面，比如对材料，热处理，刀具选型，加工工艺，甚至包括简单的数控故障排除和维修等方面的知识了解。数控技术不像英语，学会了就一辈子受用，数控技术是要做到老，学到老。

（2）您认为我们数控专业在学校所学的知识，到企业有没有用？

肯定有用。你们在学校所学的都是基础知识，理论专业知识、专业软件等在教学上学得并不深入，可能都是一些入门，但你还是得把基础学好，然后通过多种途径去提升自己的专业知识，这样才可以去适应现在的企业需求；在学校操作的数控设备，也许到了企业，数控机床的品牌不一样了，在操作、编程等方面都会有区别，但许多设备的操作方法还是有很多相似的地方，甚至相同的地方，机床的系统也会有类似的地方，只要你把基础打好，以后职业路上就不会有那么多的磕磕碰碰了。

（3）您觉得我们近年机械类毕业大学生就业后，主要还存在哪些不足？

①专业知识和技能不够扎实，知识面比较窄。

②部分大学生职业素养还有待提高。

续表

③自学能力有待提高。

④ 社会竞争意识比较低。

六、访谈总结

这次网上访谈，我们涉及的内容比较广泛，也是比较简单的，但胡经理却给我这个即将毕业的大学生上了一次生动的就业前的心理准备课。在 QQ 的访谈中，胡经理和我分享他以前的就业经历，也给我简单地介绍了他的公司。在结束访谈前，他对我的职业生涯路抱有很大的期望，同时，给了我以下的建议：

（1）毕业前，一定要努力学好自己的专业。不懂的得多向老师请教、与同学交流。

（2）要好好把握实践的机会。理论知识学好的情况下，一定要注意实践操作，要把理论与实践相结合，才可以更进一步提高自己的专业水平。

（3）要有自己一套好的学习方法。我们要学的专业知识比较多，一套好的、系统的学习方法，可以让你更快地接受专业知识。

（4）学好英语。现在我国的数控设备很多是进口的，如果你未来想有更好、更高层次的发展，就必须学好英语。

（5）要随时掌握数控行业，甚至是机械行业的动态。数控行业发展很快，软件、设备等也更新得很快，一不小心可能就会被社会的潮流给淘汰，所以，要做好活到老、学到老的心理准备。

访谈人：××× 专业班级：2007 级数控技术一班

学号：2007104137 访谈时间：2009 年 10 月 10 日

结束语

成功 = 百分之一的灵感 + 百分之九十九的汗水。社会是一个庞大的母体，你说它狭窄、广阔也好，说它单纯、复杂也好，作为人，置于其中，抱着自身具备的学识、能力、眼光，去磨炼人生，历练品格，品尝胜负，其实人的一生中都蕴藏着巨大的期盼。

我迈进大学校园已有两年多了，即将迈向社会大舞台，在人生奋斗的征途上，我要勇敢而又稳健，一步一个脚印，堂堂正正做人，兢兢业业做事。做事应该取得最好的结果，坚持是最好的品质。不过，如果允许，我会选择另外的方式来达到同样的效果，我会赢得更轻松。我知道任何一件事，有付出都不一定有期待中的回报，但若没有付出就永远都不会有成绩。任何时候高估自己的能力和低估对手的能力都是错误的。

职业决定一个人的未来。相信我在此次职业生涯规划设计之后，一定会通过自己的努力将自己的职业计划进行下去，让我未来的道路更清晰。现在的我不再是那个对未来迷茫的我了，我会朝着我的目标前进。即使未来风起云涌，但人终究得有目标，得为目标奋斗才行，才不会在大海上漂泊不定。

在前进的道路上，我也会不断修正自己，敢于面对和纠正自己的不足。时刻不忘自己的职业规划，使它具有时效性，在保持原则性的同时也保持灵活性，与时俱进。我相信我的未来不是梦。

把握人生的罗盘——就业指导篇

知识链接一　就业形势解析

教学目标

（1）了解高校毕业生就业的形势。

（2）了解高校毕业生就业的趋势、渠道。

（3）能找到适合自己就业的区域、行业。

就业见闻

一场席卷全球的金融风暴，撞碎了许多大学毕业生的“白领”梦，大学生们正在逐步转变观念，寻求新的职业。自由撰稿人、网络编辑、网站设计等“SOHO族”热衷的职业，一时间成了高校毕业生的职业新宠。

“SOHO”意为小型的家庭办公室，“SOHO族”也就是在家办公一族。由于工作方式的自由，加之目前企业裁员，大学生就业压力增加，吸引了大批年轻人加入到SOHO行列。编辑记者，自由撰稿人，软件设计人员，网站设计，美术、音乐等艺术工作者，财务工作者，广告，咨询等职业较受“SOHO族”追捧。

小李是大三学生，即将毕业的他经历了几次面试失败后，把目光投向了“SOHO族”。“‘80后’的我们崇尚自由，而且我的专业是财务方面，很适合在家做兼职会计，虽然工资没有全职的多，但是很符合自己的个性，既是工作也是享受。”面对当前的就业难，这名即将毕业的大学生显得比较乐观，并对“SOHO”乐此不疲。

记者了解到，不仅应届毕业生把“SOHO族”作为职业追求，许多曾经的“白领”由于受到裁员的影响，也被迫成为“SOHO族”。“被裁员了，暂时找不到合适的工作，在家开了网店。”网友小朱告诉记者，“不过，趁此机会正好在家考些资格证书，给自己‘充电’，提高自己的竞争力。”

知识点1 就业现状分析

一、粤2010年高校毕业生就业白皮书公布：毕业生就业达97%专科高于本科

2011年03月01日，省教育厅公布了《2010年广东省普通高校毕业生就业工作白皮书（本专科）》（以下简称《白皮书》），这是省教育厅继2009年以后第二次公布年度大学生就业数据。

▶对比　水利专科生百分百就业

学历越高，就业率越低？《白皮书》显示，2010年广东大学本科生的总体就业率为96.81%，而专科生则为98.10%，继续高于本科生，这似乎已经成为近年来的一个规律。

在专业方面，本科工学和经济类的专业最好找工作，就业率分别为97.50%和97.44%。哲学类专业学生的就业率出现较大幅度下降，比2009年下降了4.24个百分点，为88.7%，为各专业门类最低。专科学生中，水利大类和生化与药品大类毕业生就业率最高。其中水利类为100%就业，而法律大类最低为92.74%。

▶师范生　珠三角9市难留住

近年来，师范生就业不愁婆家。《白皮书》显示：2010年师范生就业率为97.14%，比2009年增加0.75个百分点。但记者也注意到，师范生留在珠三角工作的难度正在变大。

无一例外地，珠三角9市2010年接纳师范生的人数都比上一年下降，留在广州的比重更是从2009年的15.82%大幅下降到5.02%，深圳从5.46%下降到1.13%。同时，茂名、梅州、揭阳等地就业的师范生人数出现大幅增长，其中到茂名就业的师范生比例从10.47%增加到15.14%。

此外，教育类大学毕业生的薪酬在各专业门类最低，仅为1965元/月，比平均水平低12.67%。

▶去向　到企业增到事业单位减

无论是本科还是专科，2010年大学生到企业去的比例都在增加，而到事业单位去的比重都在降低。《白皮书》显示，去年本科生到企业工作的比重占70.3%，而事业单位仅占14.7%。

▶薪酬　公安类专科生最优厚

2010届大学生的薪水出现近一成的增幅。《白皮书》统计，2010年本专科平均每月薪酬为1879元，较2009年增加198元，增长9.65%。其中本科为2250元，增加142元，专科平均薪酬为1592元，增加180元。此外，近六成本科生薪酬集中在1500~2500元，超四成专科生薪酬集中在1000~2000元。

哪个专业赚到的薪水比较多？根据《白皮书》，2010年本科毕业生中，工科类学生以2359元/月摘得头名。在月薪超4000元的“高薪”专业中，工学类、管理学类最多，合计

占总数的半数多。

专科生中，公安类平均薪酬达 2938 元，不仅在专科各专业中位居头名，在本、专科全部专业中也拔得头筹。

二、2011 年高校毕业生就业形势分析

目前，在我国高等教育进入大众化的时代，大学生就业面临着前所未有的竞争和挑战。大学生就业难是不争的事实，毕业即失业也显得极为平常。

1. 劳动力供过于求的压力还在加剧

我国每年新进入人力资源市场的劳动力将达到 1500 多万人，加上 900 万失业人员和结构调整、节能减排等因素新产生的失业人员，全国城镇需要安排就业的总人数将超过 2400 万人。GDP 增速保持在 8% 左右，预计全年新增就业和补充自然减员增加就业仍会在 1200 万人，城镇就业供求缺口还会在 1200 万左右。

此外，农村富余劳动力还有 1.2 亿以上，转移就业的规模和速度将进一步加快。今年，我国城镇登记失业率控制在 4.6% 左右，初步估算我国至少有超过 1000 余万劳动力处于隐性失业状态。

2. 高校毕业生就业仍是就业难点

如果说 2009 年是我国经济最困难的一年，2010 年是最复杂的一年，那么，2011 年很有可能是经济不断复苏和各方面都值得期待的一年。但是，高校毕业生数量将超过 650 万人，再加上往届没有实现就业的需要就业的毕业生，预计目前需要就业的毕业生总量将超过 900 万人，宏观就业形势不容乐观。

3. 2011 年高校毕业生就业趋势预测

根据劳动和社会保障部科研所的数据显示：我国在“十一五”期间计划年均新增劳动力需求总量为 1800 万，但“十一五”期间每年新增劳动力供给为 2000 万，每年都出现 200 万富余劳动力，供给和需求之间存在差距。预计未来几年内，我国在劳动力总量上将出现供大于求，劳动力大量闲置现象。中国人事科学研究院《2009 中国人才报告》显示，尽管我国劳动力总体有富余，但专业技术人才仍将出现供不应求的局面，而且缺口还不小：农业缺 218 万，工业缺 1220 万，服务业缺口亦达 325 万。大学生就业难问题仅仅是一种表象。

4. 人才市场供需两旺，基层人员呈最大缺口

2010 年以来，人才市场可以说是供需两旺。经历了“压抑”的 2009 年后，2010 年年初，用人企业和求职者双方表现都很活跃。从城市来看，二线城市人才需求旺盛；上海、北京、深圳和广州仍然是人才需求最多的城市，但其占总发布量的比重已经比以往有所下降。相关人力资源专家分析认为，越来越多的企业正在较发达的二线城市扩张生产、销售和服务分支，同时二线城市的人才结构亟待优化，二线城市的人才需求将保持旺盛。

5. 国家采取措施大力促进高校毕业生就业

2011 年就业形势虽然严峻，但有利条件也不少，特别是国家应对国际金融危机的一揽子政策效力将进一步显现，国家经济转型和调整结构将深入推进，更加积极的就业政策将继续延续并全面落实。国家扩大内需将使服务业获得较大发展，其中蕴含的许多岗位会比较适合高校毕业生。今年，我国还将在 2010 年基础上，继续启动高校毕业生就业推进行动，包括岗位拓展计划、创业引领计划、就业服务与援助计划，同时做实“三年百万”高校毕业生就业见习计划，对高校毕业生就业给予较大扶持。

6. 多部门酝酿大学生就业新政，创业贷款或提至 10 万

近日，国家发展改革委员会就业与收入分配司完成《2011 年一季度就业形势分析与建议报告》。

《2011 年一季度就业形势分析与建议报告》介绍，2011 年有 660 万高校毕业生进入就业市场，另据某负责就业促进的官员透露，目前人社部、财政部、发改委等部门正在酝酿推出新的促进大学生就业政策。

新政包括多个方面，其一是鼓励大学生到基层就业，现行的基层就业计划大多集中在支农、支教、支医等领域，都属于传统的事业单位范畴，如果采用定岗定编，编制名额有限，存在制度性障碍。为解决这一问题，部委在研究在基层实行多元编制，比如周转编制、临时编制、储备编制与正式编制相结合的方式，以打通基层就业大学生的制度出口，扩大基层就业的学生规模，并相应增加财政和政策支持。其中引人注目的一项举措是，国家对大学生创业贷款额度有望从原来的 5 万元提高至 10 万元，财政按照 10 万元给予贴息。“如果是合伙经营和组织起来创业的话，原则上一个人给 10 万元。”见习学生的生活补贴标准有望根据物价以及当地经济状况来合理确定。

毕业生就业难缘起大学生就业观念有误区

2008 年金融危机肆虐，2009 年是全球经济最为动荡莫测的一年，同时也是风险和机遇并存的一年，不仅对于广大求职者、各类用人单位，对于众多院校，也都是一个“危”中寻“机”的非同寻常的一年。本期特别请江苏经贸职业技术学院学工处副处长周坚强给毕业生提一些指导意见。

大学生就业困难这个话题，我们已经喊了好多年，但眼下社会关注度被上升到如此高的程度，是前所未有的，也是有背景的。那究竟是什么因素在制约大学生就业呢？

外部环境造成就业难凸显

大学生就业难，其实不是现在难，而是难了好几年了，只不过是现今遇上了不好的经济气候，正是因为全球金融危机的影响，导致了我国经济形势的下滑，使得有效需求增长不足，经济增长对就业的拉动作用在逐步减小，许多企业受到其负面影响，造成经营困难、需求减少，据人力资源部统计，全国受其影响有 300 万工作岗位流失，致使大的就业环境变坏。与此同时，我国正处于就业高峰期，包括下岗失业人员和民工，如此多的就业大军同时涌向一个有限且又低迷的就业市场，在这种背景下，大学生就业难才更加凸显出来。

毕业生增加加剧供需差距

逐年增加的毕业生与有效需求岗位的差距。由于中国经济在国际分工中处于底部地位，新增加的劳动就业岗位主要集中在劳动密集型企业，低端岗位和服务业岗位居多，这一状况使得中国在就业上呈现“白领需求不足”，所提供的“白领岗位”远不能满足逐年增加的具有“白领技能素质”的毕业生的求职需求，使得大批高校毕业生就业“重心”下移，去寻求低端岗位，但适逢金融危机，又遭到下岗失业人员、农民工以及中专、职业学校学生的抢占和挤压，仅有的一些低端岗位被多方占领，这一问题的出现则又加剧了逐年递增的高校毕业生与有效需求岗位的差距。

地区专业造成结构性矛盾

结构性矛盾的日益突出也是造成大学生就业难的因素。从地区分布看，由于我国经济发展不均衡，就业区域分布严重失衡，大部分毕业生向往东部，纷纷涌向经济发达城市寻求就业，就如我们江苏的毕业生一样，首选的是留在南京和苏南城市就业，而经济欠发达的苏北城市、西部地区、偏远地区、基层和农村却少人问津，形成了“一头热、一头冷”的不正常现象；从学科专业看，工科和应用性较强的学科专业需求较旺，而一些文科专业需求较冷；从性别来看，用人单位对男性毕业生的需求远大于对女性毕业生的需求；从学历层次来看，硕士好于本科，本科好于专科，现在大多数用人单位无论岗位的专业技能需求如何，对学历要求动辄就是“硕士”“本科”以上，就连政府出台的“支农、支教”等政策，也只能惠及本科生，对高职高专毕业生来说只能望而却步。这种现象造成了人才资源的浪费，也遏制了毕业生就业；从院校知名度看，国家级重点高校，由于知名度高最受用人单位青睐，其次是普通的省属高校，高职院校就只能排在后面拾“麦子”了。

用工制度不规范打击就业积极性

用工制度不规范，不合理。现在有很多企业在用工制度上存在许多不规范和不合理现象，他们在录用毕业生时常常不和他们签订劳动合同，而且也没有社会保险、养老金、公积金等一系列社会福利。用人单位常常借助毕业生供不应求的就业现状，而设置许多门槛，对录用人员起薪较低、试用期过长、发展空间不大，同时还会对工作经验、性别有限制性要求，让高校毕业生难以接受、望而却步或求职无门。

不按市场需求培养人才

培养方向与市场脱节。现在有很多高校在培养大学生方向上没有完全适应社会需要，特别是适应市场经济的需要。在专业设置上不是以社会需求为本，不是以学生就业和发展为本，不做市场调研分析，而是贪大求全，盲目增加专业，结果造成同层次、专业相同或相似但来自不同学校的毕业生在就业过程中同质竞争，造成市场过剩；在课程和教学内容安排上没有与企业需要衔接，造成理论与实际脱节，使得学生在校所学到的理论知识在实际工作中无法运用或不够用，用人单位往往会通过对应聘学生再培训、再学习后才录用，一方面是大量的大学毕业生难以找到学以致用的工作，另一方面却是用人单位招不到适合的专业人才；在扩大招生上没有与师资队伍建设同步，现在各高校的规模在扩大，学生人数、专业也在增加，有专业教学经验的教师总量不足，各高校之间通常是互相调来调去或互相代课，教师不足时，就会出现滥竽充数，有些任课教师是刚从学校毕业或刚毕业没几年的年轻教师，形成了硕士生教本科生，本科生教大专生的现象，可那些老师由于缺乏专业教学经验，缺乏深厚的专业理论知识和实践经验功底，以至于无法传授给学生有深度和广度的知识，学生学不到真“功夫”，到社会上往往遇到求职困难。

知识点 2 就业趋势分析

一、高校毕业生就业趋势预测

据统计，2010 年高校应届毕业生人数突破 630 万，2011 年高校毕业生人数将达到 660 万。面对如此严峻的就业形势，大学生就业将呈现以下六大趋势。

（一）大学生普遍求稳

据统计，2010 年公务员报考人数高达 144.5 万，2011 年为 141.5 万人，比去年略减 3 万人。公务员考试仍很火爆，反映出在全球金融海啸影响下，大学生普遍抱有“多一个机会多一条路”的心态，不少大学生已不管职业兴趣，而是尽可能把握所有可能的机会。

（二）生育高峰带动教师走俏

从 2000 年开始，全国进入了生育高峰，随之而来的入学高峰，导致幼儿园、小学、中学师资一路吃紧。

据统计，仅幼教岗位的需求，2008 年华东师范大学和上海师范大学学前教育专业的所有毕业生数量，都填补不了招聘缺口，这也成为 2011 年就业市场的一大亮点。同时，由于经济金融危机导致很多人员下岗，许多人开始选择充电、培训，教育培训业也迎来发展高峰。

（三）经济刺激计划影响人才需求

随着国务院 4 万亿经济刺激计划的出台，各地纷纷推出地方经济刺激计划，大批国有重点企业在今后几年都将面临前所未有的发展机遇，在人才需求上也显得更为迫切。一些公共安全和社会服务领域的单位，因受危机影响较小，反而加大了毕业生招聘的力度。其他诸如机械制造、桥梁设计等行业，也由于发展迅速，对人才需求正在加大。

（四）快速消费品和零售行业发展依旧

食品、饮料、烟酒、化妆品等快速消费行业是与居民日常生活关系最密切的行业，百姓即使缩减开支也不会减少快速消费品的使用量，所以，金融危机对快速消费品行业的发展影响相对较小，与之相关的零售批发业在金融危机中也未受到很大影响，就业形势相对较好。

（五）高级研发人才依然“吃香”

虽然金融危机使不少企业减少了人员招聘计划，但对于顶尖的研发人员，企业还是求贤若渴，对于高级 IT 研发人才和医药生物类研发人才，企业需求依然强烈。

（六）高职生就业率超过本科生

据京、沪、渝等部分城市近几年的统计信息显示，高职生就业率已超过本科生。上海高职生的就业率从 2005 年开始就超过本科生。对于某些岗位来说，录用高职生比本科生所花费的用人成本更少，能取得更好的用人效果。

二、高校毕业生就业的渠道

（一）明确到基层、中小企业和非公有制单位就业是解决高校毕业生就业的根本出路和主要渠道

随着现在高校毕业生数量的继续增加，就业形势十分严峻。在社会主义市场经济条件下，中小企业已经开始发挥重要作用，非公有制单位在经济地位和社会地位方面也已经取得了与公有制单位平等的合法地位。一方面是毕业生数量多，难以全部在国有单位就业；另一方面是中小企业和非公有制单位急需人才却难以得到满足，所以，国家有关部门已经明确提出，扩大就业的主要渠道是中小企业和非公有制单位。因此，高校毕业生就业时，无论是在大企业或中小企业，是在公有制单位还是非公有制单位，都要采取更加灵活和积极的对策。

（二）今后的就业要更加依靠发展第三产业，并且提高第三产业就业增长的弹性

我国从农业国向工业国发展，同时又在迎接信息化时代的到来，一、二、三 产业的结构正在加速调整，第三产业的发展更快一些。我国实现了第一产业在整个国民经济中的比重降到了 50% 以下的目标，今后第三产业将会快速增长，第三产业的就业容量是最大的，就业弹性也是最大的，所以，今后高校毕业生的就业要更多地考虑在第三产业的领域内。

（三）实施“走出去”的开放战略，带动就业机会进一步增加

“走出去”战略是我国对外开放战略的新发展，也是在当前新的国际条件下提高我国在世界上的地位和作用的一个重要举措。在“走出去”的过程中就会增加就业机会，这不仅要依靠广泛的国际劳务市场和国家之间的劳务合作关系，而且是要有组织地开展各类人才的劳务输出。

（四）通过实施小城镇建设和城市社区建设战略，加快劳动力的开发利用

城镇化战略是“十五”计划提出的一个十分重大的决策，它从根本上改变我国城乡差别过大以及长期以来城市化落后于工业化的局面。在实施小城镇建设和城市社区建设过程中，需要大量的专门技术人才，高校毕业生将会有更广阔的用武之地。国家将通过进一步深化改革，包括人事制度、工资制度方面的改革，吸纳更多的高校毕业生投身到小城镇建设和城市社区建设中去，鼓励和支持高校毕业生在实施小城镇建设和城市社区建设中发挥更大作用。

（五）就业目标与实施西部大开发战略结合

在国家宏观政策的调控和实施西部大开发战略的背景下，高校毕业生的流向将有所改变。首先，国家将继续加大对西部地区的财政转移支付和建设资金的投入力度，鼓励外商和国内其他地区到西部投资，上马一批技术先进的项目，这不仅对西部社会经济的发展具有很强的带动作用，同时对西部地区创造就业机会、缓解就业压力产生积极的作用。其次，中央和西部省区已经出台或正在出台一系列政策，努力留住西部人才，吸引外部人才到西部“落户”。这将对高校毕业生，特别是西部地区的生源以及西部大中城市的各高等院校毕业生的就业去向产生重大影响。

（六）实行灵活的就业形式

长期以来，我们的就业政策、毕业生的思想观念都认为只有找到固定工作、正式工作后才算就业。这种政策不能适应社会主义市场经济的需要，这种观念是计划经济思维的原有定式。事实上，在世界范围内，特别是在西方社会，采取非全日制的、临时性的、阶段性的弹性工作已经成为现代人就业的一种形式。高校毕业生的观念要转变、要更新，要培养自主就业、自主创业的意识。

案例讲坛

1. 期望值过高

家在阳江的张威毕业于机电一体化专业，半年多还未落实工作单位。校就业办的老师带着他的应聘材料帮他联系就业单位。刚好有一家河源企业要他，专业对口，也在家乡，然而他本人的择业意向却是：单位地点必须在深圳，至于到什么单位、具体做什么工作都无关紧要，除此以外，什么单位都不考虑。在这种心态下，结果自然难以如愿。

点评：张威的思想在当前毕业生的择业过程中具有一定的代表性。不少毕业生过于向往经济发达地区，尤其是沿海地区的中心城市，最低的期望也是回自己家乡所在地的中心城市。他们只注重经济文化发达、工作环境优越的一面，而忽视了人才济济、相对过剩的一面，择业期望值居高不下，甚至还有逐年上升的趋势，从而导致主观愿望与现实需求之间的巨大落差。

2. 追求享受要不得

秀秀是某职业学院热门专业的毕业生，相貌出众，谈吐不错。她在招聘会上转了几圈，才看中一家信息产业有限公司的公关经理一职。应聘时，秀秀各方面与企业谈得比较好。但她对企业提出的住房条件、电话补助、交通补助等生活方式的要求过多，使企业最终决定放弃她。

点评：对于毕业生而言，谁都愿意到一家待遇好、工作好并且有前景的企业，不过由于职业院校毕业生的特殊性，并且由于目前我国大学毕业生供大于求，大学生就业存在很大的困难，因此，在目前各方面条件的影响下，要找到如此的工作存在困难；我们应该树立一种“先就业，再择业”的观念，还不要过多考虑当前的物质条件，只要对自己的长远有利，先工作再说。

就业形势日趋严峻，大学生需增强自我推销能力

有两个学生面临毕业，需要到社会上去寻找工作。其中一个学生小王学业成绩在班级名列前茅，另一学生小李学业成绩则处于中等水平。几个月后，小李主动到企业四处推销自己，终于在一家大型国有石油企业找到了一份不错的工作，而小王则一来以为自己学业成绩好，找工作不成问题，二来处事不够灵活机动，缺乏与他人的沟通和交流能力，直到毕业前夕也没有找到一份工作。

从以上例子我们可以看到，推销自己也是一种能力。在许多人的眼中，好像学习知识的能力、科研能力、思维能力、动手能力、社交能力是大学生不可缺少的能力，而对推销自己的能力则缺乏应有的认识。有些人书生气十足，对社会现实知之甚少，使得自己与社会处于隔离状态，在与别人交往时显得有些笨嘴拙舌，不善于与人交流，由于缺乏基本的推销自己的能力，使得有些人尽管有些才华，但是他们书生气太浓，像“茶壶煮饺子，有货倒不出”，不善于与人交流沟通，因此难以让用人单位了解赏识，因此，寻找工作时会比较费劲。

在人才匮乏的时代，用人单位求贤若渴，学生的自我推销能力弱点也无所谓，学生一般不用走出校门，最后都被分配到用人单位。而在高等教育由精英化向大众化转变的今天，就业形势不容乐观的情况下，自我推销能力就显得非常重要。尤其是那些性格内向、不善于与人交往的学生更应有目的地提高自己的人际交往能力，做到扬长补短。毋庸置疑，善于与人交往的人会获得比他人更多的选择机会。

有些学者认为，现在有些毕业生在制作求职简历时都很精心，有的学生为了吸引招聘者的眼球，不惜代价精心制作，使得简历看起来非常精美。但是，求职简历的精美不能说明问题，一个人除了要有真才实学外，推销自己的能力也不可忽视。这就涉及语言表达能力、沟通能力、礼仪知识、随机应变能力、谈判能力，了解不同性格的人的接受心理，掌握交际的技巧等。

同时，以社交素养为核心的自我推销能力是现代人应具备的一种基本能力，大学生也不能缺少。大学生应该有更多的实践机会，提高自己的人际沟通、与人谈判交涉、团队合作等方面的能力。从目前的现实看，在我国大多数学生就业后都必须经过用人单位的培训，如果他们在学校就具备了这些能力，不仅求职面试容易一举获得成功，而且工作后也会很快适应工作环境，找到自己的用武之地。

古人云：“酒香也怕巷子深。”大学毕业生正一年多于一年，在就业形势短期内不可能缓和的情况下，不管学校还是学生，都要把推销自己的能力列入能力和素质培养的计划，通过开设有关公关课程、演讲与口才讲座、开设模拟招聘面试会等各种有效措施，引导学生大胆与人交往，帮助学生提高社会交际能力和自我推销能力。

思考问题

（1）自我推销能力是一种什么样的能力？

（2）在就业形势日益严峻的情况下，你如何看待自我推销能力？

（3）你现在是否具备自我推销能力？

（4）在日常学习和生活中，你如何培养和提高这个能力？

知识链接二　面向基层就业

教学目标

（1）了解高校毕业生面向基层就业的重大意义。

（2）了解河源就业的环境。

（3）能列举出在河源就业的几点优势。

（4）树立立足河源的就业意识。

就业见闻

艰难的选择

追求理想，还是面对现实？大学毕业前的李佳希犹豫着，徘徊着。作为班干部、优秀学生的她在为自己的选择发愁：一边是地市级的一家事业单位，一边是边缘山区县的一所学校。她向记者倾诉："我学的专业是教育学，对教师这份职业情有独钟，从情感上说，很想在三尺讲台上追逐青春的梦想，但理性又告诉我不能因为一时的理想主义，放弃令人羡慕的城市生活。其实，包括我在内的很多大学毕业生清醒意识到在高等教育大众化、就业矛盾十分突出的现实下，在基层或许更能受到重视，更能发挥自己的专业特长。但是，从长远而言，基层究竟能提供我们多大的发展空间，究竟能为我们的职业生涯带来怎样的前景，这一切都太难预料。"

（来源：《大学生择业在理想与现实间徘徊》，中国高校毕业生就业服务信息网）

李佳希同学的想法在大学毕业生中颇具代表性。就业是民生之本，是大学毕业生生存发展之基。宁愿在繁华城市无根地漂着，还是面向基层就业寻找发展空间，对应届毕业生来说无疑是一次艰难的选择。如何做出明智的选择，关键在于认识我们所处的社会和所处的时代，认识基层的现在和未来，明确当代知识分子对社会建设、国家昌盛、民族复兴应尽的责任。

知识点1 基层发展的战略地位

万丈高楼平地起。国家如一座巍峨壮观的大厦，地基结实，这座大厦就能高耸入云、巍然屹立。基层建设质量决定大厦的稳固程度，小基层承载着大国家、大社会，具有重要的战略地位。

基层，是为人们所熟悉且经常使用的一个概念。在社会纵向结构中，它是最低的层次，直接面对人民群众，直接对人民群众进行管理服务，直接接受人民群众的监督；从社会横向结构看，基层的管理组织是指县以及县级以下政府、社会、乡村、企业、事业以及社会团体，与大社会、大城市、大企事业单位相比，可见基层之小。基层是社会的根基，处在构建社会主义和谐社会第一线，经济社会建设发展的任务需要落实到基层，成效最终体现在基层，问题和矛盾往往出现、汇聚于基层。没有基层的建设发展就没有大社会的建设发展。小基层建设关系大国家建设发展。国家建设主要包括经济建设、政治建设、文化建设和社会建设。从高层往下延伸，与此对应，基层建设主要有基层经济建设、基层政治建设、基层文化建设和基层社会建设。基层建设具有承载支撑固本强基的作用，基层建设发展健康、充满生机活力，就能促进国家又快又好地可持续发展；基层建设发展缓慢，缺乏生机活力，就会使社会失衡，建设失去后劲，不能和谐健康可持续发展。中央和地方的建设发展对基层建设具有导向、支持、保障作用，国家综合实力强就能促进、带动、扶助基层的建设发展，国家的综合实力弱就不能顾及解决基层建设发展中需要国家支持的问题。改革开放的三十年历史进一步证明了大国家发展与小基层建设的辩证关系。

之所以说基层小，主要是从社会的纵向结构考虑，层级最低，单个组织功能不太齐全，能量有限，但如果从聚合的角度认识基层，把全国的县及县级以下的基层单位汇总起来看，基层建设的作用，基层在国家建设发展中的战略地位就更为凸显了。

一、基层经济建设战略地位

基层经济建设的主力军是中小企业。中小企业是我国国民经济的重要组成部分，量多而广，分布于国民经济的各个行业和领域，包括国有、集体、乡镇、股份制、私营、外企等多种所有制经济类型，具有投入少、发展快、经济方式灵活、运行成本低廉、转移调整便捷、吸纳就业量多等特点，是缓解就业压力的主渠道，是市、县财政的基础，是技术创新的主要力量。据国家发展和改革委员会中小企业司统计，截至2006年10月底，我国中小企业已达4200多万户，占全国企业总数的99.8%，经工商部门注册的中小企业数量达到430多万户，个体经营户达3800多万户，中小企业创造的最终产品和服务价值占国内生产总值的58%，生产的商品占社会销售额的59%，上缴税收占50.2%。2006年个体、私营等非公有制企业新增900多万个工作岗位，占新增就业岗位的3/4以上，中小企业的出口已占到全国商品出口额的68%。

基层经济在一定意义上是县域经济。截止到2003年12月31日，全国县级行政区划有2861个，县城内陆面积874万多平方千米，占全国陆地土地面积的94%，全国县域内人口达9.16亿，占全国总人口的70.9%，2003年全国县域经济为6.45万亿元，占全国GDP的55.15%。近五年来，党中央和国务院更加重视发展壮大县域经济，县域经济与农产品加工、农业产业化、小城镇建设、劳动力有序转移、增加农民收入、全面建设小康社会、建设社会主义新农村等工作紧密结合，是新时期统筹城乡发展、从根本上解决三农问题的战略举措。

二、基层政治建设的战略地位

基层政治建设即基层民主政治建设，它是广大人民群众在基层经济、政治、社会和文化事务等领域，直接行使当家做主民主权利的制度建设和实践活动，构成了我国社会主义民主政治建设的重要组成部分。扩大基层民主，保证人民群众直接行使民主权利，依法管理自己的事情，是社会主义民主最广泛的实践，是社会主义民主政治建设的基础性工作。

中国共产党一直重视基层民主政治建设，改革开放以来，领导广大人民群众创造了丰富的基层民主实践形式，如村民自治（全国村民委员会达62.4万个，委员会直接选举、村务公开、民主决策、民主管理、民主监督）；发展社区居民自治（全国社居委会有80717个，社会居民通过各种社区组织，参与社区公共事务管理，行使自治权利）；推进县乡人民代表直接选举；不断推进企事业单位以职工代表大会为载体的民主管理（大力推进厂务公开、校务公开、院务公开、保障人民群众的知情权、参与权和监督权）；推进基层党内民主（“两推”一选产生基层党组织候选人、负责人、党务公开、党员挂牌上岗、接受党员评议等活动）；推进基层政务公开，通过公开栏及新闻媒体将中央有关政策、财政财务收支、筹资、劳务等情况、涉及群众利益的制度、程序公布十众，接受群众监督，推进群团组织扩大民主、代表直选、干部公开选拔，培育和发展基层社团，发挥其反映诉求、提供服务、规范行为的重要作用，成为促进基层民主发展的主要力量。

三、基层文化建设的战略地位

基层文化是国家文化的基础，基层文化建设是中国先进文化建设的重要组成部分，是推动先进生产力和现代化建设的重要因素，是加快全面建设小康社会的重要方面，也是实现广大人民群众根本利益的重要保障。加强基层文化建设对于宣传党和国家的方针、政策，加强党和政府与人民群众的密切关系，培养人民群众健康文明的生活方式，传承和弘扬民族民间优秀文化，应对国际文化产业对基层文化市场的竞争，维护改革、发展和稳定的大局，促进经济发展和社会文明进步具有重要意义。

党和国家对加强基层文化建设高度重视，2002年1月，国务院办公厅转发了文化部、国家计委、财政部《关于进一步加强基层文化建设的指导意见》等文件，接着在4月份召开了全国基层文化工作会议，决定在十五期间以社区和乡镇为重点，全面加强文化阵地，文化队伍、文化活动内容和方式的建设。国家从2002年起至2005年连续每年拿出一亿元资金支持各地图书馆文化馆建设，争取尽快实现县有图书馆、文化馆的目标。

党的十六大以来，切实加大对基层文化建设的投入，确保文化事业经费的支出不低于当年财政收入增长的幅度，加大对基层文化建设的投入的倾斜，城乡基层公共文化设施状况得到大改善，多种新兴的文化活动以不同的表现形态走进社区和乡村，极大丰富了人民群众的精神生活，有力地促进了经济、政治文化和社会的协调发展。

四、基层社会建设的战略地位

较之经济、政治、文化建设，社会建设涵盖面广，系统庞杂，其基本内容：一是发展关系人民群众生活质量和共同利益的公共事业，如教育、医疗卫生、劳动就业、社会保障、科技文化、体育、旅游、人口与计划生育、社区建设等事业。二是优化稳定和谐而充满发展活力的社会结构，如人口结构、家庭结构、就业结构、社会阶层结构、城乡结构、社会组织结构等。三是完善体现政府的服务功能。政府要不断健全民主权利保障制度、公共财政制度、税收分配制度、社会保障等制度，又要合理分配公共资源，建立和完善社会支持、社会帮助、社会援救的公共服务体系，有效提供公共产品，直接为人民服务。四是促进社会各类组织发展，发挥社会组织提供服务、反映诉求和规范行为的作用。

社会建设的所有任务分解落实到基层，并且要从基层社会建设中体现整个社会建设的成效，基层社会建设的重点和难点是新农村建设和城市社区建设。

社会建设主要包括阵地建设（基础设施建设）、队伍建设（成立居委会、社区党组织、社区居民代表大会等）、服务体系建设（在社区服务中心设立行政窗口或便民服务公司，提供行政、便民、生活三大类服务）、劳动就业（建立下岗、失业人员基本情况数据库、开放培训班、发布用工信息、开发社区就业岗位等）、卫生医疗（设立卫生服务站、提供治疗、预防保健、康复、健康教育“五位一体”的卫生服务）、计划生育（通过建立计划管理台账，着重对流动人口和下岗职工的计生服务定时调查登记）、治安防范（认真做好民调工作、法律咨询工作，建立流动人口的出入管理）、文化活动（自娱自乐及挖掘和努力形成特色文化建设）、环境卫生（制定公约教育、督促居民讲究卫生、爱护环境、组织开展绿化、净化、美化社会的义务劳动）。

农村基层建设主要包括：队伍建设（村民自治委员会建设、村党支部建设），基础设施建设（饮水工程、能源工程、公路工程、信息化工程建设）、发展农村义务教育（主要依靠政府投入和保持减轻农民的教育负担，使农民的子弟有学上，上得起学）、大规模开展农村劳动力技能培训，培养有文化、懂技术、会经营的新型农民（既能在家乡脱贫致富，又可以进城打工谋生）。积极发展农村卫生事业，以政府投入为主。从2008年起，在全国农村基本普及新型农村合作医疗制度，加强以乡镇卫生院为重点的农村基础卫生设施建设、健全农村三级医疗卫生服务和医疗救助体系。加强农村计划生育服务设施建设，继续稳定农村低生育水平，繁荣农村文化事业（加强乡镇文化站、村文化馆等公共设施建设、继续实施广播电视“村村通”和农村电影放映工程、发展文化信息资源共享工程，农村基层服务站，推动实施农民体育健康工程、加强农村文化市场管理、抵制腐朽农村落后文化）。逐步建设农村社会保障制度，完善农村社会救助体系、探索社会养老保险制度和农村最低生活保障制度等。

知识点2 基层渴求应用型人才

基层建设虽然在经济和社会发展中具有重要的战略地位，但基层建设现状不容乐观。基础设施薄弱、经费投入严重不足、人才极其缺乏三个问题，在基层经济建设、政治建设、文化建设和社会建设中普遍存在，而人才短缺问题最为突出。基层的以下四大建设需要各类人才。

1. 中小企业渴求人才

在基层经济建设中，中小企业发挥着脊梁的作用，为社会创造了巨大的物质财富，也是缓解、吸纳劳动者就业的主渠道。中小企业管理水平低，管理人才缺乏，尤其是私营企业在社会认识偏见及其自身因素的影响下，很难吸引到合适的人才，大学毕业生大都选择到外企和国有大中型企业，许多人不把到私营企业就业看作是真正的就业，人才问题成了制约中小企业生存发展的“瓶颈”。由于缺乏人才致使中小企业管理水平低，私营企业大都采用家族式管理，既不民主又不科学，缺乏技术人才，产品科技含量低，不及时更新换代更谈不上开发具有新技术含量的产品进行市场竞争。中小企业需要管理人才、技术人才、营销等方面的人才。

2. 农村渴求人才

农村人才更为缺乏，甚至出现了“断层”现象，由于土地承载和农村容纳动力有限，辛勤劳作的收入颇低，欠发达地区的大批青壮年农民纷纷外出进城打工，懂科技会经营新型农民非常少，农村的农、林、牧、渔等产业发展后劲不足，社会主义新农村建设特别需要经济管理类专业毕业生，特别需要农林院校涉及农、林、牧、渔高等类专业毕业生。

链接

据人事部发布的2007年二季度人才供求信息：私营和个体企业占招聘总数的46.1%；按照单位性质排名前四位的是私营和个体企业、国有企业、外商投资企业、股份有限公司。市场营销、计算机、机械、建筑、财会、行管、经济、企管、电子工程名额占招聘数量的前十位。

3. 基层政治建设渴求人才

由于年轻人大量离乡，农村后备干部、党员发展面临年龄段、知识结构“断层”问题，部分村干部队伍青黄不接，有的村甚至找不到合适的人选来担任村干部，真正有文化、有素质、有培养前途的人很难选拔。现有的村干部中不少人思想观念陈旧，工作方法简单，缺乏依法行政、按章理政的自觉性，墨守成规，不思改革创新，一些村级班子缺乏驾驭市场经济的能力，在带领群众调整产业结构、发展农村经济、增强收入方面方法不多，能力不强。发展经济的思路不清，路子不明。人才的缺乏使得党中央提出的“农村基层组织建设五个好”（即一个好领导、一支好队伍、一条发展经济建设的好路子、一个好经营机制、一套好的管理制度）很难实现。发展和欠发达地区的村干部年龄老化、文化程度偏低，干部综合素质和工作能力较弱。

4. 城市社区渴求人才

社区干部队伍的年龄、文化结构虽然比村干班子合理一些，人员补充挑选余地大一些，但对照新型社区建设的要求，知识仍显偏少，能力仍显偏弱，素质仍显偏低。城市社区和农村建设需要政治素质好、文化程度高、管理服务工作能力强的大学毕业生。

5. 基层文化建设渴求人才

在部分农村，尤其是在一些经济欠发达地区的乡村，群众文化生活十分贫乏。基层文化水平低下，与人民群众日益增长文化需求之间的矛盾十分突出。实现基层文化经常化、大众化、特色化的目标需要加强基层文化队伍建设。据有关调查得知，基层文化单位普遍存在“乱塞人”，将有限编制挤占的现象，乡镇文化站人员老化，素质偏低，结构不合理，急需积极引进政治和业务素质较高的大学生到乡镇文化站工作。

6. 基层社会建设渴求方方面面的专业技术人才

基础教育领域现有2亿中小学生，其中1.6亿学生在农村。在面临全面建设小康社会历史任务和城镇化、农村劳动力转移、人口减少、基础设施设备仍然薄弱的时代情景下，一方面，城镇名校生源爆满，教师编制缺口较大，另一方面，农村中小学教师学历不达标，仍有许多拿着低薪的低学历教师在顶岗代课（虽然他们热爱乡村教育、热爱学生、不图回报的奉献精神感人至深）。基础教育按教师资格学历达标和师生比衡量，欠发达地区，尤其是乡镇农村合格教师还是有较大缺口。

基层农村和城市社区卫生事业发展严重滞后，人员素质不高、技术不强的问题日益凸显出来，特别是基层人才缺乏的问题还比较严重。不少乡镇卫生院没有一个本科院校毕业的医生，这与人民群众对卫生事业建设的要求很不适应。党的十七大报告提出要建立基本医疗卫生制度，提高全民健康水平；建设覆盖城乡居民的公共卫生服务体系、医疗服务体系、医疗保障体系和药品供应保障体系；加强农村三级卫生服务网络和城市社区卫生服务体系建设。卫生部要求每个乡镇建设好一所公立卫生院，每个村建设好一所卫生室，力争到2010年，建设起比较完整的农村医疗卫生服务体系。根据这一任务，必须培养适用的合格人才。要特别加强预防医学、家庭医学、康复医学和护理人才的培养培训工作。要鼓励大中专毕业生到城乡基层卫生单位就业，充实城乡基层卫生人员。

农村科技人员极其缺乏。非熟练劳动力过多，严重影响着先进实用技术的引进推广和转移，阻碍了农民依靠运用科技脱贫致富的步伐。必须吸引大学毕业生到基层、到农村传播科技知识，指导农民科学种植。

水利部负责同志认为，水利人才资源匮乏，人才总量不足，整体素质偏低，人才结构和分布不合理，高层次专业技术人才和高技能实用人才严重不足，县及县以下专业技术人才严重缺乏，急需加强基层专业技术人才的培养。

国家林业局主要负责同志也认为全国林业系统人才分布不合理，东部和中部以及中央、省级行政单位人才多，而西部地区和基层生产单位人才较少，有必要加强林业行政管理人才队伍，专业技术人才队伍和经营管理人才队伍建设。

以上是从全国宏观方面陈述基层人才严重缺乏的状况。作为地方高校应立足于为地方经济、政治、文化和社会建设服务，所在地方的人才供求状况更应引起我们格外的关注。

广东是中国改革开放的先行地区。1978 年，中国开始实行改革开放政策，广东先行一步，1979 年，中国设立的四个经济特区有三个就在广东。经济特区被赋予了在对外经济活动中实施特殊政策和灵活措施。改革开放推动了广东经济和社会的快速发展，广东取得了令人瞩目的成就。随着对外开放的不断深入，广东已形成了全方位、多层次、宽领域的对外开放新格局。广东是中国第一经济大省。1978—2002 年，广东国内生产总值（GDP）年均递增 13.4%。2002 年，广东 GDP 达 11770 亿元（约合 1418 亿美元），占全国 GDP 的十分之一强。另外，固定资产投资总额、社会商品零售总额、居民储蓄存款余额、进出口总额、财政收入等主要经济指标均列全国首位。广东外向型经济较为发达。广东与世界上 200 多个国家和地区建立了贸易关系。2002 年外贸进出口总额 2211 亿美元，其中出口总额 1185 亿美元，占全国的 36.4%。广东是全国吸收外资最多的省份，截至 2002 年，累计实际利用外资约 1576 亿美元，其中，外商直接投资 1249 亿美元，占全国的 28%。近几年，广东每年实际利用外资均在 150 亿美元左右，2002 年外商直接投资达 131 亿美元。世界 500 强企业已有超过一半投资于广东，并且取得了良好的业绩。广东是中国基础设施最完备、最便利的地区之一。广东拥有通往世界各大洲的国家和地区的海空航线，拥有铁路主骨架和四通发达的公路网，拥有技术水平处国内领先、达到世界先进水平的以微波、光缆、卫星传输、宽带网络等为主体的通信网络。2002 年年底，广东全省公路通车里程达 106340 千米（其中高速公路 1850 千米），发电装机容量达 3538 万千瓦，电话普及率 69.6%，互联网注册用户人数超过 1000 万。广东产业结构得到很大调整。广东第一、第二、第三次产业增加值的比重由 1978 年的 29.8∶46.6∶23.6 转变为 2002 年的 8.8∶50.4∶40.8，广东工业高速发展。2002 年，广东省工业总产值为 16039 亿元（约合 1932 亿美元），工业产值增长 18.5%，工业增加值占 GDP 的比重达 44.8%，工业对经济增长的贡献率达 55.1%。广东外资投资于工业的势头一直保持强劲。1997—2002 年，全省工业实际利用外资累计为 597.42 亿美元。2002 年，全省“三资”企业工业总产值为 9823.13 亿元（约合 1184 亿美元）。珠三角一带，云集着众多外商投资企业。例如，东莞市有几千家台资、日资企业，已经形成为世界电子信息自我配套制造基地之一。广东的工业体系比较完整，轻工业、制造业比较发达，工业产业结构不断优化。广东在着力壮大电子通信、电气机械、石油化工三大新兴支柱产业的同时，努力改造食品饮料、纺织服装、建材三大传统产业，并积极发展森工造纸、医药、汽车三大有潜力的产业，已经形成了较具竞争力的九大产业。与此同时，新兴服务产业也迅速崛起，教育、科技、咨询和信息服务业等知识密集型行业和旅游、文化休闲等服务业发展十分迅速，现代物流业的发展方兴未艾。广东的高新技术产业发展迅猛。广东拥有省级高新技术企业达1731家，2002年，全省高新技术产品产值约为4300亿元（约合518亿美元），比1998年增长了1.8倍，约占全省工业总产值的五分之一；高新技术产品出口总值309.7亿美元，比1998年增长3.7倍。广东的民营经济日益壮大。到2002年年末，广东已有私营企业25.86万户，注册资本3380.1亿元（约合407亿美元），分别居全国第二位和第一位；个体工商户也保持了稳定增长，共有个体工商户175.3万户，注册资本436.2亿元（约合53亿美元），均居全国第一位。广东目前正处于产业转型期，未来对高技能人才需求量巨大，统计显示，2008年上半年，广东省劳动力市场上数控技术工和车、铣、刨、模具工等技术“蓝领”明显供不应求，其中高级工、技师和高级技师的求人倍率（需求人数/求职人数）分别为1.64、2.17和2.33。

河源职业技术学院位于有“青山绿湖碧水城”美誉的全国优秀旅游城市——广东省河源市。河源市是国务院1988年1月7日批准设立的地级市，管辖源城区、东源县、龙川县、紫金县、连平县、和平县共五县一区。全市共有97个镇、1个民族乡（东源漳溪畲族乡）、4个办事处、1251个行政村、154个街道居委会。区域总面积1.58万平方千米。2008年年末，全市户籍人口346.64万人。河源市是京九入粤第一市，又是广东省拥有铁路最长的市；京九铁路、广梅汕铁路、105国道、205国道、河惠高速公路构筑了河源四通八达的交通网络，是粤东北重要的交通枢纽。土地、矿产、森林、人力等资源的人均拥有量均居全省首位，被誉为“粤东宝库”。全市有山地1800多万亩，森林覆盖率70.7%，是华南地区重要的商品林基地。工业已发展成电子、电器、纺织、造纸、制糖、化工、建材七大行业，初步形成一批技术含量高的规模效益型和外向型工业企业。手机基地被认定为广东省手机产业集群升级示范区。国家通信终端产品质量监督检验中心、移动通信产学研战略联盟等技术服务平台加快建设。市高新区手机年产量达706万台，产值40.5亿元。农业已形成蔬菜、肉食、糖蔗、水果四大商品生产基地。河源的发展，既缺乏一大批高素质的拔尖人才，更缺乏数以千万计的专业技术人才和高素质劳动者。河源地处“老远边穷”的粤北山区，经济欠发达。河源要后发，就必须实施“人才强市”的战略，而目前我市适应新型工业化的高技能人才十分缺乏。河源职业技术学院作为地方政府举办的山区高职院校，无疑要担负起为“后发河源”，培养高素质高技能人才的历史使命。

总之，基层经济建设、政治建设、文化建设和社会建设无一不缺少专业技术人才。仅按国家“三支一扶”计划口径统计，基层教育将需要学历达标的教师约40万人，基层卫生按每院4~5个医学本科毕业生分配约需20万人，每村每个社区配备一名大学生共计需70多万人。如果立足基层经济、政治、文化、社会建设现状和着眼未来发展，基层是最缺乏人才的地方，是最需要人才的地方，是人才吸纳量最大的地方。基层是一片热土，等待大批高校毕业生去开拓。高校毕业生必须面向基层，为基层建设贡献聪明才智。

知识点3 基层就业成就未来

党和政府鼓励大学生到基层就业，既是基层建设战略需要，也是促进大学生充分就业、促进大学生成长成才的需要。大学生应响应党和政府的号召，到西部、到基层、到祖国最需要的地方就业，这不仅是获得生存之本，夯实发展之基，更是作为当代青年知识分子对国家、对民族、对人民应尽的责任。

大学生就业是全体劳动者就业的重要部分，大学生就业形势严峻是全社会就业难题的凸显。只要全社会宏观就业环境不宽松，大学生就业难的问题就不能缓解。人口生产与发展规律、经济发展规律、社会建设规律、科技教育发展规律不以人的意志转移来促进和影响就业，未来二十年内，我国全体劳动者就业难将持续存在，近几年大学生就业问题将更为突出。

由于国家经济建设、政治建设、文化建设和社会建设的战略决策，为基层建设的重要性日益突出，基层建设薄弱问题亟待加强。党中央和国务院将建设的重点放在西部和基层。大中城市、大机关、大企业已经实力雄厚，对毕业生吸纳持相对稳定状态，而社会主义新农村建设的战略决策、城市一体化的发展思路、西部开发、中部崛起等战略预示：毕业生就业主要流向不是到大中城市、大机关、大企业，而是到小城镇、中小企业、中小学、医疗卫生、科技等事业单位，到城市社区和农村。

从职业发展趋势看，职业分类由小到多，职业分工由简单到精细，职业活动内容不断弃旧更新，专业化越来越强，职业结构变化加快，第三产业大幅增长，脑力劳动职业增加。这种发展趋势说明，随着经济社会发展，现有的职业数量、职业分布的科技含量、职业的功能远不能满足需要，应该创造新的职业，创造分工精确专业化强的职业和科技含量高的职业。拥有现代科技文化知识的高校毕业生应成为创业的主力军。通过一定数量的毕业生创业，以创业开发众多的就业岗位，促进包括高校毕业生在内的广大劳动者的充分就业。

一、基层拥有广阔的就业空间

湖南武冈市14名贫困生回乡办成城东中学。

法学硕士回乡种红薯，任支书带领农民致富。

硕士高亚飞，坚定着养猪也有大作为。

山村大学生金点子卖出14万元。

河南吴阳4名大学生自主创业，赚钱开店卖菜。

大学生当“花农”，鲜花种进四万家。

进军移动服务领域，三个大学生回乡创业。

大学生网上拾荒。

大学生开起宠物医院。

大学生自主创业“爱窝家政”当年盈利。

大学生擦鞋擦出80家连锁店。

（来源：中国高校毕业就业服务信息网）

大学生“回农门”有深刻的经济背景。东部沿海发达地区，如江苏、浙江等地，有些乡村的经济发展水平甚至超越了许多城市，自然吸引了一些人才从城市向农村回流。新农村建设需要大批人才在这片广阔天地里大显身手。很多大学生看清了这个大势，希望在农村有所作为。加之农村城镇化发展趋势提速，很多农村的生活工作条件与城市差别日渐缩小，而一些大城市消费昂贵，就业竞争压力增大，促使大学生开始把目光转向农村。

一位大学生坦言“城里生活压迫得我透不过气”，当一名徒有虚名的“城里人”，不如当一个农民实惠。尽管这种变化伴有不少“无奈”因素，却成为大学生树立正确就业观的催化剂。与其在城里生活困顿，“大材小用”，不如回到农村施展才华，干番事业。

从基层建设发展的历史看，基层留不住人才，吸引不了人才。人们竭尽全力供子弟读书，就是为了让他们走出山乡、跳出农门、离开基层、远走高飞。一批批金凤凰飞到了繁荣都市。基层人才流失严重。

从基层建设发展的现状看，基层缺少人才。基层需要大批志向远大、真才实学的大学毕业生来此就业、创业。幅员辽阔的基层建设为大学毕业生提供了宽广的就业空间，国家建设社会主义新农村、开发大西北、振兴东北老工业基地、实施中部崛起、加强基层建设的战略决策，为大学毕业生提供了干事业的舞台。

关注西部开发的人士认为，西部有良好的就业环境和广阔的就业创业机会。据国家发展与改革委员会统计，西部大开发自2000年实施以来，我国累计在西部开工建设的交通、水利、能源、通信设施等重大项目共70项，总投资规模约一万亿元。在高强劲的投资拉动下，2005年西部地区生产总值达到了3.3万亿元，比2000年翻了一番，年均增长建设为10.6%。从1999年到2004年，西部地区再生产总值增长建设速度连续5年逐年加快，1999年为7.25%，2000年为8.47%，2001年为8.74%，2002年为10.0%，2003年为11.29%，2004年已达到12.7%，2005年扣除物价因素后，增长速度达到12.7%，2006年上半年，西部地区的增长速度又进一步提高到13%。投资规模和生产总值的持续快速增长，拉动了就业，启动了创业。中国地质大学（武汉）第十三届毕业生供需见面会上，地质、石油、石化、煤炭、有色、核工业、冶金等部门求贤若渴，这些专业在西部走俏。《中国教育报》认为这是由于我国制定和实施了西部大开发战略，加快中西部地区发展等一系列好政策。有一些毕业生对媒体记者说，“西部的快速发展为我们创造了很好的创业机会，所以，我把西部作为自己求职就业的理想地。”

社会主义新农村建设更为广大高校毕业生提供了求职就业，施展才干的宽广舞台。中共中央、国务院《关于推进社会主义新农村建设的若干意见》中，从32个方面提出加强社会主义新农村建设的举措。其中大力提高农业科技创新和转化能力，加强农村现代流通体系建设，积极推进产业结构调整，发展农业产业化经营，加快发展循环农业，加强农田水利、耕地质量和生态建设，加快农村设施建设，加快发展农村义务教育，大规模开展农村劳动技能培训，积极发展农村卫生事业，培育农村新型社会化服务组织等20项专项建设迫切需要大学毕业生积极参与，贡献聪明才智。社会主义新农村建设的巨大工程吸引了众多毕业生。据有关部门调查统计，农学类毕业生需求达70%多，在所有学科毕业生需求中名列第一。截至2007年9月1日，全国大学毕业生实现就业人数350万，其中到县和县以下就业达58万人，占已就业毕业生16.6%，显示了稳步增加的特点。截至9月底统计，广东省2008年到基层就业人数近10万人。

二、基层具有良好的成才环境

田野里成就了“杂交水稻之父”——袁隆平

袁隆平先生是在基层中成长，直到现在仍深入基层的老一代知识分子。他1953年从西南农学院农学毕业后，先在湖南偏僻的安江农村任教19年，其间进行杂交水稻研究。为了找到特质野生稻和栽培稻品种进行研究，袁隆平头顶烈日，脚踩烂泥，驼背弯腰，一穗一穗地寻找，终于培育了高产量的杂交水稻。1981年，其成果获得国内第一个特等发明奖。1985到1988年，又连续荣获3个国际性科学大奖。2001年，袁隆平荣获2000年度国家最高科学技术奖。我国杂交水稻的优良品种现已占全国水稻种植面积的50%，平均增长20%，从推广种植杂交水稻以来，已累计增产稻谷3500亿千克，产生了巨大的经济和社会效益。中国已经成为世界第三大粮食捐赠国。1999年10月，经国际小天体命名委员会批准，中国科学院北京天文台施密特ccd小行星项目发现的一个小行星（8117）被命名为“袁隆平星”。

袁隆平说，农业分传统农业和现代农业，城市里长大的孩子认为农业非常落后，农民非常穷，所以不愿意学农。真正的现代农业是高科技的，传统农业比较落后，比较穷，比较苦。搞农业科技工作是很苦的，整天在太阳底下晒，在泥田里踩。但是因为有希望在那里，会出好品种，所以乐在其中。如果没有希望，盲无目的，就不会有乐趣。学农的大学生要到实验田里去，电脑等先进设备很重要，但在电脑和书本里是种不出水稻的。

（来源：《杂交水稻之父———袁隆平》，百度网）

人都生活在特定的环境中，其成长成功与否虽然主要取决于主观努力程度，但环境能起到重要的作用，特殊情况下，环境决定人生的成败。基层特殊的环境有利于高校毕业生成长成才。

首先，基层是毕业生职业生活的起始点。基层任务具体，事务繁杂，国情民意体现在基层，矛盾、困难初发在基层。不深入基层，不了解实情，就会说外行话，办外行事，做局外人。人才的成长都是始于基层，达于基层，这是不以人的意志为转移的人才成长规律。高校毕业生到基层就业，就是到有利于自己成才的环境中就业。

其次，基层缺乏人才，给高校毕业生提供了更多的做事、做人，成长、成功的实践机会。到基层，基层干部群众对大学生视为至宝，认为大学生有知识、有能力，能扶持引领他们脱贫致富，把希望寄托于大学生，把重担交给大学生，大学生得到了尊重，增添了自信，感受到了责任，增强了造福一方的内动力，就会积极去干，不断地实践，不断地思考，不断地积累经验，其知识、能力、素质在实践中迅速得到了提升，为脱颖而出，为将来的发展奠定了良好的基础。如果在人才济济的大城市、大单位，缺乏能力和实践经验的应届毕业生，只能是做些接听电话、文件收发、搞搞卫生的小事，大不了是改改作业、抄写笔记、打打文稿的帮手。虽然这些小事也是职业生活的内容，做得好也将有益于个人成长，但毕竟缺乏上讲台讲课、替病人做手术、领百姓改良种植的实践机会。在做人、办事、成长方面不可能与在基层经受锻炼的毕业生相提并论。

再次，基层艰苦的生活和工作环境特别能磨炼人、成就人。由于历史原因，即使现在或将来，相比于同一地区都市的现代文明，基层总是条件艰苦的地方。既有生活条件的不便，也有工作条件的欠缺，既有物质生活的清苦，更有精神生活的寂寞难耐。据有些毕业生介绍，到西部等广大基层地区做支援者，真会碰到饿体肤、劳筋骨、苦心志的体验，如果不胸怀理想，真吃不了那个苦，受不了那个累。到基层是磨炼自己的意志，锻炼体质和品质的天赐良机，他们咬牙坚持下来，克服困难，认真做好每一件事，最终战胜了困难，适应了环境，超越了自我。可有些在校大学生对基层、农村心存畏惧，把暑期到基层社会实践、毕业前到基层顶岗支教、支医等机会白白放弃。经受过艰苦生活、艰难工作的磨练，这是一笔无法在舒适优越环境中获得的精神财富。党和政府、社会用人单位很看重经受基层锻炼的青年知识分子，拥有这笔财富的大学毕业生会更快成长，其中有些人将成为栋梁之才，成就一番大事业。

基层是考验人、锻炼人、成就人的地方。不少毕业生已经在这一特殊的成才环境里获得了成功。像教育报宣传的徐本禹，就是这样一位自愿到贵州贫困的山区义务支教的华中农业大学的在读研究生。在乌蒙山区腹地的农村小学，他忍受着孤独和寂寞，用爱心精心栽培和呵护贫瘠土地上的花朵，用真诚和行动实践着一名当代大学生的社会责任及一名共产党员的神圣使命。他被评为2004年中央台“感动中国”十大人物之一。光荣出席党的十七大代表大会。

“西部计划”志愿者代表，河南中医学院毕业生，现河南某生物制药有限公司副总王一欣，2003年，放弃到北京工作的机会，赴海拔1200多米的陕西省麟县志愿服务，帮助当地农民种植两万多亩中药材，带领他们走上脱贫致富的道路，还先后帮助当地三家制药企业通过了药品论证。服务期满回到郑州后，被一家企业聘为副总经理兼总工程师，先后帮助十多家制药企业通过国家药品CMP论证，成立了自己的公司。他深有感触地说：“假如我毕业后没有做志愿者，只是到一家企业或研究所工作，可能我还是在本岗位默默地工作，不会有这么大的成就，更不会自己开公司。在艰苦的环境里，他们给我压担子，使我受到了很好的锻炼，提高了社会实践的能力，并将知识转化为实践生产力。基层是锻炼人的好地方，给我们提供了很大的发展空间，这样的经历给我们人生增加了一笔巨大的财富，终生受益。”

参加西部计划，“三支一扶”计划，“一村一名大学生计划”的高校毕业生经受基层锻炼和考验，大多数人选择到理想的职业，其中一批人成长为先进英模，一批人创办了企业，一批人走上了基层领导岗位。有了这段特殊的基层经历，他们的人生态度、敬业精神和实际行为将发生历史性的变化。只要在未来的人生道路上秉持这笔精神财富、知识财富和经验财富，到基层就业的毕业生必定会有丰硕的收获，必定会有光辉的未来。

案例讲坛

万绿河源“用武地”

河源山清水秀空气好，是一块投资兴业的热土，也是各路人马施展才华的用武之地。随着珠三角产业的逐步转移，河源已步上了“工业立市，人才强市”的快车道，这也为高校毕业生提供了广阔的就业前景。

2006届应用电子技术专业赖飞富，化州市人；盘剑云，韶关市人；林冬笑，河源人，他们一踏入河源职业技术学院，就立志在河源发展，为实现理想，在校苦练基础，勤训技能，实习时找准与自己专业对口的河源雅达电子有限公司。实习期间，虚心好学、刻苦钻研，悟性高、上手快，协作能力强、思想表现好，一下子就被公司的技术师傅“盯”上了。实习结束后，公司黄经理就决定录用他们。小赖等三人感到这家公司具有较大的发展潜力和整个河源发展的强大后劲，就答应留下来做技术人员。如今，他们都是公司的技术骨干，月薪2500元左右。

点评：引导毕业生了解河源、建设河源，组织学生开展“三下乡”“志愿者”“社会调查”等活动，大力开展“河源振兴与我”“厚德强技，振兴河源”“我爱万绿河源”演讲、征文、摄影等比赛活动，培养学生立足河源、服务河源的意识。每届都有不少像赖飞富、盘剑云、林冬笑这样甘留山区献青春的优秀毕业生。据统计，2004年至2007年，留在河源就业分别为143人、305人、621人、1321人，增幅分别为113%、104%、113%；四届3410位毕业生中已有2390位毕业生“落户”河源，其中外地生源有432人，占18%。

阅读思考

“农夫山泉”响叮咚

河源万绿湖的水，纯、甜、清、秀，达到国家一级水质标准。“农夫山泉”这个世界五百强企业，正是看到这泓上帝赐予人类的神奇之湖水，于2006年落户河源设立“农夫山泉广东万绿湖有限公司”。正当建好厂房、购回机械设备时，技术人才缺乏问题却难住了李厂长。听说河源职业技术学院2006年将有批应用电子专业毕业生，他就带上人事部人员马上跑到河源职业技术学院就业指导中心，经过面试，当场“拍板”录用麦文巧、丘万泉、杨先祖、姚春亮等6位优秀毕业生。李厂长真是独具慧眼，他“抢走”的6位毕业生，经过公司总部的短训后，就承担安装、调试机器的技术工作。为了如期投产，他们不畏艰苦，经常加班加点，安装认认真真，调试一丝不苟，二十天的工作量，他们十二天就完成了。

最令全厂职工难忘的是2006年4月中旬机组抢修一事，当时正值日夜赶货，一台机组突然发生故障，从外面请了几个师傅都没修好，交货日期越来越近，从部里调人已来不及，李厂长急得团团转。正在大家束手无策的时候，杨先祖、丘万泉对厂长说：“能不能让我们来试试?”李厂长看了看造价贵、科技含量高的机器，想了想延期交货的损失，只好半信半疑答应。杨、丘两人可谓“临危受命”，自知责任重大，小心翼翼地将机器的主要部件一一拆下，一件一件地排查，一件一件重新安装，夜以继日、废寝忘食，经过两天两夜的奋战，终于把机器维修好。李厂长看到机组又运转正常，连连跷起大拇指说：“真是技术能手，河源职业技术学院的学生不错，很不错!”全厂的职工也为之兴奋不已，无不称赞他们的敬业精神和过硬的技术本领。

这6位毕业生吃苦耐劳、敬业爱岗、技术技能好、协作能力强、工作成绩突出，得到了全体员工的普遍认可和高度赞扬，其中麦文巧、丘万泉、姚春亮被公司评为“生产标兵”。邱耀伟、曾海泉、杨先祖被评为“优秀技术员”。他们是河源职业技术学院毕业生的“金字”招牌，良好的声誉犹如“农夫山泉”一样叮叮咚咚地响，奏出一曲曲美妙动听的乐章!

（本文由农夫山泉广东万绿湖有限公司办公室主任黄钦初提供）

（杨先祖，2006届应用电子专业毕业生，现农夫山泉河源分公司产线机长。）

思考问题

如何做一个面向基层、服务一线的高职大学生？

知识链接三 就业维权

教学目标

（1）了解高校毕业生就业的一般法律知识。

（2）能合法处理高校毕业生就业常见的劳动争议。

就业见闻

就业协议的性质是民事合同，不是劳动合同

大学毕业前夕，曾某和A公司、学校三方签订了《全国普通高等学校毕业生就业协议书》，对工作条件和劳动保护、劳动报酬、福利待遇及三方的违约责任做了详细的约定。在此之前，A公司为曾某办妥了人事等相关手续，代曾某缴交了人事代理服务费和流动服务费合计3500元。毕业后的第二天，曾某就到A公司上班，双方约定曾某试用期月薪2000元，试用期三个月。但曾某刚工作了一个月，就提出辞职。A公司没有发给曾某工资。

对此法院判决，就业协议不是劳动合同，在试用期内，劳动者可以随时通知用人单位解除劳动合同。因此，判决解除双方的劳动关系，A公司应在30日内为曾某办理解除劳动关系手续并支付曾某一个月的工资，曾某须返还公司垫付的人事代理服务费和流动服务费3500元。

知识点1 劳动争议的内涵及处理机构

一、劳动争议的概念和特征

（一）劳动争议的概念

劳动争议，是指劳动关系当事人，即用人单位与职工之间就劳动权利、义务所发生的纠纷。具体来讲，首先，发生争议的双方当事人必须是用人单位和与其有劳动关系的职工，也就是说，当事人必须是通过一定的法律事实（如签订劳动合同）建立劳动关系的用人单位及其劳动者；其次，彼此争议的内容，是有关劳动权利、义务方面的，只有当涉及劳动关系双方当事人之间的权利和义务时，才是劳动争议。

例如，试用期已过，用人单位以不符合录用条件为由解除劳动合同；用人单位支付的工资待遇不符合劳动法规或劳动合同的规定；用人单位任意延长劳动者的试用期等，都属于劳动争议。

（二）劳动争议的特征

（1）劳动纠纷是劳动关系当事人之间的争议。劳动关系当事人，一方为劳动者，另一方为用人单位。劳动者主要是指与在中国境内的企业、个体经济组织建立劳动合同关系的职工和与国家机关、事业组织、社会团体建立劳动合同关系的职工。用人单位是指在中国境内的企业、个体经济组织以及国家机关、事业组织、社会团体等与劳动者订立了劳动合同的单位。不具有劳动法律关系主体身份者之间所发生的争议，不属于劳动纠纷。如果争议不是发生在劳动关系双方当事人之间，即使争议内容涉及劳动问题，也不构成劳动争议。例如，劳动者之间在劳动过程中发生的争议，用人单位之间因劳动力流动发生的争议，劳动者或用人单位与劳动行政管理中发生的争议，劳动者或用人单位与劳动行政部门在劳动行政管理中发生的争议，劳动者或用人单位与劳动服务主体在劳动服务过程中发生的争议等，都不属于劳动纠纷。

（2）劳动纠纷的内容涉及劳动权利和劳动义务，是为实现劳动关系而产生的争议。劳动关系是劳动权利义务关系，如果劳动者与用人单位之间不是为了实现劳动权利和劳动义务而发生的争议，就不属于劳动纠纷的范畴。劳动权利和劳动义务的内容非常广泛，包括就业、工资、工时、劳动保护、劳动保险、劳动福利、职业培训、民主管理、奖励惩罚等。

（3）劳动纠纷既可以表现为非对抗性矛盾，也可以表现为对抗性矛盾，而且两者在一定条件下可以相互转化。在一般情况下，劳动纠纷表现为非对抗性矛盾，给社会和经济带来不利影响。

二、劳动争议的分类

劳动争议按照不同的标准，可划分为以下几种。

（一）按照劳动争议当事人的人数划分

可分为个人劳动争议和集体劳动争议。个人劳动争议是劳动者个人与用人单位发生的劳动争议；集体劳动争议是指劳动者一方当事人在3人以上，有共同理由的劳动争议。

（二）按照劳动争议的内容划分

可分为因履行劳动合同发生的争议；因履行集体合同发生的争议；因企业开除、除名、辞退职工和职工辞职、自动离职发生的争议；因执行国家有关工作时间和休息休假、工资、保险、福利、培训、劳动保护的规定发生的争议等。

（三）按照当事人国籍的不同划分

可分为国内劳动争议与涉外劳动争议。国内劳动争议是指我国的用人单位与具有我国国籍的劳动者之间发生的劳动争议；涉外劳动争议是指具有涉外因素的劳动争议，包括我国在国（境）外设立的机构与我国派往该机构工作的人员之间发生的劳动争议、外商投资企业的用人单位与劳动者之间发生的劳动争议。

三、劳动争议的处理机构

根据劳动法律有关规定，目前处理劳动争议的机构为三种：企业劳动争议调解委员会、各级劳动争议仲裁委员会和地方人民法院。

（一）企业劳动争议调解委员会

企业劳动争议调解委员会是在职工代表大会领导下负责调解本企业内劳动争议的群众组织。调解委员会由职工代表、企业行政代表和企业工会委员会代表组成。没有建立工会组织的企业，可以设立类似调解委员会的劳动关系协调组织，由职工代表和企业代表协商决定。调解委员会处理劳动争议不是必经程序。

（二）劳动争议仲裁委员会

劳动争议仲裁委员会是处理劳动争议的专门机构。县、市、市辖区人民政府设立仲裁委员会，负责处理本辖区内发生的劳动争议。设区的市、市辖区仲裁委员会受理劳动争议案件的范围由省、自治人民政府规定。各级仲裁委员会由劳动行政主管部门的代表、工会的代表、政府指定的经济综合管理部门的代表组成，主任由劳动行政主管部门的负责人担任，其办事机构设在同级的劳动行政主管部门。

（三）人民法院

人民法院是国家审判机关，也担负着处理劳动争议的任务。劳动争议当事人对仲裁委员会的裁决不服、进行起诉的案件，人民法院民事审判庭负责受理。

知识点2 劳动争议的处理原则和基本程序

根据《中华人民共和国企业劳动争议处理条例》（详见附录二）规定，劳动争议处理应遵循以下重要原则。

（一）依法处理劳动争议原则

在处理劳动争议过程中，劳动争议处理机构和劳动争议当事人，必须在查清事实的基础上依法协商、依法解决劳动争议。

要查清事实，首先，当事人应积极就自己的主张和请求提出证据；其次，劳动争议处理机构应及时调查取证，两者有机结合，才能达到查清事实的目的。

依法处理争议，就要依据法律规定的程序要求和权利、义务要求去解决争议，同时要掌握好依法的顺序，即有法律依法律，没有法律依法规，没有法规依规章，没有规章依政策。另外，处理劳动争议还可以依据依法签订的集体合同、劳动合同以及依法制定并经职代会或职工大会讨论通过的企业规章。

（二）当事人适用法律上一律平等原则

劳动争议双方当事人虽然在其劳动关系中，存在行政上的隶属关系，但其法律地位是平等的，也就是说，不管用人单位大小如何，也不管职工一方职位高低，双方在法律面前都是平等的。适用法律时不能因人而异，不能因为某单位是重点企业，或者是当地创利创汇大户，而对其侵害职工劳动权益的行为进行袒护。

（三）着重调解劳动争议原则

处理劳动争议，应当重视调解方式，调解既是一道专门程序，也是仲裁与审判程序中的重要方法。着重调解原则，首先是有利于增加当事人之间的相互理解，使其在今后的工作中能够相互支持和配合；其次是可以简化程序，有利于及时、彻底地处理劳动争议。实行着重调解的原则应注意以下几个方面。

1. 必须遵守自愿原则

当事人向企业劳动争议调解委员会申请调解，必须经争议双方当事人同意，否则调解委员会不予受理。三种劳动争议处理机构进行调解必须是当事人真正自愿和解和自愿达成调解协议，不得对争议案件强行调解，也不得采取强迫或变相强迫的方法进行调解。

2. 必须坚持合法、公正原则

调解是建立在查明事实、分清责任的基础上，通过说服教育，使当事人在法律许可的范围内达成和解协议，并不是无原则进行的。

3. 必须与及时裁决或及时判决结合起来

对于当事人不愿调解或调解不成的，不应久调不决，以免拖延时日，有损于当事人的合法权益，甚至造成不良后果。

（四）及时处理劳动争议的原则

首先，劳动争议发生后，当事人应当及时协商或及时申请调解以至申请仲裁，避免超过仲裁申请时效，丧失申请仲裁的权利。其次，劳动争议处理机构在受理案件后，应当在法定结案期限内，尽快处理完毕。劳动争议往往涉及当事人尤其是职工一方的切身利益，如果不及时加以处理，势必会损害劳动者合法权益，甚至使矛盾激化。因此有关劳动争议法规对争议处理规定了严格的时间限制，以免“案无定日”“久拖不决”的现象。其三，对处理结果，当事人不履行协议或决定的，要及时采取申请强制执行等措施，以保证案件的顺利处理和处理结果的最终落实。

（五）基层解决争议原则

劳动争议案件应主要由企业设立的调解委员会和当地县、市、市辖区仲裁委员会解决。向法院起诉，也是按法定管辖权由当地基层法院受理。基层解决原则方便当事人参加调解、仲裁和诉讼活动，有利于争议的及时处理和法律文书的送达与执行，有利于就地调查，查明事实真相。

劳动争议发生后，当事人应当按照下列基本程序请求解决。

1. 双方自行协商解决

双方通过协商方式自行和解，是当事人应首先争取解决争议的途径。

2. 调解程序

当事人可以向用人单位劳动争议调解委员会申请调解。当事人可不经过调解而直接申请仲裁。

3. 仲裁程序

若经过调解双方达不成协议，当事人一方或双方可向当地劳动争议仲裁委员会申请仲裁；当事人也可以直接申请仲裁。仲裁程序是强制性的必经程序，也就是说，只要有一方当事人申请仲裁，且符合受案条件，仲裁委员会即予受理；当事人如果要起诉到法院，必须先经过仲裁程序，未经过仲裁程序的劳动争议案件，人民法院将不予受理。

4. 法院审判程序

当事人如果对仲裁裁决不服的，可以向用人单位所在地的基层人民法院起诉。目前法院是由民事审判庭依民事诉讼程序对劳动争议案件进行审理，实行两审终审制。也就是当事人若不服一审判决，仍可向上级法院上诉。法院审判程序是劳动争议处理的最终程序。

案例讲坛

毕业生与企业引发的劳动合同效力之争

即将毕业的学生用学校发给的双向选择就业推荐表，与聘用的公司签订劳动合同后上班途中遭遇交通事故，毕业生在申请工伤待遇的同时，要求公司按照法律规定缴纳工伤保险和各种社会保障。公司以在校学生不具备劳动者资格为由，宣称劳动合同无效，遂引发了一场劳动合同效力纠纷。

2008 年 4 月 3 日，江苏省南通市中级人民法院对此案做出终审判决。

学生与企业签约

2006 年 2 月，江苏省海门市一家空调设备公司招聘一名办公室文员。即将从江苏徐州某学院毕业的陈某得到招聘信息后，便持所在学院发给的《2006 届毕业生双向选择就业推荐表》前去招聘会上报名应聘。公司审核完陈某的求职材料和面试后，遂约她几天后到公司签约。

2006 年 2 月 27 日，陈某如约来到空调设备公司，双方签订《劳动合同协议书》约定：陈某担任职务为办公室文员；合同期限为一年，从 2006 年 2 月 27 日至 2007 年 2 月 27 日止；其中试用期三个月，从 2006 年 2 月 27 日至 2006 年 5 月 27 日止；试用期月薪为 500 元；试用期满后，按陈某技术水平、劳动态度、工作效益评定，根据评定的级别或职务确定月薪。

此时，陈某尚未毕业属在校生，正在撰写毕业论文期间。合同订立后，陈某便到公司上班，其间利用业余时间完成毕业论文。

发生纠纷仲裁

2006年4月21日，陈某去公司上班途中遇交通事故，被送往医院救治。

陈某在治疗、休息期间，经学校同意以邮寄方式完成了毕业论文及答辩，于2006年7月1日拿到毕业证书。

2006年8月，伤愈后的陈某多次向公司交涉，认为双方既然签订了劳动合同，其身份属于公司员工，应该享受工伤待遇，但遭到公司拒绝。

2006年11月8日，陈某向海门市劳动部门提出认定劳动工伤申请。

公司得知陈某提出工伤申请后，也于同日向当地劳动争议仲裁委员会提出仲裁申请，认为陈某在签订劳动合同时仍属在校大学生，不符合就业条件，要求确认双方的劳动合同无效。

陈某针对公司的仲裁申请，请求确认双方劳动合同约定试用期为三个月、月薪500元的条款违法，要求其月薪按社会平均工资标准执行，同时要求公司为其办理社会保险，缴纳各种保险金。

2007年4月20日，劳动争议仲裁委员会做出裁决：陈某在签订劳动合同时仍属在校大学生，不符合就业条件，不具备建立劳动关系的主体资格，空调设备公司与陈某于2006年2月27日签订的《劳动合同协议书》无效。

双方争议焦点

2007年5月28日，陈某不服仲裁裁决，向海门市法院提起诉讼。2007年6月19日，一审法院开庭审理此案。

原告陈某诉称：我已年满18周岁，具有就业的权利和行为能力，学校已经向其发放了就业双向选择推荐表，具有到社会上就业的资格。

推荐表中已载明了原告的情况，包括尚未正式毕业的事实，被告空调设备公司录用时予以了审查，原告不存在隐瞒和欺诈行为，法律也没有禁止在校大学生不得就业的规定。

劳动争议仲裁委员会裁决认定原告不具备劳动主体资格不当，请求法院确认双方签订的劳动合同有效。

被告空调设备公司辩称：原告陈某在签订劳动合同时仍是在校大学生，不具有劳动关系的主体资格，陈某作为自然人不能同时拥有职工和学生两种身份，所以双方签订的劳动合同是无效的。

原告陈某要求确认劳动合同有效，其目的是因为发生交通事故后要求认定工伤和办理劳动保险，而根据有关法律规定，劳动部门不可能为学生办理劳动保险。劳动争议仲裁委员会的裁决正确，双方签订的劳动合同无效，请求法院驳回原告的诉讼请求。

一审判决

海门市法院认为双方存在的争议焦点是：原告陈某是否具备劳动主体资格，双方签订的劳动合同协议是否有效。

法院认为：原告陈某已年满18周岁，符合《劳动法》规定的就业年龄，其在校大学生的身份也非《劳动法》规定排除适用的对象。

原告陈某已取得学校颁发的《2006届毕业生双向选择就业推荐表》，完全具备面向社会求职、就业的条件。被告公司在与原告陈某签订劳动合同时，对原告陈某的基本情况进行了审查和考核，对陈某2006年6月底方正式毕业的情况也完全知晓。在此基础之上双方就应聘、录用达成一致意见而签订的劳动合同应是双方真实意思的表示，不存在欺诈、隐瞒事实或威胁等情形，双方签订的劳动合同也不违反法律、行政法规的有关规定。因此，该劳动合同应当有效，对双方具有法律约束力。

原劳动部《关于贯彻执行〈中华人民共和国劳动法〉若干问题的意见》第十二条规定："在校生利用业余时间勤工助学，不视为就业，未建立劳动关系，可以不签订劳动合同。"但本案原告陈某作为行将毕业的大学生，持《2006届毕业生双向选择就业推荐表》实施应聘就业活动，并到被告公司工作，此情形不属于利用业余时间勤工助学。因此，劳动争议仲裁委员会据此认定原告不符合就业条件，继而确认《劳动合同协议书》无效不当，应予纠正。

原告持《2006届毕业生双向选择就业推荐表》与被告签订的《劳动合同协议书》不具备法定无效情形，原告陈某的诉讼请求法院予以支持。

2007年11月15日，海门市法院依照《劳动法》有关规定做出一审判决：确认原告陈某与被告空调设备有限公司于2006年2月27日签订的劳动合同有效。

终审判决

空调设备公司不服一审判决，向江苏省南通市中级法院提起上诉。

2008年2月29日，南通市中级人民法院二审开庭审理本案。

空调设备公司诉称，陈某在签订劳动合同时系在校大学生，其行为还需受所在学校的管理，完成学校交给的学习任务，与社会上的其他求职者存在差别，其并不具备劳动关系主体资格。劳动主管部门也就大学生在校期间，利用课余时间参加社会实践的行为做出了相关认定，认为在校大学生并不是合格的劳动关系主体。一审法院判决认定劳动合同有效明显不当，请求二审法院依法改判双方签订的劳动合同无效。

陈某称：认定一个大学生是否具备毕业生资格，是《高等教育法》赋予高等院校的职权，而非劳动争议仲裁委员会的职权。学院发给《毕业生双向选择就业推荐表》，说明学校已依法确认我具备了毕业生资格，已不再是公司所说的在校大学生。而且，我国的法律法规也没有禁止在校大学生不得就业。

法院另查明，空调设备公司系招录办公室文员，对应聘者的年龄、打字技能提出具体指标，但对学历、年龄并无具体要求。

公司对陈某的身份有全面的了解，知晓其已完成学业，可以正常上班工作，但尚未毕业等情形，双方当事人在订立劳动合同过程中意思表示真实、明确，无欺诈、威胁等情形。案涉劳动合同约定的工作任务、劳动报酬等权利义务内容不违反法律法规，亦不存在显失公平的情形。因此，比照我国劳动法律的规定，案涉劳动合同不存在无效情形，依法应为有效合同。

二审法院认为陈某具备订立劳动合同的主体资格，其与空调设备公司所订劳动合同依法有效。

2008 年 4 月 3 日，南通市中级法院做出终审判决：驳回上诉，维持原判。

点评：法院认为本案争议焦点有三。

焦点一，陈某是否具备签订劳动合同的主体资格。原劳动部《关于贯彻执行〈劳动法〉若干问题的意见》规定："公务员和比照实行公务员制度的事业组织和社会团体的工作人员，以及农村劳动者（乡镇企业职工和进城务工、经商的农民除外）、现役军人和家庭保姆等不适用《劳动法》。"并未将未毕业的大学生包括在内。陈某与公司订立《劳动合同协议书》时，已年满 21 周岁，具备与用工单位建立劳动关系的行为能力和责任能力。作为高等院校的学生，陈某虽尚未从学校毕业，但其亦为劳动力市场的自由劳动者，学生身份并不当然限制其作为普通劳动者加入劳动力团体。只有在教育管理部门及高校本身为履行教育管理职责，督促学生圆满完成学业，明确禁止大学生在学习的同时与用人单位建立劳动关系的情况下，大学生才不得与用人单位订立劳动合同，建立劳动关系。在教育管理部门及高校本身因学生已完成或基本完成学业，从而对学生已不作此要求时，大学生参与劳动关系应不受限制。本案陈某已基本完成学业，并持有学校为促进学生就业而发给的《毕业生双向选择就业推荐表》，其应聘求职的行为受到管理部门与高校本身的鼓励，应认定为适格的劳动合同主体。

焦点二，原劳动部《关于贯彻执行〈劳动法〉若干问题的意见》规定："在校生利用业余时间勤工助学不视为就业，未建立劳动关系，可以不签订劳动合同。"该规定仅针对利用学习空闲时间打工补贴学费、生活费的在校学生，不仅包括大学生，也包括中学生。所涉情形仅指在校学生不以就业为目的，参加短期或不定期劳务工作以获取一定劳务报酬的情况，这与本案情形迥然不同。本案中，陈某持就业推荐表应聘公司办公室文员职位，就业目的明确，客观上做出了与单位建立劳动关系的意思表示，并已实际订立了劳动合同，其法律行为与大学生未完成学业时的勤工助学行为显然非同一性质。

大学生临近毕业时确实有实习任务，但大学生实习是以学习为目的，到机关、企业、事业单位甚至是农村参加社会实践，巩固、补充课堂知识，没有工资，甚至还要由学校或个人向实习单位缴纳实习费，不存在由实习生与单位签订劳动合同、明确岗位、报酬、福利待遇等情形。显而易见，陈某的情形不属于勤工助学或实习，应属于就业行为。

焦点三，空调设备公司作为依法注册登记的有限责任公司，具有当然的用工主体资格，而陈某具有劳动权利能力和劳动行为能力，亦已基本完成学业，不再受限于教育管理，相反却是鼓励就业的对象，其作为劳动合同主体身份资格，在招聘过程中，公司对陈某应聘的办公室文员一职并无学历方面要求，陈某尚未拿到毕业证书不影响合同生效，何况陈某已于2007年7月取得毕业证书。公司对陈某的身份有全面的了解，知晓其已完成学业、可以正常上班工作、但尚未毕业等情形，双方当事人在订立劳动合同过程中意思表示真实、明确，无欺诈、威胁等情形。案涉劳动合同约定的工作任务、劳动报酬等权利义务内容不违反法律法规，亦不存在显失公平的情形。因此，比照我国劳动法律的规定，案涉劳动合同不存在无效情形，依法应为有效合同。

阅读思考

毕业生求职看清劳动合同

临近毕业，很多毕业生经过努力都落实了自己的工作或是与用人单位确定了意向。对于初涉职场的毕业生朋友来说，就业之前还有一个关键的环节马虎不得，那就是与用人单位签订劳动合同，如果当时麻痹大意，就有可能对今后的发展产生障碍。指导专家声称："劳动合同非劳务合同"。

有些用人单位会用劳务合同代替劳动合同，这二者的差别是相当大的。劳动合同中必须写明对劳动者的义务，如必须为劳动者缴纳各种保险、明确最低工资标准等，而劳务合同则仅仅是一方提供劳务、另一方给付报酬的一种约定形式，一般不受劳动法的制约。

用人单位违反劳动合同可能承担行政责任、民事责任甚至刑事责任，而违反劳务合同一般只承担民事赔偿责任。

对不平等条约说不

由于用人单位在劳动合同关系中处于强势地位，在签订劳动合同过程中，有些单位会利用这种优势，制定一些不公平的格式条款，如规定不合理的服务年限、苛刻的劳动纪律以及劳动者解除合同时的惩罚性补偿措施等，强迫劳动者接受。毕业生在签订劳动合同之前要特别注意审查类似的条款，对其中有失公平的地方要及时提出异议。

试用期规定要明确

劳动法中对劳动者的试用期有较明确的规定：一是试用期内也应当参加社会保险；二是试用期应当包含在劳动期内；三是试用期的最长期限不得超过6个月，其中合同期在1年以上2年以下的，试用期不得超过60日，以此类推。

合理确定岗位条款

一些用人单位往往故意在劳动合同中避开工作岗位条款，从而随心所欲地变更劳动者的岗位，无限扩大其管理权，这样在合同履行过程中，用人单位便可以任意变更合同内容，甚至故意进行刁难，劳动者却无以应对，最后只有无奈辞职。

同时，对劳动合同中的工资补助和奖金条款、培训条款、保密和禁止同业竞争条款等，都需要详细审查。如工资数额是否确定及有无增资的条件，补贴及奖金的发放有无明确的计算依据和标准。至于劳动合同中的工作时间、社会保险、休息休假和劳动保护等内容，劳动法中都有明确的强制性规定，发生纠纷时直接引用相应的规定即可解决。

违约条款要慎签

劳动合同中，对违约行为的补偿主要是通过支付违约金来实现的，主要包括提前解除劳动合同、违反培训协议以及因失职造成损失等情形下发生的违约金。

最明确清晰的违约条款应当包括如下内容：构成违约的条件、赔偿损失的范围、违约金的计算方法及数额等。上述内容应合法、公平，特别对其中关于提前解除合同及因培训而产生的违约金，在签订合同时，一定要审视自己的经济承受能力，避免日后无力承担巨额赔偿陷入困境。

经验之谈

王超毕业一年，现为外企职员，他认为在与公司签订劳动合同的时候有以下两点要注意。

一是不要轻信公司的口头承诺。我所在的公司中间经历了一次大的变动，原来的老板把公司转让给现在的法国老板，新公司给我们的合同中写着工资总计 700 元，人力资源部负责人向我们承诺这是暂时的，很快能达到 1500 元，有的同事就签了这份合同。事实上根本达不到公司承诺的数目。只有写在合同中的，有明确约定的才能更好地得到履行，否则很难落实。

二是要选择适合自己的合同期限。我在和公司签订劳动合同的时候，有两种合同期限可以选择，一种是一年的，还有一种是 9 个月的。我考虑我签合同的时间是在 9 月份，如果签一年的劳动合同，到下一年 9 月份跳槽，找工作的机会不是很好。如果签 9 个月的合同，到第二年五六月正好和应届生一起找工作，就业机会多一些，于是选择了后者。

李雪妮毕业两年，现在一家民营公司工作，当初她签合同的时候，已经被试用了大半年，没有任何底薪和保险，终于等到签合同了，因为不太明白劳动合同，没怎么仔细看合同就签了。现在才发现当初签的合同不合理。因为按照合同法的规定，最长试用期不能超过半年，而且应该从进入公司的时间开始算。

签了合同之后，她发现其中没有明确说明如果违约了要怎么赔偿。她打算在续签合同的时候把这一项补充上去，不然，将来出现纠纷就不好办了。

思考问题

（1）你对上述材料有何见解？

（2）你是否熟悉《劳动合同法》里的内容？

（3）你如何学习《劳动合同法》里的内容？

（4）你认为《劳动合同法》对现今大学生就业发挥着什么样的作用？

知识链接四　自荐技巧

教学目标

（1）了解自荐的概念和种类。

（2）能自己制作自荐材料（包括自荐信、简历、推荐信、学校推荐表及附件）。

（3）掌握自荐的方法和技巧。

就业见闻

2003 年，小张刚到深圳，就兴冲冲地抱着简历去参加人才交流会。整个会场人如潮涌，唯有沃尔玛公司的展台前冷冷清清，与会场的气氛形成了鲜明的对比。

他好奇地走了过去，一看沃尔玛公司招聘启事上的内容，当即吓了一跳，招聘 20 名业务代表，却指明要名校的毕业生，并且还得有 3 年以上从事零售业的工作经验。条件这么苛刻，难怪没人敢贸然应聘。

他暗自揣摩了一番，虽然没有一条标准符合，可沃尔玛公司业务代表的工作对他却很有吸引力，他把心一横，决定试一试，真要被拒绝，就当是一次锻炼好了。

他径自走到应聘席前坐下，那位中年主管看了他一眼，面无表情地指了指那招聘启事问："看过了吗?"他点点头说："我看过，不过很遗憾，我既不是名校毕业生，也没从事过零售工作，只有大专文凭，还是电大。"

那位主管看了他好半天，才说："那你还敢来应聘。"

他微微一笑："我之所以还敢来应聘，是因为我喜欢这份工作，而且相信自己有能力胜任这份工作。"停了停，他又说，"如果求职者真要具备启事上所有的条件，那他肯定不会应聘业务代表，至少是公司主管了。"

说完，他把自己的简历递了过去，那位主管竟然没有拒绝，而是微笑着收下了。第二天，他接到通知，被录用了。后来才知道，那些苛刻的条件只不过是公司故意设置的门槛罢了，其实当他和主管谈完那些话之后，他就已经通过了公司的两项测试：勇于挑战条款的信心和勇气以及分析问题的能力。

作为一名业务代表，每天都得与形形色色的商家打交道，如果那天他没勇气去敲沃尔玛公司的门，又岂能有勇气去敲那一个个商家的大门?

知识点1 自荐概述

一、自荐的概念

自荐即自我推荐，就是求职者利用各种方法与途径正确地宣传、展示、推销自己，让用人单位认识、了解、选择自己的过程。生活中少不了推销，有人推销商品，有人推销技术，也有人推销自己，从一定意义上讲，大学生求职择业的过程，就是推销自己的过程。大学生在求职择业过程中，要让用人单位认识自己、了解自己，就必须通过多种途径和方法恰当地宣传自己、展示自己、推荐自己，把自己的能力、特长等充分地展示在用人单位面前，使用人单位感觉到你有能力和潜力，从而选择你。自荐在很大程度上决定了自己是否能够获得进一步面试的机会，只有成功地自荐，才能获得进一步面试的机会。这就要求大学毕业生在选准求职信息、决定应聘之前，一定要做好自荐的准备。

格言警句

推销自己是一种才华，是一种艺术。有了这种才能，你就会安身立命，使自己处于不败之地。

——戴尔 ·卡耐基

二、自荐的种类

（一）口头自荐

口头自荐是指求职者亲自到用人单位或招聘现场，直接面对招聘人员，进行自我介绍、自我评价、自我推销的自荐形式。其优点是便于展示自己的风度和才华，容易给用人单位留下深刻印象，如果自己表现出色，可能会被用人单位现场录用。其缺点是涉及面有限，尤其对路途遥远的单位难以奏效。口头自荐更容易使那些英俊潇洒、谈吐自如、反应敏捷的求职者发挥自己的优势，新闻、外贸、外事、旅游、教育等用人单位适合用这种方式来考查求职者。

（二）书面自荐

书面自荐是指求职者通过邮寄或呈送求职材料的形式向用人单位推销自己的自荐形式。书面自荐覆盖面较宽，范围广，不受限制，有助于求职者展示自己严谨、认真的工作态度，那些学习成绩优秀，又有较好文笔和漂亮书法的毕业生多采取此种方式，科研、出版、金融单位和工矿企业等注重实际的用人单位大多乐于接受这种自荐方式。

（三）电话自荐

电话自荐是指通过电话这种方便、快捷的通信工具来实现推荐自己的一种求职方式。电话自荐一般适用于看到用人单位发布的招聘广告之后，根据其提供的联系电话和联系人咨询有关招聘事宜的情况。另外，也有的求职者在根据自己的判断确定了应聘目标单位后，通过电话了解该单位的人才需求情况，从而实现自荐目的。

（四）广告自荐

广告自荐是借助于报刊、电视等新闻传播媒介进行自我推销的自荐形式。广告自荐覆盖面广、时效性强，部分长线专业、毕业研究生和一些有特殊专长的毕业生往往乐于采用这种自荐形式。

（五）网络自荐

网络推荐是近几年新出现的一种自荐方式，它是借助互联网进行的自荐。通过网络进行自荐，不仅方便快捷、成本低，而且便于抓住先机，同时还可以更直观地向用人单位展示自己的计算机操作技术，比其他求职者又多了一种竞争手段和就业渠道，是今后自荐发展的方向。

案例讲坛

求职自荐成功案例

当今职场，毛遂自荐这一求职方式越来越被人们所运用，有人如愿以偿，有人屡屡碰壁。除去主客观因素外，自荐者所采取的策略、方法是否得当决定求职的成败。所以，在运用毛遂自荐这一招时，最好能独具匠心、别具一格。

引吭高歌

世界歌王帕瓦罗蒂到北京音乐学院参观访问，很多家长都想让这位歌王听听自己子女唱歌，目的就是想拜他为师。帕瓦罗蒂出于礼节，只得耐着性子听，一直没有表态。

黑海涛是农民的儿子，凭着自己的刻苦努力考入这所著名的音乐学院，他也想得到帕瓦罗蒂的指点，但他知道自己没有背景。难道白白浪费这么好的机会吗？黑海涛不甘心，灵机一动，就在窗外引吭高歌世界名曲《今夜无人入睡》。一直茫然的帕瓦罗蒂立即有了反应："这个年轻人的声音像我！他叫什么名字？愿意做我的学生吗？"黑海涛就这样幸运地成为这位世界歌王的学生。1998 年，意大利举行世界声乐大赛，黑海涛取得了第二名的优异成绩，由此成为奥地利皇家剧院的首席歌唱家，名扬世界。

这个成功案例说明，要取得毛遂自荐的成功，至少应具备三大要素：胆大心细，适时果断出击；表现手段能立刻吸引考官注意；要有真才实学。如果黑海涛没有两下子真功夫，他就是唱破了嗓子，也没人理会。所以，胆量是前提、技巧是关键、水平是保证，三者缺一不可。

反客为主

阿毛应聘一家广告公司的策划主管职位。由于待遇丰厚，接待大厅被应聘者挤得水泄不通。阿毛灵机一动，走到入口处高声喊道："请大家自觉遵守秩序！前来应聘的人排成三排。"应聘者看到阿毛与公司的工作人员站在一起，以为他也是考官，便很快排好了队。阿毛又把大家的简历收在一起，把自己的简历放在最上面，这样阿毛便得到了第一个面试的机会。考官已将阿毛刚才的行为看在眼里，看了他的简历和作品后，便说："你被录用了。"

毛遂自荐的形式多种多样，像阿毛这样在考官面试前的行为也可被列入毛遂自荐范畴。因此，应聘者根据各种环境、具体情况，采取不同的方式，往往能够抢先一步取得成功。

吹毛求疵

世界首富比尔·盖茨上高中时，曾到一家软件公司应聘，因为年纪太小而遭拒绝。他没有气馁，半夜跑到那家公司的垃圾堆里，找到了公司废弃的程序资料，并逐一修正，然后毛遂自荐跑到公司求职。公司老板被他小小年纪就有这样的才华所折服，破例给他安排了一个重要职位。

点评：想方设法找到自己心仪公司的"软肋"，并依靠自己的实力修正完善之，以此成果作为毛遂自荐的"见面礼"，这样的毛遂自荐可说十拿九稳。

知识点2 自荐材料的准备

求职者在自荐中需要自荐材料，自荐材料在求职择业过程中起着举足轻重的作用，它是求职者和用人单位取得联系、"投石问路"最常用的办法之一，推荐、面试、录用都离不开它，自荐材料的好坏直接影响着求职的成功与否。因此，大学毕业生在自荐前必须准备详细的自荐材料。自荐材料一般包括毕业生的自荐信、个人简历、推荐信、学校推荐表、附件（证书复印件）等内容。

一、自荐信

自荐信又称求职信，就是简短的自我介绍信。自荐信是书信求职的主要材料，要根据自己的求职目标或意向，结合自己的实际情况做精心准备。

（一）自荐信的格式

一般来说，自荐信属于书信范畴，其格式和一般书信既有相同之处，又有不同之处，但主要还是包括称呼、正文、结尾、署名、日期、附件6个方面内容。

1. 称呼

自荐信比一般书信的称呼正规一些，而不同的情况称呼又不一样，例如，写给国家机关、事业单位的领导，用"尊敬的××长"称呼；写给"三资"企业的负责人，则用"尊敬的××董事长（总经理）先生"；写给其他类企业的负责人，则可以称之为"尊敬的××厂长（或经理）"；写给大学校长或人事处的自荐信，则称之为"尊敬的××教授（或校长、老师等）"。当然，有些自荐信，也可以不写姓名，如"尊敬的负责同志""尊敬的董事长先生"等，但不要用"××老前辈""××师傅"等不正规的称呼。

2. 正文

正文是自荐信的主要部分，其形式多种多样，一般要求说明求职信息的来源、求职的愿望、本人基本情况、工作成绩等内容。

3. 结尾

一般应写明希望对方给予答复并盼望能有机会参加面试的愿望及简短的表示敬意、祝愿之类的祝词。如“祝贵公司兴旺发达”“顺候安康”“深表谢意”“祝工作顺利”等，也可以用“此致敬礼”之类的通用词。

4. 署名

要注意与对对方的称呼相一致，一般都在署名前加上“您诚恳的××”“您信赖的××”“您忠实的××”之类的词语，也可以写成“您的学生××”，还可以什么都不写，直接签上自己的姓名。

5. 日期

一般写在署名的右下方，最好用阿拉伯数字写明年、月、日。

6. 附件

自荐信一般都要求随函附寄一些有效证件，如外语等级证书、计算机等级证书、获奖证书的复印件以及个人简历、近期照片等。还应该写明自己的单位、通信地址、联系方式、姓名和时间。最好有附件目录，这样既方便招聘单位的审核，同时也给对方留下一个“有条不紊、很负责任、办事周到”的好印象。

（二）自荐信的主要内容

自荐信的主要内容应包括自己具有用人单位所需要的哪些条件、才能及自己对工作的态度等。具体地讲，大致有以下几个方面：

（1）说明本人基本情况，包括姓名、性别、出牛年月、政治面貌、学历、学位、毕业院校、所学专业、特长爱好、主要优缺点等。

（2）简述求职信息的来源、自己对该单位感兴趣的原因。

（3）说明应聘岗位和能胜任本岗位工作的各种能力、自己期望能在该单位供职的意愿。

（4）介绍自己的潜力。

（5）表示希望得到面试答复的机会。

（三）自荐信的书写方法

（1）实事求是，正确介绍自己。不讲大话、假话和空话，不要过高、过度地宣扬自己，也不要把自己各方面能力讲得平平，最好的方法是用成绩和事实代替华而不实的修饰语，恰如其分地介绍自己。

（2）突出重点，有针对性。自荐信既不能过短也不要过长，一般以1000字左右为宜，在这有限的篇幅内，一定要突出重点，有针对性，针对某一单位或某一单位的某一职位而求职，效果会更好。

（3）文字顺畅，字迹工整。用人单位通过自荐信可以了解求职者的语言修辞和文字表达能力，因此，自荐信要写得工整、清洁、美观，给人以愉悦的感觉，留下良好的印象。如果写得一手好字，就亲笔工工整整地自己写，可显示你的书法特长，因为许多单位都愿意录用一个写字漂亮的人。

(4) 不要使对方反感。自荐信要让人看了舒服、愉快，不能让对方看了反感，不要给对方限定时间，如“请贵经理×月×目前复信为盼”；不要为对方规定义务，如“本人应聘贵公司的业务员，盼望获得贵公司的尊重和考虑”。这些都容易使人反感。

案例讲坛

机械制造专业自荐信范文

尊敬的××公司领导：

您好！

非常感谢您在百忙之中翻阅我的材料，希望给我一个机会。

我很高兴能够在这次招聘会上谋求一个能充分发挥自己专业特长的工作单位，并能得到你们的关照是我的期盼，得力的助手有助您工作顺心，合适的工作单位，有助于我施展才华，我们会为一个共同的目标而站在一起，那就是将贵单位的辉煌历史书写得更加缤纷！我愿为贵公司工作并贡献自己的青春和才华。

我叫××，是××职业技术学院××届毕业生，主攻数控技术专业。主修课程有机械加工工艺学、数控编程及操作、数控工艺与装备、机械制造基础、数控机床结构、车工工艺学、车工训练基础、机械制图、机械设计基础、钳工工艺学、Auto CAD、CAXA 制造工程师等。

本人在大学 3 年中对本专业的知识学得比较扎实，而且还多方涉猎，在数控车铣床进行过特别培训，懂得一般的零件编程、加工及数控加工工艺。掌握 Auto CAD、CAXA 等绘图软件及自动编程，可以进行数控系统 FANUC 及其他系统的手工编程。懂得机械制图和识图，熟练操作数控车床机的操作，了解工艺和设计以及机床的基本维护等知识。其他方面，如掌握一定程度的普通话，熟练 Office、Word、Excel 等办公软件操作，会基本钳工操作等。诚然，虽然大学 3 年的学习生活中有一定量的社会经历，使我养成了冷静自信的性格和踏实严谨的工作作风，并赋予我参加社会竞争的勇气。然而，所学知识是有限的，大学培养的仅仅是一种思维方式和学习方法，“纸上谈兵终觉浅，绝知此事要躬行”。因此，我将在今后实践中虚心学习，不断钻研，积累工作经验，提高工作能力。剑鸣厘中，期之以声。热切期望我这拳拳寸草心、浓浓赤诚情能与您同呼吸、共命运、同发展、求进步。请各位领导给我一个机会，我会用行动来证明自己。久闻贵公司是深值信赖且有发展潜力的公司，神往已久，兹附上简历一份冒昧求职，希望贵公司能给我一个发挥能力的机会。

感谢阅读我的求职信，期待着您的答复。

祝事业兴旺发达！

此致

敬礼！

自荐人：××

××年××月××日

二、个人简历

个人简历又称个人履历表，是个人生活、学习、工作、经历、成绩的概括集锦。简历的格式相对固定，信息量全面而且集中，是用人单位分析、比较、筛选和录用应聘者的主要依据。个人简历的真正目的就是让用人单位全面了解自己，使用人单位对其经历、受教育程度、兴趣、特长和爱好等情况留下一个初步印象，从而为下一步的面试创造机会。个人简历总是和自荐信以及其他材料或附件一起呈送给用人单位。

（一）个人简历的格式

一般常用的个人简历有两种格式：一种是按年月顺序用表格列出自己的学习工作经历；另一种是根据需要有选择地列出自己的学习、工作经历，充分表达自己的技能、品德。对于刚从大学毕业的求职者来说，采用第一种格式较好，但不要照搬他人的模式，完全可以自己或请内行人进行适当的版面设计，总的要求是：美观大方，简洁明了，体现特点，适度包装。

（二）个人简历的主要内容

（1）基本资料：姓名、性别、年龄、民族、婚姻状况、政治面貌、通信地址、邮政编码、电话号码、电子信箱等有关信息。

（2）受教育情况：就读学校、所学专业、主修科目、所获学分（成绩）、文凭、学位、学术成就、特别奖励等。一般不包括初、中等教育经历，特殊需要除外。

（3）技能和特长：计算机、外语等级证书、职业资格等级证书，体育、音乐等特长，要如实写出最好成绩或最高纪录。

（4）工作实践经历：应届大学毕业生主要写义务劳动、勤工助学、社团活动、社会实践、实习经历和实习单位的评价等。其中要重点说明本人在以上活动中做了哪些工作，取得了什么成绩。

（5）所获荣誉：包括“三好”学生、优秀团员、优秀学生干部以及奖学金获得者等称号。

（6）自我评价：总结大学阶段的表现，并由班主任或学院主管领导填写意见。

（7）本人愿望：根据自己的爱好、兴趣和特长，申请适合从事的工作。

（8）求职照片：一般用正规的半身照即可。如果是到国外或外资企业求职，还应准备一份英文求职简历。英文简历的结构、内容与中文求职简历大致相似。

（三）个人简历的书写方法

（1）简单明了，不可过长。简历以一页为宜，最多不超过两页；最好能用一分钟左右的时间读完，除非你有很丰富的工作经历，否则会影响你的求职效果。

（2）重点突出，富有个性。内容要精炼，重点要突出，特色要明显，简历的格式应便于阅读，有吸引力，并使人对你和你的目标有良好印象。

（3）用语得体，书写工整。评价自己要客观准确，实事求是，不能用鉴定式评语，既不能过高地评价自己，也不要过分谦虚，写实为好。

（4）用于外企的求职简历不要带政治色彩。

三、推荐信

推荐信是推荐人对求职者能力、素质等个人情况的客观评价和介绍，是求职有力的支持文件，是到国外、外资企业求职的必备材料之一，其作用是让用人单位更客观、更全面地了解求职者的有关情况。

（一）推荐人

推荐人由求职者自己选择，一般是学术水平高、社会影响大的原任课教师、系主任或单位领导。

（二）推荐信的书写方法

（1）推荐信的开头。推荐人表明自己的态度，说明自己乐意推荐某人，也可以同时说明与被推荐人的关系，如“我非常高兴地推荐我的学生××进入贵公司担任××职务”。

（2）推荐信的正文。正文的主要内容是介绍被推荐人的人品、能力、性格特点等，要表述得精炼、客观、准确，同时体现出推荐人的个人倾向。正文末段应建议用人单位对被推荐人的申请予以重点考虑或聘用被推荐人，并对用人单位接受自己的推荐表示谢意。

案例讲坛

机械制造专业个人简历范文

姓　名	××	性　别	×			
民　族	×	身　高	××cm			照片
出生年月	××年××月	政治面貌	团员			
毕业学校	××××学院					
所学专业	机械设计制造及其自动化					
职　称	无	现所在地	××	工作年限	1年	

工作经验

2006年9月至今：在校参加车工实训（包括数控车床、数控铣床、钳工等），在校期间，利用星期六、星期天的时间到广东省河源市索尼爱立信专卖店参加手机促销工作。

技能水平

能熟练地运用Word、Excel、PowerPoint等办公软件。

能熟练地使用数控车床、数控铣床、加工中心等专业设备。熟练使用AutoCAD、Pro/E、Mastercam等专业制图软件。

获得了高级数控车工、CAD高级操作职业技能证。

培训经历如下：

1993年9月至2000年7月于××××小学就读。

2000年9月至2003年7月于××××中学就读。

2003年9月至2006年6月于××××高中就读。

2006年9月至2009年6月于××××学院就读。

自我评价

①志向远大，有切实的人生发展规划，追求成功的干劲，富有开拓精神。

②有较强的组织管理和动手能力，集体观念强，具有团队协作精神和创新意识。

③有很强的学习新事物和创造性解决问题的能力。

④为人诚恳老实，性格活泼开朗、乐观向上，善于与人交际，生活态度积极乐观，坚韧向上，对生活充满了热情和信心。

⑤喜欢和勇于接受新的挑战，自信心强！“诚实做人，忠实做事”是我的人生准则，“天道酬勤”是我的信念，“自强不息”是我的追求！

求职意向

工程/机械绘图员、工程/设备工程师、工程/机械绘图员、数控自动化操作员、设备维修技术员、产品设计绘图员、产品销售。

（3）签名并注明自己的职称或职务。

（4）推荐信的篇幅不要过长，一般不超过一页。内容要以写被推荐人的优点、优势为主，但必须实事求是、真实可靠，绝不能无中生有、过分夸张。

（三）推荐信的写作格式

有些单位设计了统一的推荐信格式，但大部分用人单位不统一设计，由推荐人自行决定，一般与普通信件格式类似。称呼要注意以下两点。

（1）用于非特定单位和无特定阅信人的推荐信，其称呼可通用“先生/女士”或“致有关人士”，这也是国际上通用的称呼方法。

（2）对于事先已知道用人单位和阅信人，或回复用人单位的询问而写给特定阅信人的推荐信，其称呼必须是特定阅信人，如“××经理”“××主任”等。这种推荐信经被推荐人阅读同意后，由推荐人直接邮寄给用人单位，而不能由被推荐人面交对方。

四、学校推荐表

学校推荐表在自荐材料中有举足轻重的地位，可以说这是一个官方的认证，具有权威性，用人单位对此有较高信任度，把它放在自荐材料中会加大自荐材料的可信度。学校推荐表一般叫《毕业生就业推荐表》，其内容主要包括：个人及家庭的基本情况、在校期间的学习成绩及奖惩情况、自我鉴定、组织鉴定等。推荐表统一栏目、统一格式、统一规范，因此具体内容上难以全面、具体，缺乏个性，易产生千篇一律的感觉。这就要求每个毕业生在填写“自我鉴定”栏时，在有限的版面内，用最少的文字“刻画”好真实的自我。但在其他材料中不能照搬，应适当增加内容。对于组织的鉴定意见和其他对求职有利的内容，可在其他材料中引用或复印作为求职材料的附件。

五、附件

附件即指能证实自荐材料中所列各方面情况的原始证明材料，主要包括学历、学位、各种奖励、各种技能证书、有价值的荣誉称号或证明材料，它也是自荐材料的真实性和自荐人各种能力的有力佐证，为防止邮递过程中丢失，可用复印件。一般用人单位决定录用后都要求看原件，所以原件一定要妥善保存。

知识点3 自荐的技巧

只有成功地自荐，才能获得进一步面试的机会，但很多毕业生却不知道怎样自荐，以致失去了择业的机会。由此看来，大学生在自我推荐过程中，要想找到理想的职业，除了靠知识、技能等“硬实力”外，还必须重视“软包装”，重视非智力因素的表现，依靠灵活的方法和技巧取胜。

一、从自己的实际情况出发，选择恰当的自荐方式

选择恰当的自荐方式，在自荐中无疑是十分重要的。就每一个求职择业的大学生而言，究竟采用哪种自荐方式，首先应当从自己的实际情况出发，例如，善于语言表达且有一口流利标准普通话的求职者，采用口头自荐似乎更能打动人心；如果能写一笔娟秀好字或文采出众，则选择书面自荐更能显示出求职者的魅力。其次，选择哪种自荐方式还要看用人单位的需要，例如，对招聘播音员、节目主持人的用人单位来说，口头自荐显然更受重视；招聘文秘职员的用人单位，则可能会让求职者先呈递书面的求职材料；而对于那些应聘远程、跨省、跨国公司的求职者，采用网络求职则更明智。

二、精心设计、包装自荐材料

（一）设计美观，杜绝错误

准备求职自荐材料的直接目的就是为了引起用人单位对自己的兴趣，并最终被录用，而用人单位出于节约人力和时间的考虑，大多数情况下，不采用直接面试的形式，而是通过某种方式收集求职材料，对这些材料进行初步的比较、筛选后，再通知部分求职者参加面试。因此，求职自荐材料的设计相当重要，整套材料无论是手写还是计算机打印，都要注重大方、整洁和美观，让人看上去觉得舒服。最好使用优质的纸张，统一进行设计排版。但最重要的一点是要杜绝错误，无论是语法错误、错别字、标点符号错误或是印刷错误，都应尽量避免。

（二）内容翔实，格式规范

自荐材料是大学毕业生对自己整个大学生活的一个全面总结，自荐信、个人简历、推荐信、学校推荐表及其证明材料要齐全、完整，要精心准备，不可以有疏漏。内容翔实，

但要言简意赅，突出重点，既要全面反映自身的基本情况，又要反映自己的特长、爱好；不仅要突出自己的优点、成绩，也要说明自身存在的问题和缺点；不仅要说明自己对目标岗位感兴趣的原因，还要表达自己努力工作的决心。切忌长篇累牍、废话连篇、弄虚作假。另外，各种自荐材料都应遵循各自相应的格式。

（三）富有个性，针对性强

由于用人单位性质不同，对求职者的要求也不尽相同，所以在准备自荐材料时，要根据不同的需求而有所变化。欲到旅游公司、“三资”企业应聘，最好要准备一份中英文对照的材料；欲去少数民族地区择业，能用民族文字撰写求职材料则效果会更佳；欲到广告、建筑设计类公司应聘，则应提供个人的绘画、版面设计或计算机设计作品，自荐材料最好能体现出你的个性和创意。

（四）准备详细，精心包装

自荐材料的准备必须详细，不可遗漏。当把自荐材料的主体部分在原始材料基础上准备好之后，就要进行包装这一工序，即完成封面（主题）设计和自荐材料的装订工作。封面的设计是丰富的，但其基本原则是美观、大方、醒目、整洁。封面设计要有一个主题（标题）。一个好的主题，往往能够一下子把用人单位吸引住，促使招聘者想进一步了解自荐材料的具体内容。而且封面的设计风格与自荐材料内部的主体内容风格要一致，具有统一性、整体性。同时，封面设计中最好体现出择业者的姓名、专业、年级、学校等最基本的内容。自荐材料的装订最好采用 A4 标准纸，用计算机打印，不要用繁体字（有特殊要求除外），装帧不要太华丽，保持整洁明快是最重要的。

三、采取恰当的投寄方式

在竞争激烈的就业市场，必须注意自荐材料的投寄方式。投寄自荐材料一般有两种方式，一种是直接递交，另一种是间接递交（包括转交或以信函、电子邮件等方式投寄等）。无论采取哪种形式，都要求准确、便利、快捷，要在用人单位规定的时间内寄到。一般来说，邮寄的自荐材料可能不易引起用人单位的注意和重视。求职者亲自登门至用人单位或在招聘现场当面呈递自荐材料，则易于加深用人单位对自己的印象，从而提高求职者成功的概率。

投寄自荐材料要先明确投递对象，做到有的放矢；要逐一检查自荐材料，不要有遗漏与错误，特别是材料内容是否与投递对象一致，千万不要出现张冠李戴的现象，这是对用人单位的不尊重，对择业者也是个遗憾和损失；要注明双方联系方法。如果以信函方式投寄，要把投递地址写清楚，接收方若是具体人，则要把姓名写清楚、写正确，同时，职务称谓、单位地址、名称等不要写简称。此外，在自荐材料的明显位置必须有联系方式，以方便用人单位与自荐人联系。另外，要用标准信封，在信封上也可写上联系办法。注意上述几点后再经确认，就可以把一份精心编制的自荐材料投寄出去了。

四、灵活掌握自我介绍的方法和技巧

自荐离不开向应聘单位进行必要的自我介绍，灵活掌握自我介绍的一些基本方法技巧，有助于顺利打开求职的大门。

（一）自我介绍要积极主动

自荐是求职者的主动行为，任何消极等待的态度都是不可取的。因此，自我介绍时，一定要积极主动，不等对方索要自荐材料，便主动呈送；不等对方提问，就主动向对方介绍；不消极等待对方回音，就主动询问。这样，往往给人一种态度积极、求职心切、胸有成竹的感觉。

（二）自我介绍要突出重点

在介绍自己时，应突出自己的重点，对自己的基本情况和家庭情况简单介绍即可；而对于自己的知识、专长、经验、能力、兴趣等要详细介绍；为了取得对方的信任，有时还应举例说明，例如，大学期间发表过的论文，获得的奖励，承担的社会工作或某些工作经验、社会阅历等；要突出自己的优势和闪光点，因为与众不同的东西，可能就是你的魅力所在。平铺直叙，过分谦虚，有碍于用人单位对自己进行客观全面的了解和正确评价，容易把自己埋没在庞大的求职大军之中。

（三）自我介绍要真实全面

自我介绍既要突出重点、闪光点，也要实事求是，客观全面，不能吹嘘或夸大，尤其是在介绍自己以往学习、工作上所取得的成果时，一定要恰如其分，否则，将适得其反。同时，自我介绍材料要全面、完整，切忌丢三落四，个人基本情况、社会关系、工作简历、学习成绩、业务特长及爱好，缺少其中任何一项都会给人一种不全面的感觉。自荐信、推荐表、个人简历、证明材料一应俱全，才能给人以系统全面的整体印象。

（四）自我介绍要有针对性

专业特长加上广泛的知识面和兴趣爱好往往会更受用人单位的青睐。因此，在进行自我介绍时，要针对用人单位的具体要求，强调自己的社会经验和专业所长，这样才能使招聘者相信你就是最理想的应聘者。例如，用人单位招聘文秘人员，你就应该介绍自己的文、史、哲等方面的知识及写作才能；用人单位招聘管理人员，你的学生干部经历及组织管理才有可能会更受重视。

（五）自我介绍时要注意礼仪

一定的礼仪是自我介绍时自荐人应该具备的，也是赢得用人单位好感的应有态度。诚恳、谦虚、礼貌是为人处世的基本要素，也是大学生应聘进行自我介绍时最起码的礼仪。大学生应以诚信为本，在介绍自己时，要讲真话，有诚意，给对方以信任感；无论是一个表情，还是一句称呼、一声感谢、一个动作，都能反映一个人的内在修养和素质，都会被招聘单位看在眼里，作为评价的话题。因此，自我介绍时要以礼待人，不能认为这都是小节，不说明什么问题。即使对方当场回绝或不太理睬你时也要表现得冷静，给自己找个台阶下，给对方留下明理的印象。

案例讲坛

一个曾给迪斯尼公司发了两封求职信但均遭到回绝的年轻人给迪斯尼公司发的第三封

求职信单词是由从报纸上剪下的字母拼成的，随信寄来的还有卡通鼠的一只耳朵。信是这样说的："你搞清楚，耗子在我手里，用一份工作来换。"这回，这个年轻人终于得到了梦寐以求的工作，他别出心裁的创意吸引了迪士尼。

点评：据不完全统计，60%的管理层人士认为，在筛选应聘者时，自荐与履历同等重要，甚至更为关键。若是你的自荐信能够让雇方感兴趣，他就会详读你的履历以确认这种良好的第一印象。或者反之，一些直奔履历的雇主如果对你的材料满意，他就会回头到自荐信中去搜寻有用信息。履历是客观情况的反映，你可以发挥能动性的空间不大，但怎样去写自荐信却完全由你掌握。

提示：设计具有自己个性的自荐信时，需要注意要"有的放矢"，案例中的成功者最终以特殊的方式赢得了迪士尼公司的聘用，但是，如果你想去汇丰银行工作，千万别玩这类把戏。

模拟演练

假如你是一名机电专业的应届毕业生，准备应聘一家大型企业的机电维修职位，该职位要求如下。

（1）能负责公司精密生产设备的日常维护与检修。

（2）机电、自动化专业或相关专业专科以上学历。

（3）至少两年以上相关岗位工作经验。

（4）踏实稳重、吃苦耐劳、能承受高强度的工作压力，能按时高质量完成公司交予的任务。

针对该公司的以上要求，你将如何准备你的简历和自荐信，既能突出自己的优势，又能弥补自己缺乏实践工作经验的缺陷。

知识链接五　面试技巧

教学目标

（1）了解面试准备和礼仪准备的一般要求。

（2）掌握面试的方法和技巧。

（3）熟悉一些经典面试问题的回答思路。

就业见闻

在一个小型会议室里，某公司正在对前来应聘并通过初选的大学毕业生进行面试。以下是毕业生小李与主考官的对话实录。

小李：各位领导、老师好！

主考官：请坐！介绍一下自己好吗？

小李：非常高兴你们到我们学校来招聘毕业生，我叫李华，是本校信息工程学院应届毕业生。我对软件开发很有兴趣，在这方面投入了不少精力；同时作为班团主要干部也参与组织了不少社会活动，应该说大学期间我在这两个方面都有不少的收获。这是我的成绩单和个人简历，请过目。

主考官：你了解我们公司吗？

小李：贵公司是国内著名的电讯公司，我从上大学起就十分向往毕业后能到贵公司工作。我认为到贵公司工作能最大限度地展示我的才华，我不怕吃苦，就怕无事可做。

主考官：上大学时，你为什么报考计算机专业？

小李：说实话，当时报考计算机专业是老师和家长的主意。但我在学习了计算机方面的知识后就深深地爱上了我的专业。特别是随着信息时代的到来，我对自己的专业发展前景非常有信心。

主考官：你学过的课程与我们的工作有什么关系？

小李：我想，计算机技术的广泛采用是电讯业的特点和发展趋势。我们计算机专业的课程设置几乎涵盖了硬件和软件技术的主要方面，这为我们打下了坚实的理论基础，同时也使我们有较强的适应能力。前面我已经说过我对软件开发更有兴趣，我想这方面的知识和能力也许是将来工作需要的。

主考官：你喜欢你们学校吗？你们老师怎么样？

小李：我非常喜欢我的母校，我也非常尊敬我的老师，因为我在母校学到了知识，我从老师身上学会了做人。

主考官：你还有哪些特长和爱好？

小李：除了专业外我还具有一定的组织管理能力。喜欢美术和流行音乐，也喜欢背起行囊去游历名山大川。

主考官：你有哪些缺点？

小李：我得承认我还缺乏实际工作的经验，这方面的不足还需要在今后的工作实践中不断学习和弥补。再就是外语学得不够好，还需要继续努力学习。

主考官：你对加班、出差怎么看？

小李：我近几年内不会考虑婚姻，没有家庭负担和拖累，加班应该没有问题。至于出差更是我所高兴的。

主考官：你是否打算将来继续深造？

小李：我想先工作几年，积累一些经验，发现自身的一些不足，然后再进一步“充电”。

主考官：你有什么问题要问吗？

小李：不知道贵公司什么时候能给我一个明确的结果？

主考官：一个星期内我们将公布此次招聘的毕业生名单。

小李：谢谢你们，我可以走了吗？

主考官：再见！

这个案例展现的是一个典型的面试过程，问题常见，回答圆满。

知识点1 面试概述

一、面试的概念

所谓面试，即当面测试，是指招聘单位事先设计安排好的，通过与求职者以谈话为主、观察为辅的，以了解求职者素质和相关信息为目的的测试方法。

一般来说，面试有以下几个目的：考核求职者的动机与工作期望；考核求职者的仪表、性格、知识、能力、经验等特征；考核笔试中难以获得的其他信息。

在大学生求职择业过程中，面试是一个必经的阶段，也是取得求职成功的关键一步。但对大多数大学生来说，由于缺乏社会实践经验，社会交往比较少，人际关系相对单一，面对面试，常常会不知所措。因此，学会面试，是大学生求职择业时面临的重要课题。

二、面试的种类

（一）模式化面试

模式化面试又称做结构面试，做法是先由主考官围绕选拔人才的要求，确定考察的项目和内容，列出所有题目和有关细节，再设计好面试评分细则和评分表，待面试开始后由主考官逐一发问并给出分数。最后将所有应试者按得分高低排出顺序，从而确定拟录用人员的名单或范围。其目的是为了获得有关应试者全面、真实的材料，测试和观察应试者的知识面和谈吐举止、仪表风度以及沟通能力等。模式化面试的内容一般包括以下内容。

（1）应试者的学习和工作经历。这里所说的学习，主要是指应试者此前接受的课程学习。就工作经历而言，当前比较关注求职者的工作（或实习、实践、参与及组织的课外活动）经验和工作能力。

（2）应试者的受教育情况。这既包括正规的大学教育，也包括非正规的社会知识的学习，如参加过什么类型的培训活动，获得过什么证书等。目的是要考察应试者的学识、社会知识、社会阅历和发展潜力。

（3）专业知识。如专业技术水平，目的在于考查应试者的岗位工作和岗位适应能力。

（4）个人的兴趣、爱好和生活习惯。目的是要考查应试者的人生观、价值观和志向。

（二）问题式面试

问题式面试是指由主考官按照事先拟定的提纲对求职者进行提问的面试。主考官提问的可能是一个问题或一项计划，其目的在于观察求职者在特殊环境中的表现，考核其知识、判断其解决问题的能力，从而获得有关求职者的第一手资料。

（三）压力式面试

压力式面试是指由主考官有意识地对求职应试者施加压力，针对某一问题或某一事件展开一连串提问的面试。在进行压力式面试的时候，主考官提出的问题不仅详细，而且刨根问底，直至无法回答，甚至有意识刺激应试者，看其在突如其来的压力下能否做出恰当的反应，以观察其涵养、机智程度和应变能力。

（四）非引导式面试

非引导式面试又称自由式面试，是指主考官与求职者通过自由式的谈话考查求职者的面试。主考官与求职者海阔天空、漫无边际地进行交谈，气氛轻松活跃，无拘无束，双方自由发表言论，各抒己见。其目的在于通过闲聊来观察求职者的谈吐、举止、知识、能力、气质和风度，对其做全方位的综合素质考察。

（五）综合式面试

综合式面试是指主考官通过多种方式来考察求职者综合能力和素质的面试。例如，用外语与求职者会话以考查其外语水平；要求求职者即时作文以考查其文字能力；要求求职者即席演讲以考查其语言表达能力；让求职者抄写一段文字以考查其书法；要求求职者现场操作计算机等。这些都属于综合式面试。

以上是对面试种类所做的大致划分，在实际面试过程中，用人单位可能采取几种面试方式，也可能就某一方面的问题对求职者进行更广泛、更深入的考查，从而达到选拔出优秀求职者的目的。

小资料

诡异面试大比拼

日产公司——请你吃饭

日产公司认为，那些吃饭迅速快捷的人，一方面说明其肠胃功能好，身强力壮；另一方面他们往往干事风风火火，富有魄力，而这正是公司所需要的。因此对每位来应聘的员工，日产公司都要进行一项专门的“用餐速度”考试。招待应聘者一顿难以下咽的饭菜，一般主考官会“好心”叮嘱你慢慢吃，吃好后再到办公室接受面试，那些慢腾腾吃完饭者得到的都是离开通知单。

壳牌石油——开鸡尾酒会

壳牌公司组织应聘者参加一个鸡尾酒会，公司高级员工都来参加，酒会上由这些应聘者与公司员工自由交谈，酒会后，由公司高级员工根据自己的观察和判断，推荐合适的应聘者参加下一轮面试。一般那些现场表现抢眼、气度不凡、有组织能力者将得到下一轮面试机会。

假日酒店——你会打篮球吗

假日酒店认为，那些喜爱打篮球的人，性格外向，身体健康，而且充满活力，富于激情，假日酒店作为以服务至上的公司，员工要有亲和力、饱满的干劲、朝气蓬勃，一个兴趣缺乏、死气沉沉的员工既是对公司的不负责，也是对客人的不尊重。

美电报电话公司——整理文件筐

先给应聘者一个文件筐，要求应聘者将所有杂乱无章的文件存放于文件筐中，规定在

10 分钟内完成，一般情况下不可能完成，公司只是借此观察员工是否具有应变处理能力，是否分得清轻重缓急以及在办理具体事务时是否条理分明，那些临危不乱、作风干练者自然能获高分。

统一公司——先去扫厕所

统一公司要求员工有吃苦精神以及脚踏实地的作风，凡来公司应聘者公司会先给你一个拖把叫你去扫厕所，不接受此项工作或只把表面洗干净者均不予录用。他们认为一切利润都是从艰苦劳动中得来的，不敬业，就是隐藏在公司内部的“敌人”。

知识点 2 面试的准备

为了获得所求的工作，在参加面试前进行一些必要的准备，对成功求职是必不可少的。

一、充分了解应聘单位

面试前千万不能对将要应聘的单位和岗位一无所知。“知己知彼，百战不殆”，面试前要做好调查工作，对用人单位的性质、地址、业务范围、经营业绩、历史、发展前景以及应聘岗位职务及所需的专业知识和技能等有一个全面的了解。单位的性质不同，对求职者面试的侧重点就不同。一位资深的人力资源主管说：“面试时，我们都会问求职者对我们公司了解多少，如果他能很详细地回答出我们公司的历史、现状、主要产品，我们会认为他很重视我们公司，对我们公司也有信心。”

可以通过下列途径了解应聘单位的情况。

(1) 学校辅导人员。你认识的教师以及教师为你推荐的有关的专业教师。

(2) 父母、朋友、同学或亲戚。亲友的社会经验可能比你丰富，信息来源可能更多、更广。向他们咨询，必定会得到热心的帮助。

(3) 用人单位的从业人员。他（她）们对本行业、本职业可能已驾轻就熟，是最好的咨询对象。

(4) 各种信息渠道。一般来说，图书馆、职业介绍所、劳动人事等部门都备有各行各业详尽的档案材料，并由一定专业人员负责，向这些部门咨询定能有所收获。另外，还可以通过网络、新闻报道、广告、杂志、企业名录及其他书籍找到应聘单位的资料。同时，还应该通过熟人、朋友或有关部门了解将要对你进行面试的考官的有关情况和面试的方法、过程以及面试时间安排，索取可能提供给你的说明材料。

二、把自己的资料准备妥当

（一）检查自己是否具有应聘必备的条件

有些行业、职业在学历、能力、年龄、性别等各方面都有一定的限制。事先核查自己的条件是否符合，不要抱着碰运气的念头，这是对己、对人认真负责的态度，于己于人都有利。如果觉得自己符合应聘条件，还得确定自己可以胜任哪种职位。

（二）准备好自己的有关证明材料

面试前，要把自己的毕业证书、学位证书、专业资格任职证书、获奖证书、身份证、照片、推荐信、推荐表等材料准备好。面试时，应把这些资料井井有条地放在一个公文包里随身带去，以便主考官随时查看。公文包里除了放置上述个人资料外，还可以装一些有关工作或有助于谈话的资料，说不定这些资料在面试中会发挥意想不到的效果。另外，还可以准备一本大一点的书或杂志放在公文包里。如果应试人数较多，而自己又被安排得比较靠后，那么等待的时间就会较长，这时便可以把书或杂志拿出来看，让自己安静镇定。如果主考官迟到了，自己手上有书或杂志，正好可以全神贯注地看，显出丝毫没注意到的样子。

（三）背熟自己的求职履历

由于不少毕业生的求职太过频繁，而求职履历又是经过精心包装的，所以往往导致轮到面试时已记不清自己的履历究竟是怎样排列组合的，因此，必须背熟自己的求职履历。

三、准备好可能遇到的问题

（1）面试前将有关自己的情况进行浓缩提炼，拟好提纲性腹稿，以便在很短时间内较完整、流利地介绍自己，重点突出，以免面试现场手足无措，词不达意。因为主考官往往将询问求职者的有关情况作为面试的切入点。这个问题看似简单，其实往往不是所有的人都能应付自如的。

（2）面试前应该预测并练习可能被问到的应聘问题，这项准备有助于认清自己真正的想法，有助于在面试的现场清晰地自我表达。

（3）准备好业务知识和有关技能。要熟知与应聘岗位相关的专业知识、业务技能等。如果获得了面试通知，而所谋求的职业需要某种特殊的知识或技能，那么，最好事先温习这方面的知识，练习有关的技能，因为在面试时极有可能被问到某一方面的问题，或者进行当场测验，以衡量应聘者的知识或能力，如打字的速度、操作机器的能力、用算盘计算的准确性和速度等。

四、面试中常见的问题

（一）关于个人情况

（1）请简要介绍一下你自己。

通常作为第一个问题提出，为你消除紧张心理。回答这个问题关键是要有条理，即你想告诉对方哪些有用信息，回答要求言简意赅。

（2）请介绍一下你的家庭情况。

主考官提出这个问题的目的可以有多个出发点，回答这个问题关键是要简明扼要。

（3）你有什么爱好和特长？

这个问题要据实回答，要把自己爱好广泛、多才多艺的特点和优势表现出来，但切忌无中生有，也不可过分谦虚。

（4）你有什么优缺点？

这是一个比较难以回答的问题，但也是非常有可能被问到的问题。在谈这个问题时态度尤为重要，其重要性甚至超过回答的内容。

（5）你最大的理想和愿望是什么？

回答这个问题一定要务实，那些听上去就虚无缥缈的所谓理想或愿望只会减少被录用的几率。

（二）关于应聘动机

（1）你了解我们单位吗？

（2）你为什么会应聘这个岗位？

（3）你为什么喜欢这种工作？

（4）你找工作首先考虑的因素是什么？

（5）到本单位上岗之前，让你先到基层锻炼两年，你愿意吗？

回答这些问题要求事先进行准备。应该对用人单位和进行面试的人的情况做一些调查研究。对相关情况了解得越多，招聘单位会越认为应聘者有诚意。同时要站在人生高度上来回答此类问题。

（三）关于专业和学习情况

（1）你为什么选择学这个专业？

（2）你所学专业与你应聘的这个岗位有什么关系？

（3）你最喜欢或最不喜欢什么课程？为什么？

（4）你对自己的学习成绩是否满意？

（5）除了学习本专业外，你还学习过哪些课程或知识？你都读过哪些课外书？

回答这些问题，要根据自己的专业知识和技能水平、个人志趣、特长等进行正确评价，恰如其分地回答。

（四）关于工作能力

（1）上了几年大学，你最大的收获是什么？

（2）你组织过或参加过哪些社会实践活动或集体活动？

（3）你在大学里曾担任过何种职务？

（4）请你对自己的工作能力做评价。

（5）你感觉自己能充分胜任这项工作吗？为什么？

回答这些问题要实事求是，突出重点，富有条理。要让主考官充分了解你的社交能力和工作能力。

（五）关于人际关系

(1) 你交友的原则是什么？你的朋友多吗？

(2) 你喜欢与什么样的人交往？

(3) 你喜欢独立完成工作还是与人合作？

(4) 你喜欢什么样的领导？

良好的人际关系是团结合作的基础。一个单位需要良好的人际关系，人际关系好，单位同事及上下级之间会齐心协力，工作高效而且气氛愉快；反之，人际关系紧张，必然内耗增加、人心涣散、缺乏生气。所以，到一个单位一定要搞好人际关系。在回答这些问题时，主考官会考查出应聘者的为人处世原则。

(六) 关于工作态度

(1) 领导经常让你加班，你会怎么办？

(2) 你想怎样取得成功？

(3) 你认为在本单位能实现个人理想和价值吗？

(4) 如果为了某事你受到批评怎么办？

(5) 怎样对待面临的困难？

在回答这些问题时要表现出你具有竞争进取、顽强拼搏的精神。

(七) 其他问题

(1) 你喜欢你的学校吗？

(2) 你还有继续学习的打算吗？

(3) 你恋爱了吗？

(4) 你喜欢玩电脑游戏吗？为什么？

(5) 如果你上网聊天，那你聊天的目的是什么？

(6) 你有哪些工作经验？

(7) 你觉得学历和工作经验哪个更重要？

对刚毕业的大学生来讲，没有什么工作经验的优势，回答这些问题要针对自己的兴趣、爱好等，从自己在大学期间所从事的各项社会工作来谈，如组织或参加过的社会实践、实习、课外活动以及打工经历等，如果再聊点体会和感受效果会更好些。面试内容广泛，绝不仅限于上述内容。因此，大学生们应广泛涉猎政治、经济、文化及国际国内社会各方面的知识，用科学的世界观和人生观武装自己的头脑，来应对考官提出的各种问题。

(8) 你还有什么疑问？

这预示着面试即将结束。面试者应主动抓住这个机会，通过咨询问题或表明态度等方式来进一步强化给主考官的印象。但是表述的内容不宜过多，应力求思路清晰，语言精练，主题鲜明，要点突出。

五、心理准备

面试就好比是一场考试，在测试每个人的能力的同时，也在测试每个人的心理素质和临场发挥水平。心态对于面试来说太重要了，紧张的心态会抑制思维的活力，不利于面试。放松而平静的心态有助于稳定思绪，使面试者发挥出本来就具备的水平，甚至还会创造性地应答好准备之外的问题。因此，要成功面试，就必须保持正常心态。具体来讲，有如下几个方面：

（1）要充满信心，保持良好的状态和快乐的心情。

（2）要正确分析自我，根据自身的特长，选准适当的就业位置，保持积极主动的择业心态，敢于竞争、敢于自荐，增强心理承受能力。

（3）要有充足的睡眠，保持清醒的头脑，对预测到可能出现的问题，要策略地做好通盘考虑，以良好的心态从容应试。

（4）最后，在进入面试房间前，先深吸一口气，使自己镇静而有信心。

案例讲坛

一位专科毕业生在应聘东莞某商城有限公司之前，先到该公司设在学校附近的超市进行了一番考察，从公司的宣传栏里了解到了比较详细的背景资料，对公司的经营理念、市场定位、目前规模和发展目标等都有了总体的了解。接着，又上网查阅了许多关于该公司以及其他国内外连锁经营的管理知识。在此基础上还认真总结出一份“管中窥豹，我对公司的几点建议”。

面试由该公司人力资源部总监主持。第一个问题便是：你对我公司有多少了解？考场内鸦雀无声，他却暗自庆幸：“拔得头筹非我莫属”。果然，当他对公司状况做了一番陈述并递交了自己的总结报告时，招聘考官对他连连点头，最终他从 20 多个应聘者中脱颖而出。

点评：对应聘企业有真实的了解，有成功的信念和信心，精心准备证明自己能成为企业发展的有用之才的有用材料。求职目的明确，能从招聘方的需求角度展示自己的实力。

知识点 3 面试礼仪准备

用人单位在招聘过程中除了重视文凭以外，更加重视通过面试对人才的综合素质进行考查，而面试的时间是有限的，常常只有十几分钟甚至几分钟，许多面试都是“三分钟定乾坤”。在面试中常常是温文尔雅、服饰得体、仪表端庄、彬彬有礼的大学生更能获得用人单位的青睐。因此，大学生必须懂得面试的基本礼仪。

一、面试的仪容礼仪

（一）衣着要得体

服装的选择要根据自己的求职定位衣服，既要表现出有教养、职业化的面貌，又要表示出对面试方的尊重。要依据自身的条件，如身材、肤色、气质、年龄、身份等特点选择服装。

1. 服装的质料

应选择不易皱褶、裁剪合体的衣服。最好事先将衣服熨烫平整，如果学校里没有条件熨烫衣服，可以在面试前一夜把衣服挂起来，这样也可以保持衣服的平整。

2. 服装的款式

以朴素、简练、精干、不扎眼为出发点。

3. 服装的色彩

讲究“三色原则”，全身的服装及鞋、包的色彩要控制在三色以内，最好以黑、白、灰、蓝、咖啡为主，太过花哨的颜色可能会引起面试人员的反感。

4. 男士服装

男士最佳面试服装是两件套西装，但在穿着西装时要遵循西装的礼仪规范。例如，黑色的皮鞋要搭配深色、长及小腿中部的袜子；西装袖口的商标一定要拆除；皮鞋、皮包与皮带要同色；西装纽扣的扣法要合乎规范等。

5. 女士服装

对女生而言，职业化的套装搭配中跟皮鞋会更好。女生穿套裙时尤其要注意袜子的搭配。穿长筒袜时，袜边不能露在裙边下面；最好选择肤色或灰色的袜子，尽量不穿黑色及带花纹的长袜；不要穿脱丝的袜子，可在包里准备一双长袜备用。要避免穿太亮或花色的衣服、紧身衣裤或牛仔装。切忌穿过于紧身、暴露、薄透的衣服。

（二）头发、面容要整洁

面试前要注意面部、头发、手部的清洁，头发应整齐、干净、有光泽，选择合适的发型，不要把发型搞得过于新奇而引人注目。要保持口腔清洁和口气清新，面试前，必须把身上的怪味除掉，忌吃洋葱和大蒜等带异味的食品。男生应养成每天修面剃须的良好习惯，注意修剪鼻毛，女生则可化一个清新、自然的面试妆。化妆也要遵守礼仪，例如，不要当众化妆、不要化浓妆、妆面出现残缺要及时补妆等。另外，面试时最好不要使用香水，特别是香味过浓的香水。

（三）附带修饰要适当

佩戴的首饰，如项链、戒指、手链、胸针等，数量不要超过三件，款式越简单越好，色彩、款式尽量统一。面试时最好带一个文件夹或公文包，不仅可以衬托职业气质，而且很实用，可以把个人资料，如简历、证书以及文具等都放进去，切忌面试时向主考官借用纸张和笔，这样会显得自己没有训练有素的工作习惯。

二、面试的举止礼仪

举止是指人的表情和动作，是一种无声的语言，内涵极为丰富，主要包括日常生活中的目光、表情、站、坐、行、握手、手势、进出房间、致意、鞠躬、介绍和自我介绍、递物接物等内容。在面试中应该使自己成为举止优雅的人。

1. 目光

应正视对方脸部由双眼底线和前额构成的三角区域，同时应将目光放虚，切忌聚焦，对方会感到你的诚意。交谈时要将目光转向交谈人，以示自己在倾听，一般连续注视对方的时间要把握在几秒钟以内，否则会引起对方的反感和不安。另外，还要善用目光的变化，灵活使用目光来表达自己内心的感情。

2. 表情

要面带微笑，谦和热情。微笑贯穿求职面试的全过程，在跟对方见面时要带着微笑，在跟对方交谈时要面带微笑，在跟对方打招呼时要点头微笑，在跟对方告别时要握手微笑。微笑必须真诚、自然、适度、得体。笑得有分寸，不出声，含而不露，不能哈哈大笑，更不能捧腹大笑；得体就是要恰到好处，当笑则笑，不当笑则不笑。否则会适得其反，给对方留下不好的印象。

3. 站姿

要求做到头正目平，微收下颌，挺胸收腹，两手自然下垂或叠放在身体前面，两腿立直并拢，脚跟相靠，脚尖张开约60°，给人以挺拔、优雅的印象。

4. 坐姿

入座时动作要轻而缓，坐椅子时最好只坐2/3，背部不靠椅背，女生必须两腿并拢，男生可稍微分开，双手叠放或平放在大腿上，身体保持挺直并可稍稍前倾，自然放松，给人端庄、大方的感觉。

5. 行走

注意协调稳健，轻松敏捷；双目向前平视，面容平和自然；双肩平稳，双臂前后自然摆动，摆幅以30°~35°为宜；上身挺直，收腹，立腰，重心稍前倾；注意避免内外八字，步幅要适当。

6. 握手

握手时讲究“尊者优先”，一是不能主动伸手，二是对方伸手后要热情友好，要把握好握手的力度和时间。标准的握手姿势（纯礼节意义上的握手姿势）是：伸出右手，手指稍用力握住对方的手掌（手掌应与地面垂直），持续1/3秒钟，双目注视对方，面带笑容，上身要略微前倾，头要微低。

7. 手势

打招呼、致意、告别、欢呼、鼓掌等都属于手势范围，应该注意其力度的大小、速度的快慢、时间的长短，不可以过度。例如，鼓掌时应用右手掌轻拍左手手掌心；在任何情况下，不要用大拇指指自己的鼻尖和用手指点他人；介绍某人，为某人指示方向，请人做某事时，应该手心向上，手臂伸平，手指自然并拢，以肘关节为轴，指示方向，上身稍向前倾，以示敬重；在生活中要避免出现令人反感的动作，如当众搔头皮、掏耳朵、搓泥垢等。

8. 进出房间

进入他人房间或办公室，都应轻轻叩门，得到允许后方可进入，切不可贸然闯入。叩门时应以指关节轻叩；进入房间脚步要轻，如果需要关门的话，要回身把门关好。走出房间应该回身把门带上，不能扬长而去。

9. 致意

表示问候之意，是一种常用的礼节，其方法有起立致意、举手致意、点头致意、欠身致意等，致意要注意文雅，态度必须诚恳。

10. 鞠躬

如果要表示对他人敬重，可以向其鞠躬，方法是首先立正站好，保持身体的端正，同时双手在体前搭好（右手搭在左手上），面带微笑；然后以腰部为轴，整个腰及肩部向前倾斜 15°～30°，目光应该向下，同时问候“您好”“欢迎光临”等。

11. 介绍和自我介绍

为他人作介绍时，应先把晚辈介绍给长辈，把地位低者介绍给地位高者，把男士介绍给女士；接待客人，把客人介绍给主人后，一般是把晚到的客人介绍给早到的客人，介绍时，注意要把手掌伸开去（手心向上），向着被介绍一方，作为被介绍者，应当表现出结识对方的热情，双目应该注视对方，不可东张西望。而在进行自我介绍时，举止要庄重、大方，可将右手放在自己的左胸上，不要慌张，表情坦然、亲切，眼睛应看着对方或是大家，不要显得不知所措，面红耳赤。

12. 递物和接物

递物、接物时要双手接送。递名片时，面带微笑，双目注视对方，将名片下端对着对方，用双手的拇指和食指分别持握名片上端的两角恭敬地送给对方。接受他人名片时，应恭恭敬敬，双手捧接，接过后要仔细看一遍。递面试材料时，应面带微笑，注视着对方，将材料的正面朝向对方，双手送交对方或放在桌上。

13. 手机

面试前要将手机关机或者设置到振动、静音。在面试中旁若无人地使用手机接听电话或查看、发送短信是非常不礼貌的行为。另外，务必要克服不文明的行为举止习惯，一定要记住：走动、就座、开门、关门时要尽量保持安静，回答问题时不要指手画脚、手舞足蹈，不做与面试无关的动作，进出房门的时候始终面对面试人员等。面试时切忌嚼口香糖、抽烟等。

三、面试的语言礼仪

面试时要注意谈吐文明、礼貌，尽量多用敬语、尊称，以示对主考官的尊重。

（一）称呼

称呼是当面招呼对方，以表明彼此关系。国内最普遍使用的称呼是“同志”，不论是何种职业、年龄、地位的人均可以称为“同志”；知识界人士在其工作场合或与之有关系的场合，可以直接称其职称并在职称前冠以姓氏；新结识的人，对年长于自己的，可以称之为“老师”；要注意“您”和“你”的使用区别，做到尊重对方，不伤感情。

（二）礼貌用语

礼貌用语主要包括问候、感谢、道歉、征询、赞美、慰问等用语。常用的有：表示问候时用“您好！”“你好！”“早上好！”“晚上好！”等；表示感谢时用“谢谢！”“麻烦你了，非常感谢！”等，并注意说明感谢的原因；表示道歉用“对不起，实在抱歉”“真过意不去”“真是失礼了。”等；征询语有“您有什么事情吗？”“我能为您做些什么吗？”等；赞美语有“很好！”“很不错！”“太好了！”等；慰问语有“您辛苦了”“给你们添麻烦了”等；要特别注意“请”字的运用，如“请您指教”等。

此外，在面试前，对要面试的场所和时间一定要了然于胸，并在约定时间的5～10分钟前到达，切不可迟到。尽量避免和父母、朋友及其他亲戚同去面试，以免给主考官造成一种信心不足、缺乏独立行事能力的不良印象。

案例讲坛

细节决定成败

小D到一家日资企业面试。那天应聘的人很多，一个个踌躇满志地进去，高深莫测地出来。小D心中没底地进了接见室，不经意地看到办公室的地上有一张白纸，随后将纸捡起来，送到日本老板手上。接下来，老板只问了他几个简单的问题，就让他回去等候消息。小D从来没遇到过这么容易的面试，心想多半第一印象已经不好，对方只是出于礼貌问两句，这份工作看来九成吹了。一个星期后，他意外地接到了聘用通知，理由是他拾起了那张许多人注意到了却没有想到捡起来的白纸。

同样是一家外企，急需一名业务主管。面试内容也很简单，只是让应聘者随便在公司内走上一圈，然后发表个人对公司的看法。不少应聘者大谈特谈公司规模、前景和自己的抱负等。而最后获得录用的人朴实无华，仅仅因为他在参观洗手间时将一只正在滴水的水龙头牢牢关好了。

点评：文凭学历、经验履历、形象风度等在面试时固然重要，但过程中的一些小细节、小事情，却能反映出个人的整体综合素质，同样不容忽视。一些对待细节的处理方式，会让求职者在招聘关口败下阵来。中国有句古话叫“一屋不扫何以扫天下”，求职者切记：凡事从小做起，莫以善小而不为。

知识点4 面试的技巧

一、掌握面试的基本程序

掌握了面试的基本程序，可以使求职者从容准备面试和应对面试，做到心中有数。面试的基本程序主要包括下列步骤：

（1）招聘单位对求职者的申请材料进行审核，确定面试名单。

（2）招聘单位向求职者通知面试时间、地点。面试地点一般按照就地、就近和方便的原则进行安排。通常有两种情况：学校或其附近的场地；招聘单位或其附近的场地。通知面试的方式大致有两种：一是招聘单位先通知学校就业主管部门，由学校通知学生；二是用人单位直接通知学生本人。

（3）求职者做好面试的准备。

（4）到达面试场所。面试时，无论何种情况，千万不能迟到，最好提前几分钟到达指定地点等候，以表示求职的诚意，增加对方的信任感，同时也可调整自己的心态，做一些简单的仪表准备，以免仓促上阵，手忙脚乱。为了做到这一点，一定要牢记面试的时间、地点，有条件的同学最好能提前去一趟，一来可以观察熟悉环境，二来便于掌握路途往返时间，以免因一时找不到地方或途中延误而迟到。

（5）正式面试。正式面试的过程一般是：自我介绍、主考官提问、应试者回答问题、应试者提问、双方交谈等。面试自我介绍应大体包括本人的姓名、籍贯、学历、工作经历、兴趣以及与交往对象的某些熟人的关系等。进行自我介绍一定要力求简洁，尽可能地节省时间。通常以半分钟左右为佳，如无特殊情况最好不要长于 1 分钟。面试的其他环节则根据具体情况而定。

（6）面试结束。面试时间的长短要视面试内容而定。主考官认为该结束面试时，往往会说一些暗示的话语，例如，“我很感激你对我们公司这项工作的关注”“谢谢你对我们招聘工作的关心，我们一做出决定就会立刻通知你”“你的情况我们已经了解了”“你知道，在做出最后决定之前我们还要面试其他几位申请人”。求职者听了诸如此类的暗示语之后，就应该主动提出告辞。告辞时要礼貌再见，因为面试结束时的礼节也是公司考查录用的一个因素，因此，求职者不要在主考官结束谈话前表现出浮躁不安、急欲离去的样子。另外，告辞时应感谢对方花时间同你面谈。

二、应试者语言运用的技巧

在面试中，求职者能恰当地运用语言来表达，标志着其成熟程度和综合素养。因此，对求职应试者来说，掌握语言表达的技巧无疑是重要的。

（一）口齿清晰，语言流利

交谈时要注意发音准确，吐字清晰。要注意控制说话的速度，以免磕磕绊绊，影响语言的流畅。为了增添语言的魅力，应注意修辞美妙，忌用口头禅，更不能有不文明的语言。

（二）语气平和，语调恰当，音量适中

面试时要注意语音、语调、语气的正确运用。打招呼时宜用上语调，加重语气并带拖音，以引起对方的注意。自我介绍时，最好多用平缓的陈述语气，不宜使用感叹语气或祈

使句。声音过大令人厌烦，声音过小则难以听清，音量的大小要以每个主考官都能听清讲话为原则。

（三）语言要含蓄、幽默、机智

说话时除了表述清晰以外，适当的时候可以插进幽默的语言，为谈话增加轻松愉快的气氛，这会展示自己的优越气质和从容风度。尤其是当遇到难以回答的问题时，机智幽默的语言会显示自己的聪明智慧，有助于化险为夷，给人留下良好的印象，但使用也要适度，避免给对方留下“随意调侃”的印象。

（四）注意对方的反应

求职面试不同于演讲，它更接近于一般的交谈。交谈中，应随时注意听者的反应，例如，听者心不在焉，可能表示他对自己这段话没有兴趣，必须设法转移话题；侧耳倾听，可能说明由于自己音量过小使对方难以听清，需要提高音量；皱眉、摆头则可能表示自己言语有不当之处。根据对方的这些反应，要适时地调整自己的语音、语调、语气、音量、修辞等，包括陈述内容，这样才能取得良好的面试效果。

三、应试者身体语言运用的技巧

人们在日常生活交往中，都在自觉或不自觉地运用各种身体语言来帮助自己表达意愿。因此，在面试中也要注意身体语言的运用。

（一）保持恰当的坐姿

要让对方感觉到你对他的发言很关注，要表示出你在认真倾听，这样他才能愉快专心地与你交谈，并对你产生好感。这时最好是把双手交叉，身体前倾。切忌坐在那儿大大咧咧，如果是坐在椅子上，更忌身体后仰，跷起二郎腿。

（二）面带微笑，身体动作舒缓大方

要让对方感觉到你的热情和自信，关键是要在交谈过程中避免过分紧张和拘谨，要尽量面带微笑，动作尽量舒缓、大方。

（三）适当借助手势来表达意思

如果表示关注，双手应交合放在嘴前，或把手指搁在耳下，或双手交叉，身体前倾；如果想表现出对所述主题的把握，可先将一只手伸向前，掌心向下，然后从左向右做一个大的环绕动作，就好像用手“覆盖”着所要表达的主题；如果想吸引听者的注意力或强调很重要的一点，可以把食指和大拇指捏到一起，以示强调。

四、应试者回答问题的技巧

（一）把握重点，简洁明了，条理清楚，有理有据

面试时间有限，回答问题时要力求言简意赅。长篇大论，会让人不得要领；多余的话太多，容易把自己绕在问题堆里，造成跑题，反倒会将主题冲淡或漏掉。一般情况下，回答问题要结论在先，议论在后，先将自己的中心意思表达清晰，然后再作叙述和论证。

（二）讲清原委，避免抽象

在面试中，主考官是想通过提问来了解求职者的一些具体情况，因此，求职应试者在回答问题时，切不可简单地仅仅以“是”或“否”作答。针对所提问题的不同，有的需要解释原因，有的需要说明程度，不讲原委、过于抽象的回答，往往不会给主考官留下具体的印象。

（三）确认提问内容，切忌答非所问

如果在面试中对主考官提出的问题一时摸不着头脑，以致不知从何答起或难以理解对方问题的含义时，可将问题复述一遍，并先谈自己对这一问题的理解，请教对方以确认内容。对不太明确的问题，一定要搞清楚。这样才会有的放矢，不至于答非所问。

（四）有个人见解，有个人特色

主考官每年接待的应试者无数，同样的问题已经问了无数遍，相似的回答也听了无数遍。因此，主考官会有乏味、枯燥之感。只有具有独到的个人见解和个人特色的回答，才会引起对方的兴趣和注意。

（五）知之为知之，不知为不知

面试中遇到自己不知、不懂、不会的问题时，回避闪烁、默不作声、牵强附会、不懂装懂的做法均不足取，诚恳坦率地承认自己的不足之处，反倒会赢得面试者的信任和好感。

（六）回答难题要避其锋芒，转移话锋，含蓄低调，避重就轻

在面试过程中要仔细地聆听、观察，判断考官喜欢什么样的回答。有的人喜欢听工作经历中的实例，有的人希望知道面试者的工作能力，有的人喜欢简单的自我介绍，有的人则喜欢听详尽的阐述。尽可能从考官的言谈举止中发现什么是他们喜欢的回答，然后投其所好，准确地回答问题。当遇到难回答的问题时，原则是：避其锋芒，转移话锋，含蓄低调，避重就轻。关键是要变被动为主动，把问题转到可以主动操纵的方面来。

五、消除过度紧张的技巧

由于面试成功与否关系到求职者的前途，所以大学生毕业面试时往往容易产生紧张情绪。紧张是求职者在考官面前精神活动过度的一种心理状态。初次参加面试的求职者都会有紧张的感觉。有些大学生可能由于过度紧张导致面试失败。因此，求职者在面试时必须设法消除过度紧张情绪。

（一）要保持平常的心态

一个求职者在面试时如果能保持平常的心态，一般就不会产生紧张，起码不会过于紧张。要使自己保持平常平静的心态，可以采取的办法有：一是不要顾虑过多，坦率地接受紧张这一客观事实，认识到面试时求职者紧张是一种较普遍的现象，自己紧张，其他求职者也会紧张，如果想到这些，心情也许会平静下来；二是在面试前阅读一些幽默故事，翻看轻松、有趣的书籍杂志，或听听音乐，和朋友们平静交谈等，这样可以较好地转移注意力，调整情绪；三是在面试中进行自我暗示，提醒自己“镇静”“放松”，把面对的主考官

当作熟人来对待。

（二）不要把面试的成败看得过重

在求职面试中，要把注意力集中在谈话和回答问题上，不要总是想着“面试失败了怎么办”这样的问题，应该想到这次机会不行，还有下次机会；这个单位不聘用，还有别的单位；这次求职不成，自己也没有失去什么，相反地，自己得到了锻炼，取得了面试的经验教训。如果能这样来看待面试，那么，求职者紧张的情绪就比较容易被缓解。

（三）要增强自信心

求职者在面试中产生紧张情绪的一个重要原因就是自信心不足，需要增强自信心，求职者应该做到：一是正确地认识自己的优势，确认自己的优势，不要低估自己的优势；二是不要用自己的劣势与求职竞争者的优势相比，否则，越比越会使自己失去信心，应当想到自己与他们的共同点；三是充分展示自己的气质和风度。

案例讲坛

紧张的克服和自信的树立

张同学大学求职意向首选是深圳市知名会计师事务所，经过层层筛选，他如愿进入普华永道和安永华明的最后一轮面试，也就是要去见事务所的合伙人。能在数千大军中杀到见合伙人已经实属不易。然而，在见合伙人的时候，他特别紧张。在见普华的合伙人时，他叫错了合伙人的名字，并且临走时把包忘在了合伙人的办公室里；在见安永的合伙人时，由于是英文面试，他重复一个英文单词数遍，唯恐对方听不清楚，直至那位合伙人亲自打断并说明他已经明白了张同学的意思，他才明白该适可而止。结果是两家国际一流的会计公司都在最后面试时将他拒之门外。

李同学面试中信集团总部时，面试官问他对中信了解多少。他想了半分钟然后说道：“我接到面试时还没来得及查看中信的资料，所以不太了解。”面试官对他说：“我们招人自然希望他能了解中信。你还是回去再多了解一些吧。”

赵同学在面试人民银行时，面试官问他为什么想来人民银行。赵同学心里想道：还不是因为你人民银行权力大。但是碍于不方便直白地说这样的话，他一时没了主意。吭哧吭哧中和人民银行说了再见。

点评：从上面的三个小案例中可以看出张同学精神紧张，缺乏自信，跌倒在自己最想去的公司前；赵同学和李同学对用人单位缺乏了解，回答不出常规问题。要想在面试中脱颖而出，给招聘人员留下深刻的印象，就要克服紧张，建立自信。要想自信，就必须知己知彼，对自己和用人单位都有客观的认识。求职应聘，是一个了解自己、了解用人单位，向用人单位展示自己能力与素质的面对面的接触。只有做好了充分的准备，才能用特色和真才实学为自己铺就成功之路。

（四）不要把主考官看得过于神秘

人人都是平等的，每个人都各有所长，并非所有的主考官都知识渊博，洞察一切，经验丰富。

（五）有意识地把握谈话节奏

在进入面试场所致礼落座后，先不要急于说话，应集中精力听完问题，再从容应答。一般开始谈话时可以有意识地放慢讲话速度，等自己进入状态后再适当增强语气，增加语速。这样，既可以稳定自己的紧张情绪，又可以扭转面试气氛沉闷的局面。

（六）回答问题时，目光可以对准提问者的额头

有的人在回答问题时眼睛不知道往哪看，有的魂不守舍、目光不定，有的眼睛下垂，有的两眼直盯着提问者，往往造成自己的紧张。要消除这种紧张情绪，面试时可以把目光集中在提问者的额头上，既可以给对方以诚恳、自信的印象，也可以鼓起自己的勇气，消除自己的紧张情绪。

六、正确对待面试中的失误

第一次参加面试难免因紧张而出现失误，实际上也不可能通过一次面试就取得成功。此时，切不可因一时的失误而丧气。要记住，一时失误不等于面试失败，重要的是要战胜自己，不要轻易地放弃机会。要明白被用人单位拒绝几乎是所有求职者必然的经历，求职失败是最终求职成功的必要组成部分。在面试时，即使感到自己有失败的苗头，也不要轻言放弃，要有不到最后关头誓不罢休的决心。面试失败了要分析具体原因，总结经验教训，以新的姿态迎接下一次面试。

案例讲坛

不断总结，成功在望

梁同学在求职之初，屡试屡败。他回忆前几次面试中的经历：在农业银行的面试中他过于紧张，说话没有条理；在华达集团面试中他没有说好为什么要加盟华达；在信息产业部的面试中，他没有回答好业余爱好是什么（他回答的是喜欢和朋友们喝酒、聊天）。在反思以前面试中的不当之处后，他准备在下一个面试时，除了专业知识的准备，还要做到：事前，自己以正常说话口吻给出简短的两分钟自我介绍；对简历中的每一方面的内容都要做到心中有数；对所应聘的公司要做到大致了解，并且一定要想“我为什么要来，我来了能做什么”这样的问题；面试时注意说话的语速和音调，以保证让面试官听清楚。一周后，他参加了人民保险公司的面试，在11位主考官面前，他神态自若，回答流利，有理有据，得到了面试官的一致好评。又一个星期后，他被人民保险公司录取了。

点评：从这个例子可以看出每一次经历都是一次成长的好机会。经历了失败能及时总结经验，在实力不断增强的基础上不断增强自信心，才能不断增加成功的砝码，达到成功的彼岸。

知识点5 经典面试问题回答思路

面试过程中，面试官会向应聘者发问，而应聘者的回答将成为面试官考虑是否接受他的重要依据。本节对面试中经常出现的一些典型问题进行了整理，并给出相应的回答思路和参考答案。读者无需过分关注分析的细节，关键是要从这些分析中“悟”出面试的规律及回答问题的思维方式，达到“活学活用”。

问题一：请你自我介绍一下

思路如下。

（1）这是面试的必考题目。

（2）介绍内容要与个人简历相一致。

（3）表述方式上尽量口语化。

（4）要切中要害，不谈无关、无用的内容。

（5）条理要清晰，层次要分明。

（6）事先最好以文字的形式写好，背熟。

问题二：谈谈你的家庭情况

思路如下。

（1）家庭状况对于了解应聘者的性格、观念、心态等有一定的作用，这是招聘单位问该问题的主要原因。

（2）简单地罗列家庭人口。

（3）宜强调温馨和睦的家庭氛围。

（4）宜强调父母对自己教育的重视。

（5）宜强调各位家庭成员的良好状况。

（6）宜强调家庭成员对自己工作的支持。

（7）宜强调自己对家庭的责任感。

问题三：你有什么业余爱好？

思路如下。

（1）业余爱好能在一定程度上反映应聘者的性格、观念、心态，这是招聘单位问该问题的主要原因。

（2）最好不要说自己没有业余爱好。

（3）不要说自己有那些庸俗的、令人感觉不好的爱好。

（4）最好不要说自己仅限于读书、听音乐、上网，否则可能令面试官怀疑应聘者性格孤僻。

（5）最好能有一些户外的业余爱好来“点缀”你的形象。

问题四：你最崇拜谁？

思路如下。

（1）最崇拜的人能在一定程度上反映应聘者的性格、观念、心态，这是面试官问该问题的主要原因。

（2）不宜说自己谁都不崇拜。

（3）不宜说崇拜自己。

（4）不宜说崇拜一个虚幻的或是不知名的人。

（5）不宜说崇拜一个明显具有负面形象的人。

（6）所崇拜的人最好与自己所应聘的工作能“搭”上关系。

（7）最好说出自己所崇拜的人哪些品质、哪些思想感染着自己、鼓舞着自己。

问题五：你的座右铭是什么?

思路如下。

（1）座右铭能在一定程度上反映应聘者的性格、观念、心态，这是面试官问这个问题的主要原因。

（2）不宜说那些易引起不好联想的座右铭。

（3）不宜说那些太抽象的座右铭。

（4）不宜说太长的座右铭。

（5）座右铭最好能反映出自己某种优秀品质。

（6）参考答案：“只为成功找方法，不为失败找借口。”

问题六：谈谈你的缺点

思路如下。

（1）不宜说自己没缺点。

（2）不宜把那些明显的优点说成缺点。

（3）不宜说出严重影响所应聘工作的缺点。

（4）不宜说出令人不放心、不舒服的缺点。

（5）可以说出一些对于所应聘工作“无关紧要”的缺点，甚至是一些表面上看是缺点，从工作的角度看却是优点的缺点。

问题七：谈谈你的一次失败经历

思路如下。

（1）不宜说自己没有失败的经历。

（2）不宜把那些明显的成功说成是失败。

（3）不宜说出严重影响所应聘工作的失败经历。

（4）所谈经历的结果应是失败的。

（5）宜说明失败之前自己曾信心百倍、尽心尽力。

（6）说明仅仅是由于外在客观原因导致失败。

（7）失败后自己很快振作起来，以更加饱满的热情面对以后的工作。

问题八：你为什么选择我们公司？

思路如下。

（1）面试官试图从中了解你求职的动机、愿望以及对此项工作的态度。

（2）建议从行业、企业和岗位这三个角度来回答。

（3）参考答案：“我十分看好贵公司所在的行业，我认为贵公司十分重视人才，而且这项工作很适合我，相信自己一定能做好。”

问题九：对这项工作，你有哪些可预见的困难？

思路如下。

（1）不宜直接说出具体的困难，否则可能令对方怀疑应聘者不行。

（2）可以尝试迂回战术，说出应聘者对困难所持有的态度——“工作中出现一些困难是正常的，也是难免的，但是只要有坚忍不拔的毅力、良好的合作精神以及事前周密而充分的准备，任何困难都是可以克服的。”

问题十：如果我录用你，你将怎样开展工作？

思路如下。

（1）如果应聘者对于应聘的职位缺乏足够的了解，最好不要直接说出自己开展工作的具体办法。

（2）可以尝试采用迂回战术来回答，如“首先听取领导的指示和要求，然后就有关情况进行了解和熟悉，接下来制订一份近期的工作计划并报领导批准，最后根据计划开展工作。”

问题十一：与上级意见不一致时，你将怎么办？

思路如下。

（1）一般可以这样回答“我会给上级以必要的解释和提醒，在这种情况下，我会服从上级的意见。”

（2）如果面试你的是总经理，而你所应聘的职位另有一位经理，且这位经理当时不在场，可以这样回答：“对于非原则性问题，我会服从上级的意见，对于涉及公司利益的重大问题，我希望能向更高层领导反映。”

问题十二：我们为什么要录用你？

思路如下。

（1）应聘者最好站在招聘单位的角度来回答。

（2）招聘单位一般会录用这样的应聘者：基本符合条件，对这份工作感兴趣，有足够的信心。

（3）如“我符合贵公司的招聘条件，凭我目前掌握的技能、高度的责任感和良好的适应能力及学习能力，完全能胜任这份工作。我十分希望能为贵公司服务，如果贵公司给我这个机会，我一定能成为贵公司的栋梁！”

问题十三：你能为我们做什么？

思路如下。

（1）基本原则上“投其所好”。

（2）回答这个问题前应聘者最好能“先发制人”，了解招聘单位期待这个职位所能发挥的作用。

（3）应聘者可以根据自己的了解，结合自己在专业领域的优势来回答这个问题。

问题十四：你是应届毕业生，缺乏经验，如何能胜任这项工作？

思路如下。

（1）如果招聘单位对应届毕业生的应聘者提出这个问题，说明招聘单位并不真正在乎“经验”，关键看应聘者怎样回答。

（2）对这个问题的回答最好要体现出应聘者的诚恳、机智、果敢及敬业。

（3）如“作为应届毕业生，在工作经验方面的确会有所欠缺，因此，在读书期间我一直利用各种机会在这个行业里做兼职。我也发现，实际工作远比书本知识丰富、复杂。但我有较强的责任心、适应能力和学习能力，而且比较勤奋，所以在兼职中均能圆满完成各项工作，从中获取的经验也令我受益匪浅。请贵公司放心，学校所学及兼职的工作经验使我一定能胜任这个职位。”

问题十五：你希望与什么样的上级共事？

思路如下。

（1）通过应聘者对上级的“希望”可以判断出应聘者对自我要求的意识，这既是一个陷阱，又是一次机会。

（2）最好回避对上级具体的希望，多谈对自己的要求。

（3）如“作为刚步入社会的新人，我应该多要求自己尽快熟悉环境、适应环境，而不应该对环境提出什么要求，只要能发挥我的专长就可以了。”

问题十六：你在前一家公司的离职原因是什么？

思路如下。

（1）最重要的是：应聘者要使招聘单位相信，应聘者在过往单位的“离职原因”在此家招聘单位里不存在。

（2）避免把“离职原因”说得太详细、太具体。

（3）不能掺杂主观的负面感受，如“太辛苦”“人际关系复杂”“管理太混乱”“公司不重视人才”“公司排斥我们某某的员工”等。

（4）但也不能躲闪、回避，如“想换换环境”“个人原因”等。

（5）不能涉及自己负面的人格特征，如不诚实、懒惰、缺乏责任感、不随和等。

（6）尽量使解释的理由为应聘者个人形象添彩。

（7）如“我离职是因为这家公司倒闭。我在公司工作了三年多，有较深的感情。从去年开始，由于市场形势突变，公司的局面急转直下。到眼下这一步我觉得很遗憾，但还要面对现实，重新寻找能发挥我能力的舞台。”

以上面试问题回答思路仅供参考，同一个面试问题并非只有一个答案，而同一个答案并不是在任何面试场合都有效，关键在于应聘者掌握了规律后，对面试的具体情况进行把握，有意识地揣摩面试官提出问题的心理背景，然后投其所好。

案例讲坛

学习成绩不高的毕业生应聘

面试官：根据你所提供的成绩单来看，你的成绩似乎并不怎么稳定？

求职者：的确，我在一二年级的时候成绩并不怎么好，但是我的成绩的成长趋势是非常好的。

面试官：除了成绩单以外，你还有什么可以证明自己的学习能力的吗？

求职者：很多人都说，大学教育是一种素质教育而并非单纯的知识性教育。我在一二年级的时候学习成绩并不好，是因为我所学的专业与我自己的职业规划并不相符。因此，我将自己的时间更多地放在参加学校的社团活动上，锻炼了自己的组织能力和协调能力。而到了三年级，我意识到了很多工作单位都比较注重奖学金的获得，所以我加强了自己学习方面的投入时间。能够在认识到学习成绩的重要性的情况下迅速提高自己的成绩，也从侧面证明了我的学习能力。

点评：面试考官的第一个问题其实已经暗指求职者的成绩不尽如人意，但是该求职者能从趋势上做文章，是比较有力度的。而第二个问题的回答更是强有力的例证。

阅读思考

用专业知识为求职“加分”

小王是某职业院校机电专业应届毕业生。在 2009 年找工作的大学生中，小王算是比较幸运的，投的简历不算多，却已有了回音。一家机电集团让小王去实习，还达成了就业意向。现在回头想想，这么快能定下来工作去向，小王觉得这与他的专业基础知识扎实有很大的关系。

小王的专业主要以自动化、机械领域的工作为求职方向。起初，他还以为自己的就业范围会很窄，可在听了几次校内宣讲会，看过许多单位的招聘广告后，心里有了数：由于专业课学习范围比较广，像机械原理、电子技术、工程力学等非专业课程都有涉猎，找工作的范围相对宽泛一点。

小王认为对工科生来说，专业对口还是很重要的，否则读了几年的书，无法学以致用总有些遗憾。2009 年 1 月，他投的一份简历有了消息：某机电集团邀请他参加面试。这家公司主要做建筑配套设计，如制冷设施、自动化设施等，和他的专业十分吻合。面试官在看了他的简历和学科成绩后，开门见山便问：“干球温度是多少？湿球温度是多少？”因为他平时专业书看得很多，所以对答如流。面试官接着问了一串专业问题，有的答案他了如指掌，有的却有点懵，不过经面试官的指点，他很快有了“方向”。一场面试下来，他觉得自己所学的专业知识都用到了，要是平日不努力，临时抱佛脚，还真不行。一周以后，这家机电集团打来电话，要他去实习。

其实，小王的许多同学也有同感：专业知识扎实的毕业生很“吃香”，有时用人单位恰好缺一个空位，亟须毕业生顶岗，这就离不开日常的用功积累。

大型企业面试失败经历

南方某知名职业院校热门专业的应届毕业生小张，接到国内一所大型企业研发部门应聘系统技师职位的面试通知。小张大学三年成绩优秀，并且在国内一些技能竞赛中获奖，动手操作能力较强，很适合从事研发工作。尽管如此，由于竞争者众多，小张对面试并没有十足的把握。

公司人力资源部的两位主管先问小张是否了解这家公司，然后就问小张身高多少、有无女朋友等与职位无关的问题。出身名校且略显孤傲的小张，态度由尊敬转化为轻视，神情中不觉流露出来。

随着面试过程的深入，小张逐渐放松下来，他习惯地撸起袖管，嘎吱嘎吱地捏着手中的塑料水杯，双腿不停抖动，好几次碰响了桌子。两位考官似乎略有分工，人事主管问完后，由招聘专员单独与小张交流。突然，那位人事主管暂时离场，小张认为主管对他失去了兴趣，心思有点乱了，好几次需要对方重复提问。轮到小张提问了，小张问了一些与系统技师职位有关的问题，考官似乎不太了解，用略显厌烦的语气敷衍小张。整个面试过程，小张一直低着头，回答问题时，才偶尔抬一下头。

小张又参加了商务英语笔试。小张没学过商务英语，看了3分钟以后，什么也没有写，便交了试卷，脸色阴沉沉的，也没有和考官道别。

考官对小张的面试评价：“……有较强的动手能力和较大的发展潜力……面对压力心理素质较差，在人际交往方面有较大缺陷，……对公司不够重视……”用人单位“求贤若渴”，毕业生“心仪已久”，理应一拍即合，结果却两败俱伤，原因何在？

思考问题

（1）你从上述两个案例中得出什么结论？

（2）你如何看待面试在毕业生就业中所起的作用？

（3）你如何看待面试失败？

（4）你如何准备面试过程？

模拟演练

假如你是一名机电专业应届毕业生，接到一家中型企业的面试邀请，你应聘的是机械设计岗位。面试当天，你应如何着装？应注意哪些事项？

面试开始后，你进入技术主管的办公室，向他问好，主管点头示意，并让你坐下，然后提出以下问题。

（1）给你两分钟时间介绍自己。

（2）你为什么应聘我们公司的这个职位？

（3）你是应届毕业生，凭借什么能力可以胜任这个职位？

（4）你认为自己有什么缺点？

（5）给你一张图，考察你运用 AutoCAD、Pro/E 软件绘图的能力。

（6）给你一张图，让你说说设计理念，并解读图纸。

找几个同学配合演习这场面试过程，并配备一些图样，让一个同学扮演主管，其他人扮演应聘者，然后再进行角色轮换。必要时，可请有关老师参与，作为评判者来提供一个面试标准和一些专业意见。

知识链接六 笔试技巧

教学目标

（1）了解笔试的一般要求。

（2）掌握笔试的方法和技巧。

（3）能列举笔试中几点注意事项。

就业见闻

毕业生小刘主修数控专业，学习成绩和其他方面条件都很优秀，准备应聘一家大型外资企业，这家公司的招聘流程分为笔试和面试两个环节，小刘自以为自身条件很好，没有过多准备笔试内容，甚至对该公司的背景也只有一个大致了解。在笔试当天，考试题型除了专业知识以外，还有更多的综合能力测试和对公司及应聘的岗位认识。结果小刘答得非常不理想，最终没有进入面试环节。

——机会只留给有准备的人，俗话说：“机不可失，失不再来。”像小刘这样对自己应聘的岗位没有做足够的准备，当机会来临时，他只能与其擦肩而过。

知识点1 常见笔试的种类

一、笔试的概念

所谓笔试，是指用人单位采用书面形式对求职者的基本知识、专业知识、文化素养和心理健康等综合素质进行考核和评估的方法。

笔试是求职择业中常用的一种考核方法，是考核应聘者学识水平的重要途径。这种方法可以有效地测量应聘者的基本知识、专业知识、管理知识、综合分析能力和文字表达能力等素质及能力的差异，对求职者来说是相对公平的一种考核方式，因而被越来越多的用人单位所采用。

笔试考核主要适用于两种情况：一是应试者人数较多，需要考核的知识面较广；二是考核一些应聘特殊岗位的求职者，如文秘、广告、公关等。现在，大企业大单位大批量用人、国家机关选聘公务员，往往采用此种考核形式。

二、笔试的种类

（一）心理测试

心理测试是指用事先编制好的标准化量表或问卷要求被试者完成，根据完成的数量和质量来判定其心理水平或个性差异的方法。一些特殊的用人单位常常以此来测试求职者的态度、兴趣、动机、智力、个性等心理素质。

（二）专业考试

专业考试是指为了检验求职者担任某一职务时是否能达到所要求的专业知识水平和相关的实际能力，对求职者进行的文化知识和相关的实际能力的考试。很多用人单位只要看学校提供的推荐表、成绩单以及所附的自荐材料，就可以了解毕业生基本的知识能力等情况，所以一般都免予笔试。但也有一些特殊的用人单位，需要通过笔试的方式对求职的大学毕业生进行专业知识的再考核。这种考试方式现已被越来越多的用人单位所采用。例如，外贸、外资、合资企业招聘雇员要考外语；公检法机关录用干部要考法律知识等；招聘行政管理、秘书方面工作的单位对求职者进行文字能力的测试；部分单位对某种计算机语言有较高的要求时，测试应用特定语言编程的能力；为检验毕业生实际工作能力或专业技术能力，通常还要进行专业技术能力考试。

（三）论文笔试

论文笔试是指用人单位通过论述题或自由应答型试题的形式来检验求职者分析、综合、比较、归纳、推理等思维能力的笔试方法。论文笔试的最大长处是有利于考查求职者的思考能力，从而能够了解求职者思想认识的深刻程度。这种测试往往会导致种种不同的答案，易于发现人才，促进智力发展，远比简单的测验题更能判断一个人的水平。

（四）命题写作

命题写作是指由用人单位给出范围或特定要求，通过让求职者写作来考查其知识、思维、文字表达能力的一种考核形式。例如，限时写出一份会议通知、请示报告或某项工作情况总结，或者提出一个论点，要求应试者予以论证或批驳等。

（五）国家公务员录用考试

国家公务员录用考试，是指国家行政机关为补充担任主任科员以下非领导职务的公务员，按照规定的条件和程序，采用考试和考核的方法从社会上选拔优秀人才到政府机关工作的一种办法。

国家机关录用公务员，“逢进必考”。中央国家机关的各公务员招考按性质和权责不同分为 A、B 两类。A 类职位主要包括在中央、国家机关和中央国家行政机关派驻机构与中央垂直管理系统所属机构中，从事政策、法律法规、规划等的研究起草工作和其实施中的指导、监督检查工作，以及从事机关内部综合性管理工作的职位（如国家发改委综合司从事经济形势分析和政策研究的职位）。B 类职位主要包括在中央、国家机关和中央行政机关派驻机构与中央垂直管理系统所属机构中，从事机关内的专业技术工作、对机关的业务工作提供专业技术支持的职位（如某些机关内部的财务会计职位）。报考 A 类职位的考生笔试公共科目为“行政职业能力测验（A）”和“申论”两科。报考 B 类职位的考生笔试公共科目为“行政职业能力测验（B）”一科。与以前相比，最大的变化是两类考试都取消了较为死板的“公共基础知识”科目，并取消了考试指定用书。国家机关考试录用工作人员和国家公务员的报名时间为每年 11 月的第一个星期六。公共科目笔试时间为每年 12 月的第三个星期六。

小资料

世界 500 强企业笔试智力急转弯问题

◆有一个长方形蛋糕，切掉了长方形的一块（大小和位置随意），你怎样才能直直地一刀下去，将剩下的蛋糕切成大小相等的两块？答案。将完整的蛋糕的中心与被切掉的那块蛋糕的中心连成一条线。这个方法也适用于立方体！请注意，切掉的那块蛋糕的大小和位置是随意的，不要一心想着自己切生日蛋糕的方式，要跳出这个圈子。

◆有三筐水果，第一筐装的全是苹果，第二筐装的全是橘子，第三筐是橘子与苹果混在一起。筐上的标签都是骗人的（比如，如果标签写的是橘子，那么可以肯定筐里不会只有橘子，可能还有苹果），你的任务是拿出其中一筐，从里面只拿一只水果，然后正确写出三筐水果的标签。

提示：从标着“混合”标签的筐里拿一只水果，就可以知道另外两筐装的是什么水果了。

◆你有八个球，其中一个有破损，因此比其他球轻了一些。你有一架天平用来比较这些球的重量。如果只称两次，如何找出有破损的那个球？

◆为什么下水道的井盖是圆的？

提示：方形的对角线比边长！

其他答案：① 圆形的井盖可以由一个人搬动，因为它可以在地上滚。②圆形的井盖不必为了架在井口上而旋转它的位置。

◆美国有多少辆车？

◆你让一些人为你工作了七天，你要用一根金条作为报酬。金条被分成七小块，每天给出一块。如果你只能将金条切割两次，你怎样分给这些工人？

◆一列时速15英里的火车从洛杉矶出发，驶向纽约。另外一列时速20英里的火车从纽约出发，驶向洛杉矶。如果一只鸟以每小时25英里的速度飞行，在同一时间从洛杉矶出发，在两列火车之间往返飞行，到火车相遇时为止，鸟飞了多远？（1英里=1.609344千米）

提示：想想火车的相对速度。

◆你有两个罐子，分别装着50个红色的玻璃球和50个蓝色的玻璃球。随意拿起一个罐子，然后从里面拿出一个玻璃球。怎样最大限度地增加让自己拿到红色球的机会？利用这种方法，拿到红色球的几率有多大？

◆假设你站在镜子前，抬起左手，抬起右手，看看镜中的自己。当你抬起左手时，镜中的自己抬起的似乎是右手。可是当你仰头时，镜中的自己也在仰头，而不是低头。为什么镜子中的影像似乎颠倒了左右，却没有颠倒上下？

◆你有5瓶药，每个药丸重10克，只有一瓶受到污染的药丸重量发生了变化，每个药丸重9克。给你一个天平，你怎样一次就能测出哪一瓶是受到污染的药呢？

思路：①给5个瓶子标上1、2、3、4、5。②从1号瓶中取1个药丸，2号瓶中取2个药丸，3号瓶中取3个药丸，4号瓶中取4个药丸，5号瓶中取5个药丸。③把它们全部放在天平上称一下重量。④现在用 $1\times10+2\times10+3\times10+4\times10+5\times10$ 的结果减去测出的重量。⑤结果就是装着被污染的药丸的瓶子号码。

◆如果你有一个容量为5夸脱的水桶和一个容量为3夸脱的水桶，怎样准确地量出4夸脱的水？[1夸脱=0.946升（美制）；1夸脱=1.136升（英制）]

◆在开汽车的锁时，应该往哪个方向旋转钥匙？

◆如果你可以移动50个州中的任何一个，你会挑哪个，为什么？

◆有4条狗（4只蚂蚁或4个人）分别在一个广场的4个角落里。突然，它们同时以同样的速度追赶在自己顺时针方向的一个人，而且会紧追这个目标不放。它们需要多少时间才能相遇，相遇地点在哪里？

提示：它们将在广场中央相遇，所跑的距离与它们跑的路线无关。

知识点2 笔试的准备

一、了解笔试题型，做到心中有数

不同的笔试类型，有不同的考试内容，毕业生在考前应进行详细的了解，针对不同情况做出相应的准备。现在求职考试的题型越来越强调用学过的知识来解决问题的能力。从考试准备角度讲，知识分为两大类：一类是主要靠记忆掌握的知识；另一类是通过不断运用而掌握的知识。实际上，现在求职考试主要是考求职者对知识的运用能力。因此，在复习过程中必须始终突出一个“用”字，通过各种实践，把学得的知识运用到工作实际中去解决各种具体的问题。

常见的笔试题型如下。

（一）政论类

（1）你对当前的改革有何见解?

（2）请你谈谈对当前国际形势的看法。

（3）试用马克思主义的基本原理说明一两个具体问题。

（二）公文类

（1）某单位要采购一台复印机，请你写份报告。

（2）某省人事厅将举办大、中专毕业生招聘会，请拟一份会议通知。

（三）技能类

（1）翻译（英译汉或汉译英）一篇短文。

（2）请动用C语言编写一段程序。

（3）请把一段文字录入计算机并打印出来。

（四）综合类

（1）根据所提供数据，对某种产品作市场分析和预测，并写出分析报告。

（2）参加一次主题讨论会，会后，请应试者就本次讨论会写出一份会议纪要和英文提要，并用计算机打印出来。

（3）结合给出的一组数据，论述当前高校大学生就业难的症结所在及应对策略。

（4）某外商要来公司洽谈合作事宜，来电话告知有关日程安排，要求应试者用相应的语种接电话，并打印电话记录呈报有关领导。

（5）材料显示某地发生了洪涝灾害，请结合秘书工作的特点写出一份情况汇报。

（五）专业类

由于专业不同，具体的笔试题型也不同。

二、了解笔试重点，进行认真复习

对大学专业知识进行必要复习是笔试准备的重要方式。在知识与能力这二者中，知识无疑是基础，没有扎实的基础知识，也就无从谈能力的培养和提高，掌握知识的一个有效方法就是把零散的知识化为系统知识。但是求职笔试的题目往往范围大、内容广，使考生在复习时无从着手，存在着一定的随意性和盲目性。

因此，在着手准备笔试的复习时，应首先打破各学科的界限，认真梳理各科要点，整理成一个条例化、具体化的知识系统总纲目，然后按照这个总纲目有计划、有步骤地进行复习。凡是与求职有关的一些知识，如文史知识、科技知识、经济知识、法律知识和一般的计算机知识，均要系统地复习一遍。一般说来，笔试都有大体的范围，可围绕这个范围翻阅一些相关的图书资料，复习巩固所学过的课程内容，温故知新，做到心中有数。一些用人单位的笔试则相对灵活，范围也比较大，没有明确相关的参考书，毕业生可围绕用人单位划定的大致范围翻阅一些有关的图书资料。

三、熟悉考试环境，做到有备无患

提前熟悉考场环境，有利于消除应试时的紧张心理。还应仔细阅读考场注意事项，尽量按要求做好。除携带必备的证件外，一些考试必备的文具（钢笔、橡皮等）也要准备齐全。

四、保持良好的身心状态

笔试怯场，大多是缺乏信心所致。要客观冷静地对自己进行正确评估，克服自卑心理，增强信心。临考前，一要适当减轻思想负担；二要保证充足的睡眠；三要适当参加一些文体活动，从而使高度紧张的大脑得到放松休息，以充沛的精神去参加考试。

知识点3 笔试的技巧

笔试成绩的高低，不仅与自己的实际水平和考前复习有关，还与自己的答题技巧有关。

一、保持良好的考试心理状态

（1）保持适度紧张的考试心理。没有一点紧张情绪，抱着无所谓的懒散心态，就考不出最佳成绩。过于紧张，情绪慌乱，更考不出最佳成绩。只有适度紧张，情绪稳定，认真审题，努力回忆学过的知识，先易后难，迅速答题，才能考出最佳成绩。

（2）要相信自己的实力。求职笔试同高考不同，高考是"一锤定音"，而求职应聘考试则有着多次机会。只要了解考试的规则，了解各类考试题目的特点和解答各类题目的方法，充分运用自己已掌握的知识，充分发挥自己的真实水平，就一定能考好。如果试卷中出现特殊的试题，考生也千万不要慌张，应该相信大家的水平相近。

二、掌握科学的答卷方法

（一）通览全卷，确定答题步骤

笔试题型多，内容多，又要限时答好，必须合理安排答题时间。拿到试卷后，先要看清注意事项和答题要求，然后从头到尾大略看一下试题，了解题目类型、题目多少、分量轻重、难易程度，根据先易后难、先简后繁的原则确定答题步骤和答题的速度。

（二）先易后难，先简后繁

按先易后难的原则排出答题顺序，先攻相对简单的题，后攻难题。这样就不会因为攻难题而浪费太多时间，而没有时间做会答的题。遇到较大的综合题或论述题，则应先列出提纲，再逐条撰写。

（三）精心审题，认真作答

在具体进行作答时，必须认真审题，切实弄清题目要求，逐字逐句分析题意，按要求进行回答。

（四）全面复查，防止遗漏

在答完试卷后，要尽量挤出时间，进行一次全面复查，要特别注意不要漏题，更不能跑题或出现错别字、语法不通、词不达意等错误。

三、了解正确的答题方法

要从各科考题的特点出发，熟悉各科考题的题型，了解每种题型的答题方法，防止出现不必要的差错。常考的题型有填空题、选择题、判断题、问答题、再生题、应用题、作文题等。

（1）填空题是一般试卷中不可缺少的题型，用以检查考生对各种知识的掌握情况。答题必须看清题目要求，是填词、填句，还是填符号。

（2）选择题一般由题干和几个备选答案（即选项）组成，要求从给出的几个备选答案中，选择一个或几个正确、恰当的答案。要答好这种题型，可用经验法，根据已掌握的知识经验填写；可用排除法，对题目中的所有备选答案采取逐一排除的方法，最后确定正确的答案；可用假设法，假设某备选答案正确，代入验证，以获取正确答案；也可用计算法，通过计算来确定正确答案。

（3）判断题是对所给的命题做出明确的是或非的回答。一般判断题只有一个误点，最多两个，较多出现在易混淆、易误解的常识性知识部分。问答题要求考生对试题提出的问题做出回答，较多的是要求用简单的语句回答简单的问题。答题前先理清思路，按要求顺序回答。答题时要对准中心，抓住重点，开门见山，简明扼要。

（4）再生题是指通过默写、听写、记录等方法来检验考生对某些知识的掌握程度和应用能力的题型。答题时要明确这类题目的内容是所学课程的重点和精华，解答的基础在于平时对字、词、句、段、篇的理解和记忆。

（5）应用题是要求考生运用所学的知识、原理来解决实际问题的题型。要根据题目的要求，选择适当的方法予以解决。解题时先找出关键词，理解题意，再认真仔细地作答，确保正确无误。

(6) 作文题是给出范围或特定要求，在规定的时间和空间内写完题型。审题要果断、正确，迅速抓住作文题目的关键词，确定写作中心。写作提纲应简略，不要太费时间，只要能反映文章的基本思路、段落层次即可。行文时要正确计时，合理分配时间，对需要修改加工的词句，可先跳过去，留待最后解决。

四、笔试应该注意的问题

(1) 注意考场纪律。毕业生一定要注意按规定的时间到场，不能迟到。

(2) 答题要注意字迹工整，卷面整洁。因为有些用人单位并不特别在意应试者考分的微弱差距，而是看重应试者认真的态度和细致的作风。因此，书写时，卷面应力求字迹清楚，格式、标点正确，没有错别字。

(3) 考试绝对不能作弊或搞小动作。用人单位对这一点也尤为关注。因为求职笔试不同于其他专业考试，“醉翁之意不在酒”，有时招聘单位并不特别在意应试者考分的高低。

案例讲坛

另类求职笔试

实发投资贸易公司准备招聘既懂业务又头脑灵活、看问题全面的总经理助理一名，广告见报后仅仅一天时间，应聘材料便如雪片般地飞来。公司人事经理在斟酌挑选后，近30人有幸被通知参加笔试。

笔试那天，众考生个个踌躇满志，成竹在胸，都显出志在必得的信心。很快，考试开始，人事经理把试卷发给每一位考生，只见试卷上试题是这样写的。

综合能力测试题（限时两分钟答完），请认真阅读试卷。

(1) 在试卷的左上角写上姓名。

(2) 写出三种热带植物的名称。

(3) 写出三座中国历史文化名城。

(4) 写出三座外国历史文化名城。

(5) 写出三位中国科学家的姓名。

(6) 写出三位外国科学家的姓名。

(7) 写出三本中国古典文学名著。

(8) 写出三本外国古典文学名著。

……

不少考生眼睛匆忙扫了扫试卷，马上就动笔“沙沙沙”地在试卷上写起来，考场上的空气都因紧张而显得有些凝固。

一分钟，两分钟，时间很快就到了，除了有四五个人在规定的时间之内答完起身交试卷外，绝大多数人都还忙着在试卷上答题。人事经理宣布考试结束，未按时交试卷的一律作废，考场上顿时像炸开了锅，未交卷的考生纷纷抱怨："时间这么短，题目又那么多，怎么可能按时交卷呢?""对了，试题又出得很偏。"

只见人事经理面带微笑地说："非常遗憾，虽然在座的各位不能进入本公司接下来的面试，但不妨都把你们手上的试卷带走，做个纪念。再认真看看，或许会对你们今后有所帮助。"言毕，人事经理很有礼貌地告辞了。

听完人事经理的话，不少人拿起手中的试卷继续往下看，只见后面的试题是这样的。……

（14）写出三句常用歇后语。

（15）如果阁下看完了题目，请只做第一题。

点评：耐心、定力，细心、镇定是大多数公司、工作所需要、所首选的，因此无论参加怎样的面试或者笔试，应聘者都应保持良好的心态和沉稳的作风，不应心浮气躁。

阅读思考

揭秘名企招聘怪题

又是一年的春天，又是一年高校毕业生求职应聘酣战的时刻。

国内外的知名企业，依旧是众多毕业生理想职业的圣地。名企之所以为名企，的确有着一般企业不能相比的独特之处，就连招聘考试也不例外。除了专业知识，他们往往更看重的是一个人的聪明程度，作为一个"社会人"的整体素质。所以，那些看似古怪刁钻的题目便一个个地冒了出来，这个考你的快速反应能力，那个考你的逻辑思维能力，甚至连谜语、脑筋急转弯的题也有可能"粉墨登场"一番。因此，应聘名企，对这些看似"不起眼儿"的题目也不能掉以轻心。

前一段时间，网上大为流行的微创怪题，成了最近学子们议论的重点。

东方明珠关我啥事

"希望明天早上起来的时候发现信箱里已经有几个 Offer 在等着我；希望身边的朋友们都不再失望，有的只是快乐；希望家人身体健康；希望每天都是艳阳天!"这几行字是小陈特意为自己在校园 BBS 上设计的签名，想来是像他这样的大三学生的共同心声吧。

"我啊，参加的应聘考试多的是，但满意的 Offer 却还是没出现，"当被问到"怪题"的时候，小陈马上接上了话头，"是呀是呀，我对一些企业招聘考试中会出现非常规的怪题早就听说了，不过还是没有太放在心上。结果，上个月的微创考试，有道东方明珠的题，栽了!"

上海微创软件是每个有着"比尔·盖茨"式梦想的学子的心仪之地。2008 年 3 月初，微创在上海某高校举行了一场校园招聘，第一轮的笔试题目只有两道，一道是常规的考察专业知识的编程题，一道就是令和小陈一样的应试者头疼并困惑不已的"东方明珠"题，原题是："请估算一下东方明珠电视塔的质量"。

小陈略有些尴尬和自嘲地笑了一笑，"很遗憾，我没有通过。像这样的题目，他们肯定不是仅仅要你给个结果出来就可以的，他们出题的意图，很难揣摩，所以大家都很糊涂，在 BBS 上疯狂讨论。"有人说这题很无聊的，也有人说，有没有学过曹冲称象？切成一块一块的再称，哈哈。还有人建议：你可以告诉他，东方明珠和对面的金茂大厦一样重。如果对你这个答案有疑问，欢迎他们去实地勘测一下，指出你的错误。其实我觉得这个问题和天上的星星有几颗一样，可以回答天上的星星和牛身上的毛一样多，他无法对你的回答说不，因为他也不知道呀！甚至有人猜正确答案是：唐骏说多重就多重（注：唐骏为微创总裁）。

快速估算东方明珠

"东方明珠"这道难题难坏了有东方之珠之称的上海的大学生们。那么，像这样的题目以及有异曲同工之妙的其他智力推理、谜语等题目，出题企业的初衷是什么？这样的题目在整个招聘考试中的作用和地位怎样，到底要通过它们考核应聘者的什么能力？什么样的回答才能赢得招聘企业的"芳心"？带着学生们的众多迷惑和不解，记者采访了上海微创软件有限公司直接负责这次招聘考试试题的软件研发部经理蔡锫先生。面对提问，蔡锫经理露出了理解的微笑，"其实，有同学认为这个题目刁钻古怪，也在情理之中，毕竟目前这类型的试题在国内还不太多，所以，难免大家都有些摸不着头脑。"

"就东方明珠这道题来说，它和一般的谜语或智力题还是有区别的。我们称这类题为'快速估算题'，主要考的是快速估算的能力，这是开发软件必备的能力之一。当然，题目只是手段，不是目的，最终得到一个结果固然是需要的，但更重要的是对考生得出这个结果的过程也就是方法的考察。"蔡经理为记者举例说明了一种比较合理的答法，他首先在纸上画出了东方明珠的草图，然后快速估算支架和各柱的高度以及球的半径，算出各部分体积，然后和各部分密度运算，最后相加得出一个结果。直到这时，记者才有所明了，原来出题人的初衷并非那么刁钻，非要难倒大家的。

这一类的题目其实很多，如"估算一下长江里水的质量。""如果你是上海市市长，请估算一下治理好苏州河的污染需要多长时间。""估算一下一个行进在小雨中的人 5 分钟内身上淋到的雨的质量。"

蔡经理接着解释道："像这样的题目，包括一些推理题，考的都是人的 Problem Solving（解决问题的能力），不是哪道题你记住了答案就可以的。我们在上海交大和南京、杭州的高校也进行了类似的招聘，虽然题目有所不同，但要考核的宗旨是一致的。"

对于公司招聘的宗旨，蔡经理强调了四点，这些是有创造性的公司普遍注重的员工素质，是想要到知名企业实现自己的事业梦想的人都要具备的素质和能力。

要求一：Raw Smart（纯粹智慧），与知识无关。

要求二：Long- term Potential（长远学习能力）。

要求三：Technic Skills（技能）。

要求四：Professionalism（职业态度）。

对于校园BBS上的幽默讨论，他也表示理解，表示即使在考卷上有这么玩笑的作答，公司也不会太介意，但前提是在认真地做好题目后，如果是纯粹的不负责任的态度或仅仅是耍几句贫嘴，结果还是会“没戏”。

跳出怪题这个“圈”

怪题不是唯一，怪题不是标准，做了怪题井底的青蛙，可就不妙了。虽然有备无患是谁都明白的道理，也是谁都想达到的境界，但千万不要盲目自信，钻牛角尖儿，要知道，自身的素质才是求职的最大法宝。

先把身体练好

进入一家知名企业并非易事，竞争之激烈，面试之残酷，不仅是对脑力的一个考验，也是对身体素质的挑战。对微软或微创来说，五六轮面试，长达5个小时，数名考官的轮流轰炸都是平常之事，难怪他们的总裁曾经戏称：“能够成功进入我们公司的人，身体素质都很好。”所以，加强耐力锻炼也很有必要，何况，体育锻炼带给我们的不仅是良好的身体素质，还有健康向上的精神气质，这在面试过程中，也是能为你“加分”的！

学会活学活用

微创的蔡经理对在校学生专业技能的学习提出了一点建议就是千万要注重实践能力的运用，切忌死记硬背。软件开发是这样，其他的专业也莫不如此。“授之以鱼不如授之以渔”，我们的先人就有这样明智的思想了，所以，学好“捕鱼”的技术才是最重要的！

诚实最基本

千万不要拿自己的基本人格开玩笑！这些大公司对人的职业态度和个人品德都非常之注重。一旦发现你的简历弄虚作假，夸大其词，后果可是不堪设想哦！

自信很重要

就算你没答出那道怪题又能怎样呢？也许没几个人答出的呢？不必耿耿于怀，让失败情绪影响了自己的自信心可就不好了。如果一场招聘考试没过，只能说明你有可能不太适应他们公司的专业活计，并不能说明你就是不优秀的。所以，继续自信地向梦想进军吧！

脑筋转弯考推理

怪题其实不怪，无非是考考我们的素质和能力，所以应试中保持“处乱也不惊”的良好心态是最重要的。像“烧一根不均匀的绳要用一个小时，如何用它来判断半个小时”“为什么下水道的盖子是圆的”，解答这样的题目，天生聪颖固然重要，但平时的积累和练习也很重要哦，大脑要常常转转，才会越发地灵活。而且，不必担心的是，一道智力题没有做好，并不会实行“一票否决”，一般都会看你的综合表现，不会让你其他方面的“精彩”白白付之东流的。下面，练一下你的大脑，看看是不是长久不用转得慢了？

微创智力题

一楼到十楼的每层电梯门口都放着一颗钻石，钻石大小不一。你乘坐电梯从一楼到十楼，每层楼电梯门都会打开一次，只能拿一次钻石，问怎样才能拿到最大的一颗？

（去年应聘到微创的S小姐面试遇到的就是这道智力题。她的回答是：选择前五层楼都不拿，观察各层钻石的大小，做到心中有数。后五层楼再选择，选择大小接近前五层楼出现过最大钻石大小的钻石。她至今也不知道这道题的准确答案，“也许就没有准确答案，就是考一下你的思路。”她如是说。）

微软智力题

（1）U2合唱团在17分钟内得赶到演唱会场，途中必须跨过一座桥，四个人从桥的同一端出发，你得帮助他们到达另一端，天色很暗，而他们只有一只手电筒。一次同时最多可以有两人一起过桥，而过桥的时候必须持有手电筒，所以就得有人把手电筒带来带去，来回桥两端。手电筒是不能用丢的方式来传递的。四个人的步行速度各不同，若两人同行则以较慢者的速度为准。Bono需花1分钟过桥，Edge需花2分钟过桥，Adam需花5分钟过桥，Larry需花10分钟过桥，他们要如何在17分钟内过桥呢？

（有个学生写文章说他当时在微软面试时就是碰到了这道题，最短只能做出在19分钟内过桥，微软的人对他讲，这样的结果已经是不错的了！）

（2）烧一根不均匀的绳要用一个小时，如何用它来判断半个小时？

（参考答案：两边一起烧。）

（3）为什么下水道的盖子是圆的？

（从某一位计算机系教授那里听来的答案：因为如果是方的、长方的或椭圆的，那无聊之徒拎起来它就可以直接扔进地下道啦！但圆形的盖子嘛，就可以避免这种情况了。）

（4）有7克、2克砝码各一个，天平一只，如何只用这些物品三次将140克的盐分成50克、90克各一份？

思考问题

（1）你如何看待国内外知名企业给应聘者所出的考试怪题？

（2）你对蔡锫经理的这番解释有何见解和感想？

（3）你认为这些怪题主要用来考核一个应聘者的哪些能力？

（4）如果你想要应聘这些知名企业，应做好哪些考试准备？

模拟演练

请填写如下笔试问题。

一、基本题

(1) 请你做一下自我介绍。

(2) 你来面试前有没有想过整个过程？说说你先前是如何打算应对这场面试的，包括各个阶段。

(3) 你的缺点或不足是什么？你的优点或特长是什么？

(4) 谈谈你工作中一次失败的经历，谈谈你工作中一次成功的经历。

(5) 你希望与什么样的上级共事？

(6) 上级下达了错误的指令，这个指令会造成公司一百多万金额的损失，你会不会执行？为什么？或者你将怎样处理？

(7) 当与上级意见不一致时，你将怎么办？

(8) 你为什么离开原来的单位？

(9) 我们公司什么地方吸引你？

(10) 你以前具体的日常工作是什么？你做得怎么样？

(11) 你对这项工作有哪些可预见的困难？

(12) 没有工作经验，你如何能胜任这份工作？

(13) 如果公司录用了你，你将怎样开展工作？

(14) 你到我们公司工作的目的是什么？

(15) 你期望的工作环境和工作状态是什么？你希望公司给你什么样的支持？

(16) 你以前的薪酬怎样？你期望什么样的薪酬和待遇？

二、实务题

(1) 王老板口头上同意经销我公司产品，并答应你三天内可以打款进货，但到第四天他还没有打款。当你打电话或上门拜访时，他又以种种原因推脱说这几天很忙再过几天就打款。请问你该如何让王老板尽快打款进货？

(2) 张老板是你的新客户，由于尚未建立相互信任度，张老板要求货到后再付款，但公司明文规定经销商必须先打款后发货。请问你该怎么办？

(3) 你认为张老板信用度比较高，并以自己的工资做担保向公司申请货到付款，但货到后，张老板又对产品挑三拣四，以种种理由要求只付货款的90%给你，剩余的10%作为换货保证金，否则他就让你把这些货拉回公司。请问你如何让张老板全额付款？

(4) 郭老板很想经销我公司产品，你也认为郭老板是我公司在T市最合适的经销商，但郭老板向你提出两个要求：第一，要求产品降价；第二，要求公司为其做一块户外广告牌，费用5000元。公司执行全国统一价，不会为个别市场降价，而且在郭老板尚未给公司创造出利润的前提下不支付5000元广告费。请你提出合理的解决方案让郭老板尽快打款进货。

(5) 李老板经销我公司产品已经三年了，三个月前他进的一批果汁还有200 箱没有卖出去，李老板让你帮他把这200 箱果汁退回公司，否则他就不进公司新上市的八宝粥产品，但公司规定产品无质量问题不准退货。请问你该如何让李老板尽快配合公司新品上市?

(6) 马经理是B公司在S市的经销商，经销B公司的所有产品，但他已经半年没从B公司进货了，而且还欠公司两万元货款，另外，他还有500箱B公司的饮料没有销售。假如你是B公司的业务员，你得知S市的陈经理很愿意经销你的八宝粥产品，通过几次接触，陈经理表示如果你撤销马经理的经销权，他就从公司进货。你了解到马经理在当地社会关系复杂，如果处理不当会对公司市场造成负面影响，同时你又对陈经理的市场能量估计不足，而公司又催促你S市20天内必须进货。请问你该如何操作S市的市场?

(7) 在促销力度不强的情况下，你如何销售品牌知名度不高而价位又与知名品牌同类竞品相差无几的中高档新产品?

(8) 如果公司在市场上受到竞品、促销等方面的强力冲击，你该如何应对?

(9) 你认为在市场操作中终端（零售商）和中间商（经销商、二批商）孰重孰轻，为什么?

(10) 公司生产销售中高档、低档八宝粥和中高档、低档杏仁露、果汁、花生牛奶、核桃露和麻辣品等二十多个产品，假如给你一个空白区域，如一个地区，让你在一个月内完成8万销售额，请问你具体该怎么做?

知识链接七　网络求职

教学目标

(1) 了解网络求职的优势及注意事项。

(2) 能罗列一些常用的求职网络的网址。

(3) 掌握网络求职的技巧。

就业见闻

毕业生蔡志刚针对严峻的就业形势，决定参加专升本插班考试。然而，他这一决定是在大三的第二学期快结束时经过一番激烈的思想斗争后才做出的，由于动手比较迟，小蔡心里没有十足的把握。因此，他决定在为专升本插班考试做准备的同时，让计算机为他帮忙求职，分工负责，两不耽误。小蔡平时就是一条“网虫”，由于对计算机感兴趣，也算得上一个计算机高手。利用几个晚上，他在网上精心地建立了自己的求职网页，把自己的求职信息和求职意向罗列其中，然后把自己的主页挂在学校就业指导中心网站上的毕业生信息栏里；另外，他还精心选择了几个著名的、可靠的求职网站，也将自己的个人主页挂了上去。用他自己的话说，他这样做就好像“在几口池塘里放好了几根上好了饵的钓竿，自己当起了姜太公，只等‘愿者上钩’了”。当然放好了钓竿无人看守，也会失去机会的。为了专升本插班考试，小蔡虽然没有时间在网上闲逛了，但他还是每周上网两次：星期三和星期六。他规定自己每周上网不能超过一小时，主要的任务就是：看一看有没有“上钩的鱼儿”，瞧一瞧学校就业指导中心网站有没有公布新的需求信息，搜一搜网上有关毕业生就业方面的信息。然后该回的信息就回，该发的求职函就发。这天他又在网上搜索，忽然发现某著名公司将进行网上招聘，他仔细阅读了他们的招聘信息，选择了一个自己感兴趣的职位，并有针对性地给该公司发了一封求职信，并附上了自己的求职主页。该公司对他表示了兴趣，但由于当时已临近考试，他要一心对付考试，只好对公司实情相告，希望公司谅解。然而，专升本插班考试后他的自我感觉不太好，于是求职的愿望也就越来越强烈。这时虽然他也陆陆续续地收到了一些公司的面试通知，参加了一些面试，但他仍对那家著名公司痴心不改，他再次点击了该公司的网站，更加详细地了解有关情况，发现该公司的招聘工作并没有完全结束，有些职位仍然空缺。“这次的机会可得充分把握。”他心想。为了保险起见，他又郑重其事地给该公司的人力资源部打电话，强调自己已参加了该公司的网上招聘，希望能给予面试机会。

不久，他终于欣喜地接到了该公司的面试通知。这时专升本插班考试的结果也出来了，正如他所预感的，他的分数没有上线。由于专升本插班考试失利，促使他更加全力以赴地准备这次面试，果然在面试中因表现出色，最终被该公司正式录用。

知识点1 就业信息网站一览

一、网络求职概述

随着网络信息时代的到来，通过网络求职成为近年来在大学毕业生中比较流行的求职方式。用人单位和毕业生将招聘信息与求职信息上网公开，双方可以通过网络互相选择、直接交流。网上求职最大的优势在于即使毕业生身在异地也能获得大量招聘信息及就业机会，它跨越时空界限，突破了造成人才信息与招聘信息难以沟通的种种限制，打破了单向选择的人才交流传统格局。随着我国就业工作信息化进程的加快，网上搜寻就业信息已成为如今大学毕业生最常用的求职手段之一。毕业生不仅可以自由地从互联网上取得各种就业信息，而且还能利用互联网介绍自己的个人情况。网络传递信息所具有的“多、快、好、省”等特点，是其他求职方式所不能比拟的。

为了更好地帮助大学毕业生选择适合自己的就业网站，而不是在茫茫大海中捞针，本书对现在一些就业信息网站作了分析，以供大学生参考。

二、国家或地方政府人事部门主办的人才信息网站

一般人才信息网站以省市或区域冠名，诸如“深圳人才网”“南方人才网”“河源人才网”。这类网站的招聘对象一般以有工作经验的人士居多，对毕业生而言，往往要仔细搜寻才能找到适合的就业信息，同时有些网站对毕业生在网上投递简历还存在收费的问题。

近几年以来，许多地方人事部门的人才网站也开始考虑其对毕业生求职的针对性问题，纷纷单独开辟了“毕业生就业”的专栏。对广大高校学生来说，这是一个很好的事情。但这种网站往往把高校毕业生和流动人才的简历收到一个数据库里去。

比较而言，目前在毕业生中比较有影响的有下列网站。

中国国家人才网：http：//www. newjobs. com. cn

中国南方人才网：http：//www. job168. com

中国广东人才市场：http：//www. gdrc. com

中国广东广州人才市场：http：//gz. gdrc. com

中国深圳人才市场：http：//www. szhrss. gov. cn

中国东莞人才市场：http：//dgrs. dg. gov. cn

中国河源人才市场：http：//www. hyrs. com. cn

三、大型门户网站、电信 ISP 服务商网站上的就业专栏

一般称为“……热线人才频道”“……人才热线”。例如以下网站。

“搜狐网求职频道”：http：//career. sohu. com

“21 世纪求职频道”：http：//job88. 21cn. com

这类网站可为毕业生提供访问其他相关网站的通道，也有部分针对毕业生求职的信息服务内容。

四、人力资源开发单位、民营咨询公司、中介机构主办的人才网站

一般称为“……人才网”“……人力资源网”。

此类网站社会化、市场化程度较高，主办者具有较强的服务意识和品牌意识，针对不同的求职对象，开辟有不同的信息服务内容，在大学生和用人单位中的影响也较大。

目前，在全国较知名的这类网站有以下几个。

前程无忧网：http：//www. 51job. com

中华英才网：http：//www. chinahr. com

智联招聘网：http：//www. zhaopin. com. cn

五、国家或地区级教育主管部门主办的网站

这类网站的主办者一般是国家教育部门、主管高校毕业生就业的政府机构，就业信息和政策的权威性较强。

例如下面几个网站。

中国大学生网：http：//www. chinadaxuesheng. com

中国高校毕业生就业服务信息网：http：//www. myiob. edu. cn

广东大学生就业在线：http：//www. Gradjob. com. cn

六、高校就业部门自己主办的网站

一般以学校冠名，称为“……大学生就业网”“……大学就业信息网”，也有以学校简称命名的。目前，全国几乎 90% 的高校都建立了本校的就业网站，用于发布就业政策、招聘信息，并进行就业咨询和指导。

例如以下几个。

深圳职业技术学院就业中心：http：//sic. szpt. net/career

河源职业技术学院就业网：http：//jyb. W2. hycollege. net

这类网站往往挂在本校校园网内，域名是本校网站的子域名。一般针对本校的毕业生使用，对外校的毕业生来说，访问其他学校网站可以起到查找招聘信息的补充作用。

七、专业性毕业生就业信息网站

这类网站是由重点高校或高校毕业生就业协作机构主办的毕业生就业信息网站。这些网站不仅服务面广、信息量大，而且具有很强的针对性，对毕业生来讲最适用。

例如下面几个网站。

中国高校就业联盟网：http：//www. job9151. com

新职业：http：//www. ncss. org. cn

八、用人单位网站上的“人才招聘”专栏

世界 500 强等大型跨国公司往往热衷于在网上进行“数字化招聘”，在中国建立的网站上均有人才招聘专栏，发布本公司的人才政策和招聘信息。目前，国内较为知名的大中型企业均设有“人才招聘”专栏。

据有关部门的一项统计表明：国内的百强企业中，也有近七成开展了网上招聘。例如以下公司。

联想公司的人才招聘栏目：http：//appserver. lenovo. com/About/Join/

TCL 集团公司的人力资源栏目：http：//www. tcl. com. cn/china/job/index. jsp

知识点 2 网络求职准备

一、互联网收集信息易犯的错误及注意事项

（一）互联网收集信息易犯的错误

大学毕业生在网上收集信息时，通常容易犯以下几个错误。

1. 漫无边际地四处收集

许多毕业生由于事先不知道哪些求职网站比较权威，也不清楚自己到底要找什么，便漫无边际地在网上乱逛，四处收集就业信息。只要见到与自己专业有点关系的或自己感兴趣的信息就下载，不管信息渠道是否可靠，信息是否真实有效，结果把自己搞得毫无头绪、晕头转向，浪费了许多时间和精力不说，最令人担忧的是被一些颇具诱惑力的虚假信息所蒙骗。近年来，毕业生由于轻信网上信息，导致钱财被骗、求职落空的事例不胜枚举。

2. 漫不经心地到处粘贴简历

一些毕业生喜欢尽可能多地在网上粘贴自己的简历，以为这样可以“广种薄收”，最大限度地“引”来雇主。这种行为看似“聪明”，实际上并无益处。因为在某些网上求职服务站，任何人都可以随意浏览简历库，所以在你四下张贴简历时，往往会有一些网络骗子收集你的求职信息，伺机进行诈骗活动，而真正需要招录员工的单位，则很难这样“撞到”。

3. 把所有的希望都寄托在网络上

网络能为毕业生提供大量的求职信息，其“无所不包，无所不有”的内容令广大毕业生着迷，导致了部分毕业生对网络的过分崇拜和依赖，以致把所有的希望都放在网络上，而忽视了其他更权威、更有效的信息渠道。毕业生必须清醒地认识到，利用网络求职，是为了提高获取信息的效率，但是，如果一头扎进网上信息的“汪洋大海”中出不来，实际上恰恰降低了自己的求职效率。

4. 同时在一家公司应征数个职位

用人单位往往会在一个站点同时“贴”出数个职位的招聘广告，一些毕业生也往往会同时在这家用人单位应征数个职位，错误以为这样可以让用人单位有更多的挑选余地，以为“好歹有我一个职位吧”。这看起来颇有点像填报高考志愿时的“服从专业调剂”，但其实二者并不相同。用人单位并不是这样的思维方式，他们认为，应征者同时应聘数个职位，重复阅读相同的简历不仅浪费时间，而且觉得应聘者其实根本不知道他到底想做什么。

（二）利用互联网收集信息的注意事项

为避免发生以上错误，我们提醒毕业生在网上求职时应注意以下几点。

1. 有选择地进入适合自己情况的正规、权威的网站

目前，人才招聘类专业网站不下数百个，但相当一部分招聘网站是“滥竽充数”，有效信息量少得可怜，所谓的“最新招聘”常常是一个月前的信息。所以，首先要找到那些信息量大、更新速度快的权威性人才招聘网站，不要太介意网站是否免费服务。其实，有的收费项目服务质量确实很好。另外，现在政府教育、人事部门所属的人才机构和高校就业指导机构纷纷上网，为毕业生提供了大量的就业信息，这些正规网站发布的信息比较可靠，值得毕业生留意。在找到理想网站后，最好把它放进“收藏夹”，以便下次能迅速查询。

2. 及时下载重要信息

在求职招聘的高峰期，招聘网站上的内容特别多，岗位、条件罗列一大堆。为了既防止遗漏，又节省时间，最好是把网页上的内容先分门别类地下载到自己建立的专用文件夹的各目录中，等下线后再细细“品味”，然后整理、处理下载信息。

3. 仔细分辨，谨防受骗

参加网上招聘活动，一定要提高警惕、认真辨析。与其他信息载体比较而言，网络招聘信息的可信度存在很大局限。一是“偷工减料”，一些人才网站，特别是小型网站，招聘信息是从大网站上下载过来的。虽然信息内容是真实的，但这些网站在下载、处理、制作等过程中，却充当了“筛子”的作用：或只有用人单位提供的招聘职位中的一部分，或删掉了用人单位的情况介绍，或将招聘单位的地址、电话、E-mail等漏掉，等等。二是信息滞后，网络信息本来是以速度见长的，但是一些网站只有二手信息，为了充数，便不顾信息的时效，把过时的信息也拿来冒充“更新”。三是毕业生特别要提防虚假信息。有的是网站被不良之徒利用，有的是网站本身别有所图，故意制造信息“陷阱”，骗人骗财，而这类信息往往又在单位类型、名称、用人条件、待遇等方面特别具有诱惑力。

为此，求职者一定要认识到虚拟世界与现实世界的差异，首先，要把握就业信息的特征，学会分析辨别信息的可信度和有效性。其次，要对网上信息进行网下求证。一般应先致电招聘单位，确认其真实性后，再发送求职简历。再次，要树立网上安全意识。要把粘贴个人简历的范围限制在那些应征职位有密码保护、限制公开私人资料的网站。同时，毕业生应多参加由政府有关部门和学校组织、推荐的正规网上招聘活动。

二、网上求职的准备工作

（一）知己知彼，明确目标

在求职前对自己要有一个充分、全面、客观的认识，从而能对招聘岗位有准确的认同，这是对“要做什么，想做什么”之后的“能够做什么”问题的自问自答。应了解自己的专业，弄清自己适合做哪一类工作，确定一个方向，并写在纸上。同时，还要明确求职区域，也就是以后上班的地区，不然，再好的机会也会因为不能千里迢迢赶到而失去。

（二）用记事本写一份纯文本格式的个人简历

个人简历在网上求职中起着至关重要的作用，它是用人单位了解应聘者的主要手段之一。那么如何设计求职简历呢？以下有一些技巧可供参考。

（1）注意设定主页边距，使文本的宽度在 16 厘米左右，这样简历在多数情况下看起来都不会错误换行。

（2）尽量用较大的字体。

（3）如果一定要使自己的简历看起来与众不同，可以用一些星号（★）、特殊字母（如O）、加号（+）等分隔简历内容，这些符号不会像版式符号（如列表符号等）那样被转换成不可识别的记号。

三、网上自荐误区

如今不论是个人想找一个适合自己发展的好企业，还是企业想寻求一个能为自己创造效益的人才都很不易。于是，网上自荐和招聘成为人才求职和企业招聘人才的重要方式。尽管现在上网求职的人数越来越多，但仍有为数不少的人在网上求职的过程中犯着不同程度的错误。这些错误主要有以下方面。

（1）漫不经心地四处粘贴简历。

（2）把简历贴在附件里发给雇主。这样做虽然非常简便，然而由于计算机病毒的流行，雇主根本不愿意冒着被感染病毒的危险打开邮件的附件，而只希望在正文或申请表后面直接看到简历。

（3）冗长的电子邮件和自荐信。应聘者开始都是通过电子邮件与用人单位接触的，所以邮件要短小精悍、直奔主题。

（4）在网上迷路。网上有很多有趣的站点可以访问，因此搜索网站时注意力很容易被分散，甚至下线时才发现上网几个小时却没有真正找工作。所以，应随时看看已确定好的具体目标。

（5）把所有希望放在网络求职上。虽然求职网站能够提供给应聘者大量有用的信息，但网上求职只是推动个人事业前进的方法之一，千万别把它作为唯一的选择。在利用网络的同时，也应充分利用传统的求职方式，然后把精力放在效果最好的一种方式上。

（6）同时在一家公司应征数个职位。

（7）随意在简历上列出证明人。在当今竞争如此激烈的人才市场，证明人对招聘时遇到困难的企业来说，是一种可利用的资源，所以只有当你确定公司已经将你列入考虑人选并且明确提出要求时，再提供证明人的姓名。

案例讲坛

拥有机遇　小心陷阱

毕业生小东在某人才网上得知一家企业广告部正在招聘，曾经在报社实习过一段时间的小东感觉很适合，就将自己的简历通过电子邮件发了过去。几天后，对方就回信说基本同意小东的应聘申请，但得经过考察后，才能签订协议，小东欣喜不已。过了几天，小东又收到该企业的E-mail，并被告知，按照招聘程序，他需要先期缴纳存档费、培训费、工装费等各项费用。为不失去这个不错的就业机会，心存犹豫的他最终还是将钱寄了出去，但在此以后，小东再也没办法与该公司取得联系。200元对小东来说不是个大数目，却还是很心疼。他找到了当时求职的那家网站，却被告知该网站只负责登载招聘广告，不负责确认广告的真伪，甚至工作人员还问小东：“你的学历，我们不是也无法确认吗?”网络是未必真实的，但是小东那个时候才发现，原来虚幻是离自己多么近。

点评：多管齐下了解公司的可信度。

长期从事毕业生就业工作的河源职业技术学院毕业生就业中心钟副主任分析认为，网上招聘为毕业生提供了更广阔的就业选择空间，但是网上也存在着诸多陷阱，如虚假信息、垃圾信息等，这些都令涉世未深的大学生难以识别。对此，毕业生首先借助“多管齐下”的方式判断公司招聘的诚意，有些公司不只采用一种招聘方式，在网站、报纸、人才市场同时进行招聘，一般这类招聘的规模大，比较可信。其次在应聘时，一定要对公司的地址进行核实，以辨别是否是“皮包公司”。最后在应聘时不仅要反复看清楚公司的营业执照，还需牢记不掏钱的原则。

知识点3 网络求职技巧

一、择时而动

上网的高峰一般集中在中午和下午5点到午夜，这段时间内上网传输速度极慢，填写有关求职表格还会出现错误信息，实在是事倍功半。避开这段时间，特别是上午6点到8点这段时间，同样的设备能让你享受“飞”起来的感觉。

二、多开窗口

由于现在使用的Windows操作系统都支持多任务功能，求职者可同时打开几个浏览器窗口，这样有助于节省传输时间；也可以在一个窗口输入个人信息，在另一个窗口查看就业信息。

三、留意首页

一般每个网站都会在首页放上“最新消息”，而很多求职者却往往忽略了这一点。其实“最新消息”里往往包含了最新的招聘信息和政策信息。另外，首页上的网站内部结构与索引也十分重要，如果时间允许，最好不要错过。

四、New的诀窍

在网站上，不少标题旁都标有“New”字样，表示最近更新过。对于首次访问该网站的求职者来说，“New”的意义并不大，但当你下次再访问时，只要留意“New”最近更新的栏目就可以了，这样可以省下大量的时间。

五、关心政策

许多政府人事网站都有“政策法规”专栏。求职者在初步确定求职地域后，应关注当地的人事政策，对于应届大学毕业生就业政策、户口迁移等相关内容，要有一个大致的了解。

六、随时下载

有些招聘页面的内容较多，岗位、条件罗列一大堆，而求职者又担心来不及看和漏看，这时最好的办法就是下载网页。可以先建一个名为“求职”的文件夹，在工具栏“文件”下点击“另存为”，把选中的网页下载到自己计算机硬盘上的“求职”文件夹目录下，等离线后再细细品位。

七、注意保密

建议求职者在登记时使用英文名字（最好不要用汉语拼音，那等于没有保密）。但学历、工作经验等必须真实，不然你就有被网站内部“封杀”的可能。同时应注意，在接到面试通知时，要告诉招聘单位你的真实姓名。

八、订阅邮件

部分网站还提供信息邮件，求职者只要打开电子信箱就能得到最新消息，既方便又快捷。目前，越来越多的求职网站开辟了这个业务，所以如果网站上有可订阅的求职信息邮件，就别错过。

九、及时联系

招聘岗位的空缺往往是暂时的，一旦发现条件符合的岗位就要及时联系，因为“机不可失，失不再来”。许多招聘单位都注明了自己的 E-mail 地址和联系电话，要尽快采取适当的联系方法，发送电子信件，并随信寄去自己的简历。有些单位还要求求职者自报薪酬，这时不用客气，实事求是地提就行了。不然对方会以为你是在等待“天价”，从而使你丧失大好机会。

十、友情网站

求职网站上的“其他网站”“友情网站”“友情链接”栏目里可能存在有用的内容，至少一般都会有许多相关招聘、应聘站点，很值得一看，特别是不同区域的人才网站，常常会让你有“柳暗花明又一村”的欣喜感觉。

十一、分清主次

互联网就像一个万花筒，上网者往往会在其中迷失方向。既然上网的主要目的是求职，就先不要去看与求职无关的内容。在许多求职网站上还有其他相关的信息，有些甚至是小型的职介所、留学站点，这些同样十分诱人，但最好浏览完求职网站内的主要信息后，再看其他内容，以免陷入“乱花渐欲迷人眼”的境地。

十二、积累网站

目前国内的求职网站并不算很多，但在浏览时也会让你无从下手。所以，找到理想的网站后，最好把它收到“收藏夹”内，以便下次能迅速查询。

十三、整理信息

从互联网上下载的信息往往杂乱无章，所以下载后立即整理有关信息，这对日后的帮助会很大。

十四、保持联络

有相当一部分网上求职不是一蹴而就的，持之以恒是十分有效的办法，在接到录取通知后，也要写信或发 E-mail 表示感谢，以便下次联络。

十五、建立个人主页

为让有关单位全面了解你的情况，最好建立个人主页，在个人主页中把你的有关情况都介绍出来，使人一目了然。目前，免费的个人主页可以向你所在学校提供 ISP 或“网易”“飞捷主页”“广州视窗”等申请，但主要靠自己制作完成。“宁波人才市场”网站（http：//www. nbrc. nbip. net）提供个人求职主页的有偿制作与存放，经济实惠，也是省时省力的好办法。采用各种主页制作技术制作版面精美、内容丰富的“个人主页”，可以充分展示自身特色，吸引用人单位的目光。一个制作精美的个人主页往往能体现求职者相当高的计算机综合应用能力，包括文字处理能力、图像处理能力及信息综合处理能力。用人单位根据个人主页的制作情况，便可对其计算机水平做出初步的评判，这比“口头自述”要真实、准确、直观得多。

由于是求职性主页，“自我介绍”是“重头戏”。个人求职主页除要表现图像、动画、声音等多媒体技术，更重要的是内容要丰富。因此，个人主页要对有关的资料进行整理，做系统的设计，除了“自我介绍”，还要有求职信、推荐信等，可能的话，可以将自己的专业介绍、学校概况、详细履历、家庭背景以及自己的实验报告、论文、作品甚至求职日记等内容全面上网，以便用人单位对自己有一个更为全面、深入的了解。目前，国内许多人才网站纷纷开通了此类业务，“个人主页”成为网上求职的新时尚。虽然建立个人网站很费事，但从长远眼光来看，是有多方面好处的，如可以极大提高自己在 IT 方面的动手能力。做一个网站需要用到很多方面的技能，这些技能可以在制作的过程中不知不觉地熟练掌握。可以提高自己在设计、文字、编辑等其他方面的能力，还会扩大自己的交往层面，不仅可以增加求职的机会，还可以结交很多网友。

案例讲坛

网上“广种”竟是“薄收”

刚刚毕业于某职院工商管理专业学生叶新认为上网求职比起传统的“赶会”递自荐书，不仅查询方便、信息量大、选择面广，不受时间、地点的限制，而且还可节省一大笔打印、印制自荐书的费用，也免去了奔波之苦。因此，她选择在网上投简历。为了能在网上找到自己满意的工作，叶新用搜索引擎找到许多网上求职站点。在上面看到许多用人信息，按地区、按工种都可查询，相当方便。叶新发简历时秉承“多多益善”的原则，对自己心仪的公司从经理级别的职位到业务员级别的职位一个不落地“全面发送”，觉得这样就可以增加保险系数，如果遇到特别中意的公司，在第一次发出简历没有面试消息后，她总会将简历重复发送一遍。一转眼，叶新上网求职已有一个多月，她遗憾地说：“我每天都上网查看我的电子邮件，但落花有意流水无情，我只是害了‘单相思’，好长时间过去了仍杳无音信。有时信箱里虽然也躺着几封回函，但这都是一些人才培训信息以及公司广告之类的无用信息。”

点评：有针对性地发送简历。

许多求职者与叶新一样认为网上的信息来得方便，所以“拉到篮里都是菜”，频频向招聘单位发简历。殊不知只求量的“广种”的结果往往会是“薄收”，效果并不好。首先，如果不合“硬”条件的话，在第一轮过滤条件时就会被刷下；其次，这样就会让HR认为你不明确自己的定位，缺乏明确的求职意向，不具备职业素质。所以，请把自己最好、最适合的一点加以突出表现，有针对性地发送简历。另外，尽量避免在三天之内重复发送简历至一家公司，这种行为很可能引起对方公司的反感从而过滤掉你的邮件。请记住每个公司招聘流程不尽相同，有些公司给出的回应较快，而有些公司可能会在1~2个月内甚至更长时间才能给出回应。

阅读思考

大学生网上求职成了人脑与电脑的博弈？

李树生被同学称为“小面霸”，在找到一个银行卡检测中心的职位前，半年时间里，他投了七八百份求职简历，国内外稍有名气的公司他几乎都投过一遍。在这几个月里，每天10个小时，除了一两个小时去听宣讲会，剩余的时间他几乎都坐在宿舍的电脑旁“网申”。如今，足不出户找工作成了李树生和他的同学们的一项“绝活儿”。他说，主要的手段就是投递电子简历和“网申”。

像赛跑一样投简历

“这个职位几乎是为我量身定做的啊！居然不让我过简历关！”某高校的小韩极度愤懑。小韩说的职位是“myspace中国”的编辑助理。这个职位是他找工作以来觉得最没有悬念的，觉得自己无论如何都能拿到笔试机会。但他却很惊讶地发现自己直接收到了拒信，连笔试机会都没有。

不仅是小韩，在各个大学的BBS上，各种“哀嚎”不绝于耳：为什么我被鄙视了？为什么我没有笔试通知？为什么我音讯全无？

为什么我简历关没过？很多自认为很优秀的同学，却往往被卡在了简历关上，连招聘公司的大门都没有踏进去。

一位已毕业的某高校大学毕业生说，一些较有名的单位，收到几百万份简历是正常的。几个G的邮箱都会被塞满，很多后发的邮件因此无法收到。还有一些单位设置了邮箱接收邮件大小的限制，简历邮件超过一定大小就自动拒收。

"前三天收到的简历中，人才的比例有50%，而后三天只有10%。这成为一些HR的经验之谈。"应届生求职网CEO曹洪涛说。

像抢占高地一样在招聘单位邮箱里抢占一个靠前的位置，成了很多求职者的信条，开完宣讲会马上就把一份简历发到公司邮箱。曹洪涛赞成这种做法，"通过E-mail收到的简历，在前几天发的，企业通常是每份都看，但在后面的就未必了。"

曾经在一家公司人力资源部门实习的张明却不认为"快"是唯一的窍门，"还要择机而动"。上网高峰一般在中午至午夜，这段时间传递速度非常慢，而且还会出现错误信息，发送电子简历时要错过高峰期。

"以防万一，在申请同一公司的不同职位时，最好能发两封不同的电子简历。"他说，由于电脑会受到病毒的侵害和威胁，企业担心带有病毒而往往将Word格式的简历直接删除。所以，尽量用纯文本格式，不要出现字词及语法类的错误。许多公司不去打开邮件的附件。所以，发简历时最好免用附件。

像打仗一样网申

"俺英语过了四六级，成绩不错，奖学金拿过，计算机二级考了，代理过诉讼，在法院、公司实习过，学生干部也担任过，咋就没有一个回音呢？愤慨！"在某高校BBS天地人大上，一位网友在某著名招聘网站上网申很多简历不中后这么感叹。他因此质疑：是不是猎头网站设定了几个关键词，然后进行机器筛选，凡是没有达到硬性指标的人都会被刷下去。

"是有一些硬性标准的。"国内一家银行的人力资源部经理肯定了这种现象的存在。他解释说，由于应聘者数量实在过于庞大，人力资源的工作人员不可能把每份简历都看一遍。有些企业有自己的招聘系统，也有自己的操作后台，接收到简历后，工作人员可以根据公司的要求设定一些指标，如"身高160厘米以上""过国家英语四级"，这样就由电脑软件直接把不符合要求的应聘者筛掉了，这些简历就不可能出现在人力资源负责人的面前。

"我们就这样被机器给轻而易举地踢了出去。"张明告诉记者，一些公司看似宽松的软性要求，实际上都有严格的操作标准。

"在中国英才网上有300万的注册人数，企业平均接收简历在五六万份，越大的企业接收的越多，多时会有十几万份。"中华英才网校园招聘事业部经理丁衣透露，肯定会有简历筛选系统，大企业有严格的筛选标准，而专业招聘网站则提供了这种筛选的技术支持。

"这么多人投简历，他们只会要最尖端的人才，有那么多人可供挑选难道还选那些中不溜的人？"他说，企业会提炼自己的用人标准，包括院校、英语、工作经验等硬性的标准，这些指标会用技术的手段来实现，但企业不会对外公布这些标准。

据介绍，企业不会宣称他只要十几所名校的学生，而是广撒网，把尽量多的人才吸纳进来，然后逐一挑选。企业招聘时会对外宣称没有门槛，要求都是软性的。因为这些企业很有名气，每年只需要招聘那几个职位，它一方面要完成招聘任务，另一方面还要保持企业良好形象，招聘也是企业宣传自己、扩大影响的一个平台。

“对于有些招聘网站来说，筛选简历是企业要求的一项服务。”应届生求职网 CEO 曹洪涛介绍，招聘网站的网申系统经常会收到几万份简历，企业会要求招聘网站筛选出最好的几千份。

“争议特别大的一点，就是筛选标准不透明。”他承认，招聘网站采用关键词搜索的方法，有时是不负责任的。例如，会以“六级通过”为关键词搜索，而填“六级优秀”或“CET6”的简历就会被筛掉。

应届生招聘网 CTO 张义力从技术角度解读了招聘网站的筛选过程。他举例说，中华英才网的校园招聘网申系统叫 Campusys，到 2007 年已经升级至第 7 代，前台供应聘者申请的只是这个网申系统的一部分，后台专业的处理流程、邮件、公告、短信、校园招聘助理等与求职者联系沟通的方式、各种统计数据的显示及导出、笔试面试安排、搜索功能（模糊搜索和高级搜索）等是这套网申系统的核心组成。

“这简直像是个黑匣子。”张义力说，每套网申系统都有一套简历筛选标准，例如，在一家公司的标准里，完全匹配专业给 30 分，相关专业给 10 分，不相关专业则直接淘汰；重点目标学校给 15 分，重点学校给 10 分，一般学校给 5 分。包括实习经历、学生会干部、项目经验等都有相应的分数。最后，根据计算出的总分来决定简历是否通过筛选。

游走在诚信边上的网申技巧

“我们也考虑到了这样会筛掉一些很适合我们的人才，但是没办法，要在众多应聘者中手动挑选到合适的人，花费的成本实在过大。”那位银行人力资源部经理叹了口气说，若确实有过硬的才能但却没有相应证书时，完全可以在证书一栏填写上，等面试的时候再和 HR 说明，一般都是能获得理解的。不过，中华英才网校园招聘事业部经理丁衣却不赞同这种做法，“不要给学生这种影响，有这些硬性指标就是有，没有就是没有，即便可能欺骗了机器，过了第一轮，但也通不过后期审查。”

丁衣说，求职者这样做会降低自己的诚信度，不但进不了公司，还浪费了大量的时间，而且这些公司之间会互通有无，以后想在这个行业找到好工作都很难了。

然而，学生们想到了更好的对策，既不违反诚信，又能出现关键词。徐妍君说，即便自己不是“三好学生”“优秀学生干部”，可以这样描述：“我的表现已经达到‘三好学生’水平”“虽然我没担任过学生会主席，但是我有 ××××经历。”

一些外企招聘时会看重应聘者在一些知名公司如“IBM”或者“宝洁”实习工作的经历，而大部分人是不可能得到这样的机会的。于是，有求职者的简历拼了命也要跟这些企业扯上关系，有的人就写上一句“在某某公司的工作使得宝洁在该地区市场份额降低”。

如果不确定公司使用的关键词是“六级”还是“CET6”，就干脆把两个都写上。

网申中有时候还会出一些问题让应聘者作答，以考验应聘者的各项能力。一位毕业生告诉记者，在网申碧桂园的时候，会弹出一个“测评问卷”，要求在提交简历前一定要做完相关测评，而且必须在30分钟之内做完。中间有不少数学题和逻辑题，短时间内很难完成。于是，应对办法出现了：寝室三个姐妹一同做，一人做几道，很快就搞定这个测评。“后来我们还发现了这个测评系统的一个漏洞，把题都看一遍之后退出来，刷新，就会重新开始计时。最后花不到10分钟就能做完。”她说。

思考问题

（1）你对现今毕业生选择在网上求职有何见解？

（2）你如何看待企业对网上应聘者所设的硬件筛选标准？

（3）你认为在网上应如何填写和投递一份有特色的简历？

（4）你认为网申职位有哪些技巧？

训练指导

情景：假如你是一名机电专业的应届毕业生，现在你准备在网上求职。

（1）你想要在智联招聘网站上粘贴求职信息，并填写自己的简历。该如何制作求职简历？

（2）遇到自己向往或者适合的职位应当如何做？

（3）假设此单位打来电话要求你去参加面试，你应如何准备？写出准备步骤。

（4）面对如下面试问题，你应如何解答？另外，请写出一些你的专业可能碰到的面试问题。

面试问题	答案	可能碰到的面试问题
你为什么选择我们公司？		
请介绍一下你自己。		
你愿意做技术性工作还是做市场开发工作？		
我们企业有一个项目，你认为怎样？		

（5）假设公司需要你参加笔试，你应如何做准备？写出准备步骤。

（6）想象一下你的专业可能遇到的笔试题目，并写出答案。（3个以上）

提示

（1）要考虑如何填写简历才能突出自己的优势和能力、吸引企业单位的注意？如何筛选所需的招聘信息后投递简历？

（2）争取自己合适的职位和满意的公司应当如何推荐自己？推荐自己应做怎样的准备？例如，如何写自荐信？

（3）面试前和笔试前都应对公司情况和专业知识进行准备，设计良好的职业形象，并且应保持良好的应试心态。

勇立人生的潮头——自主创业篇

知识链接一　认知创业

教学目标

（1）了解自主创业的内涵、国家鼓励大学生自主创业的优惠政策。

（2）了解自主创业的必备条件。

（3）能评估自己的创业条件。

就业见闻

机械专业毕业的小王，毕业后盲目创业，学着别人倒菜、倒水果、倒服装，几经波折，没有一件事干成功。正当小王垂头丧气时，恰好社区组织个体经营者进行自我创业资源分析。经过分析，小王发现自己最大的长处还是所学的专业。在这之后，小王开了一家汽车修理店，他感到一下子有了广阔的空间。

——创业并不是一件容易的事，除了付出艰辛和努力外，还需要对自己的优势和不足有一个正确的评价，只有这样，才能走向成功。小王的专业是机械，修理汽车是他的专长，在认识到自己的长处后，小王及时调整方向，最终获得了成功。

格言警句

人生志在创业。

——陶行知

创业起始就像从几乎无路可通的丛莽中斩棘披荆，寻觅一处可能发现金沙的所在，然后淘尽了数千斤沙石，希望至少找到几粒金屑。

——斯坦尼斯拉夫斯基

知识点1 自主创业概述

一、自主创业的概念

创业是人们开创事业的活动，是一个发现和捕捉机会并由此创造出新颖的产品、服务或实现其潜在价值的过程，它包括创业者、创业环境、创业机会和创业模式四大要素。

二、自主创业的类型

高职学生的自主创业类型包括技术创业型、利用技术创业型、利用创新思想创业型等。

（一）技术创业型

技术创业，即创业者本人在某专业领域具有一定的技术成果或技术特长，充分利用其技术特长开发产品、自主创业。

（二）利用技术创业型

利用技术创业，即创业者具有一定的管理知识，对新技术较为敏感，充分利用管理知识，采用新技术，通过管理创新或利用他人的技术自主创业。

（三）利用创新思想创业型

利用创新思想创业，即创业者利用企业运作、营销策略等方面新颖的想法，带来经营上成功的自主创业。此方式更多地适用于毕业生在某些领域的创业活动。

三、大学生创业所面临的困难

大学生有着强烈的创业激情，然而真正敢于实践、敢于让梦想成为现实的人却极其少。大学生创业所面临的困难主要表现在以下几个方面。

（一）过于理想化

不少大学生创业者不习惯对其产品或项目做市场调查，而是进行理想化的推断。例如，如果有3亿人需要我们的产品，每件售价100元，我们就有300亿元的销售市场。这种推断方法是站不住脚的，而且常常起着误导作用。

创业是一个系统工程，它要求创业者在企业定位、战略策划、产权关系、市场营销、生产组织、团队组建、财务体系等一系列领域有一定的知识积累。大学生有了好的项目或想法，只是代表“创业的长征路”刚跨出了第一步。在大学生创业者中，认为仅凭一个好的想法或创意就代表一定能创业成功的人也不少，而在创业准备时对可能遇到的问题却准备不充分，或根本就没有思考对策、设计退出机制，对来自各方面的反面因素浑然不觉，因而导致一开始便遇到各种各样的难题，致使创业以失败告终。所以，创业者虽不是全才，但要着眼于全面素质的发展，不只是要有理想、热情和专业素养，还要懂得现代经济社会管理方面的知识，具有相应的管理、决策能力。

（二）团队意识不强

团队精神是最平常、最易懂的管理概念，但由于大学生这一特定创业群体一般年龄都在25岁以下，他们的社会经验与人生经验都相对不足，而且处于少年气盛、血气方刚的年龄段，个性化、自信力等都较强，大学生创业者往往会出现“一人是龙，二人是虫”的情形，在实际工作中常常会出现以自我为主等不利于合作创业的情形。一个人想独立创业是很难的，找到志同道合、有创业激情的人组成团队才是明智之举，一个人的能力再强也干不了全部的事。因此，找到合适的合伙人或合作人后要合理做好分工，首先要确立未来企业的主心骨，也就是核心领导人，同时确定未来企业的“四梁八柱”，也就是各个部门的负责人员在职权分配的过程中要职责明晰、职务明确、责任到人。对准备创业的大学生来说，强强合作、取长补短，要比单枪匹马更容易聚集创业优势。

（三）缺乏承担风险的心理准备

自主创业要具备承受风险的良好心态。一次营销决策失误、一次小型财务危机抑或是一次上门推销失败，都有可能成为大学生创业路途中的绊脚石，都会在一定程度上打击没有做好打创业持久战准备的大学生创业者，让他们在心理上元气大伤。大学生要正确看待创业过程中遇到的问题与麻烦，将其看作十分正常的现象，只要在犯错后能迅速改正，或多多请教别人，虚心听取别人的意见和建议，一定会“吃一堑，长一智”。在交了犯错误的“成本”后，要善于分析原因、汲取教训，要学会从失败中找到自己的弱点和不足，并努力加以改正。此外，时刻保持创业激情，也是突破创业瓶颈不可忽视的精神力量。

（四）财务预算不科学

一项有利润的新事业必须要有充分的流动资金，并且要能与实际经营运作所需的开销相平衡。要意识到，草拟一份精确的年度预算表并不容易，即使是一位最有预算观念的大师来编制预算表，还是多少会有低估预算或遗漏些小细节之类的问题出现。这些小细节常常发生在预算表中的杂支及超支项目。有时公司发展太快，也会出现这些小麻烦。不管公司状况如何，一份理想的预算报告最好在编制时，稍微调高所需预算比例。最好是听听其他同业者的意见，并在编制具体的预算评估表时能按照专家建议，把最好和最坏的财务评估案例折中试算，然后把预算设定于两者之间。专家则建议去一趟会计师事务所，这样将会让你对公司的开销、经营收入及流动资本运作计划更了解。

（五）信息不足

自主创业要有坚持到底的信心。再充分的创业准备都是不完善的，再周密的商业计划书也难免有没有顾及的地方，再团结的创业伙伴也会发生摩擦，再厚实的资金也有周转不灵的时候，这些都说明在瞬息万变的创业环境中，能影响创业的不定因素太多了，谁都无法保证在下一个路口能选对方向，所以创业过程中遇到挫折与失败是再正常不过的事情了。

四、国家鼓励大学生自主创业的优惠政策

（1）毕业生在毕业后两年内自主创业，到创业实体所在地的工商部门办理营业执照，注册资金在50万以下的，允许分期到位，首期到位资金不低于注册资金的10%（出资额

不低于3万），1年内实缴注册资金追加到50%以上，余款可在3年内到位。

（2）毕业生新办从事咨询业、信息业、技术服务业的企业或经营单位，经税务部门批准，免征企业所得税两年；新办从事交通运输、邮电通信的企业或经营单位，经税务部门批准，免征企业所得税一年，第二年减半征收企业所得税；新办从事公用事业、商业、物资业、对外贸易业、旅游业、物流业、仓储业、居民服务业、餐饮业、教育文化事业、卫生事业的企业或经营单位，经税务部门批准，免征企业所得税一年。

（3）各国有商业银行、股份制银行、城市商业银行和有条件的城市信用社要为自主创业的毕业生提供小额的贷款，并简化程序，提供开户和结算的便利，贷款额度在两万左右。贷款期限为两年，到期确定需延长的，可申请延期一次。贷款利息按照中国人民银行的贷款利率确定。担保最高限额为担保基金的5倍，期限与贷款期限相同。

（4）政府人事行政部门所属的人才中介服务机构，免费为自主创业的毕业生保管人事档案（包括代办社保、职称、档案工资等有关手续）两年；提供免费查询人才、劳动力供求信息，免费发布招聘广告等服务；适当减免参加人才集市或人才、劳务交流活动的收费；优惠为创业企业的员工提供一次培训、测评服务。

以上优惠政策是国家针对所有自主创业的大学生所制定的，各地政府为了扶持当地大学生就业，也出台了相关的政策法规，而且更加细化，更贴近实际。了解这些优惠政策，会让大学生感受到国家和政府的支持力度，更加坚定创业的决心。

测试1　你的创业能力有多强

你的公司在一座8层高的大楼里，你希望自己的工作地点在哪一层？

A. 1层　　B. 2层　　C. 6层　　D. 8层

分析

1层：你的创业意识较强，能从基础出发，脚踏实地，是个较务实的创业者，但有时遇到问题过于犹豫，往往失去好的发展机会。

2层：你不脱离实际，并有赶超他人的思想和能力，是非常精干的创业者，只是过于机敏，有时反而会失去良机。

6层：你能抓住机遇迎头而上，具备超强的市场洞察力，能够听从他人的建议，是位非常难得的创业者。

8层：你好胜，不服输，具有力压群雄之势，有竞争力，对创业充满信心，只是有时需要避免“求胜心切”带来的负面影响。

测试2　洞察能力的测试题

假设你是战地医院院长，你领导和管理的医院救护资源有限，而此时送进来四位需要你们急救的伤员，他们是：稚气未脱的士兵、怀孕的妇女、受伤的老人、戴军衔的军官。请问，你将按照怎样的原则来决定救护的先后次序？

分析

军官、士兵、老人和妇女的描述，都是迷惑你的伪信息。归结到根本，就是四条生命。

救治的本质是：哪条生命救治后的成活率最高？所以决策的时候，要能剥离一些表象的东西，找到本质的根本。这道题目值得我们去深思。我们创业、工作追求的本质是什么？我们现在所追求的是不是一些在耗费我们的生命的表层的东西。本质只会有一样，你追求的本质是什么？你决策对了吗？

知识点2 自主创业意识和能力的培养

创业能力是一种能够顺利实现创业目标的特殊能力，是在创业实践中体现出来的影响创业实践活动效率、促使创业活动顺利进行的主体心理条件，具有较强的综合性和创造性。要取得创业成功，除了具备强烈的创业意识和良好的创业心理品质，还必须具备培养和提高良好的创业能力。

一、自主创业意识的树立与培养

（一）自主创业意识的树立

创业意识是指在创业实践活动中对创业者起动力作用的个性意识倾向，它包括创业的需要、动机、兴趣、理想、信念和世界观等要素。创业意识集中表现了创业素质中的社会性质，支配着创业者对创业活动的态度和行为，并规定着态度和行为的方向、力度，具有较强的选择性和能动性，是创业素质的重要组成部分，是人们从事创业活动的强大内驱动力。

创业意识的形成，不是一时的冲动或凭空想象出来的，它源自于人的一种强烈的内在需要，即创业需要。创业需要是创业活动的最初诱因和最初动力。当创业需要上升为创业动机时，就形成了心理动力。创业动机对创业行为产生促进、推动作用，有了创业动机标志着创业实践活动即将开始。而创业兴趣可以激发创业者的深厚情感和坚强意志，使创业意识得到进一步升华。一般在创业实践活动取得一定的成效时，便引起兴趣的进一步提高。

创业理想属于创业动机范畴，是对未来奋斗目标的向往和追求，是人生理想的组成部分。有了创业理想，就意味着创业意识已基本形成。创业者为了实现创业理想，在创业活动中经过艰苦磨炼，又逐渐建立起创业信念。创业信念是创业者从事创业活动的精神支柱。创业世界观是创业意识的最高层次，是随着创业者创业活动的发展与成功而使创业者思想和心理境界不断升华而形成的，它使创业者的个性发展方向、社会义务感、社会责任感、社会使命感有机地融合在一起，把创业目标视为奋斗目标。

（二）自主创业意识的培养

大凡有成就的人，无不经过艰苦创业。创业的过程也是锻炼的过程，是不断学习提高、不断发展的过程。通过创业，可以使自己的事业得到发展，实现自身价值的最大化，可以激活人才资源和科技资源，使得许多新创意、新科技、新发明、新专利迅速转化为现实的产业和产品，实现对社会贡献的最大化。21 世纪的知识经济给社会带来了巨大变革，尤其是知识产业化、信息产业化的迅速发展，既给我们带来严峻的挑战，也给我们提供了发展的机遇。树立与培养毕业生的创业意识，指导毕业生走上自主创业之路，不仅能帮助毕业生成长、成才，还可以拓宽毕业生就业渠道，增加社会就业岗位，实现就业渠道的多元化。创业意识的培养主要从以下六方面着手。

1. 树立远大理想，坚定报国信念

坚持用科学的理论武装头脑，树立正确的人生观、价值观和世界观，坚定为实现中华民族的共同理想、为祖国的现代化建设奉献自己的智慧和力量的决心。

2. 不畏艰难，敢于拼搏

培养强烈的事业心和责任感，刻苦钻研，勤奋工作，努力学习，牢固掌握专业知识及技能；树立高标准、严要求、不怕困难、勇于创新、敢于创业、争创一流的思想，从而激发创业意识。

3. 培养脚踏实地的工作作风

在日常工作与学习中，要坚持解放思想与实事求是相统一，既要敢想敢干，又要求真务实；积极参与各种创业与创新活动，在活动中感受创业情境。

4. 积极投身社会实践，养成善于观察、勤于思考的良好习惯

在实践中锻炼自己，了解社会、了解自我，完善素质、提高能力；通过对事物的观察和思考，激发创业需要，树立创业理想，坚定创业信念。

5. 摒弃安逸思想，培植个人求发展的心理

创业活动过程会遇到很多困难，如果没有坚定的创业信念，仍抱着随遇而安的安逸思想是不可能成就一番事业的。在生活工作中要注意培植个人求发展的心理，积极进取，不安于现状，使创业需要发展为创业动机。

6. 发展健康个性与兴趣

健康的个性与兴趣可以激发创业者的创业热情，升华创业意识，是创业意识形成的重要因素。因此，要创造可发展健康个性和兴趣的自由空间，积极参加兴趣小组和社团的活动，有意识地培养兴趣、发展兴趣。

二、自主创业能力的形成与培养

（一）创业能力的特性

创业能力作为能力的一种，当然具备能力的一般内涵，也是以智力为核心的，直接影响活动效率的个体心理特征，但它又有自己的独特性。

1. 创业能力是在创业者个体心理主导下形成并发挥作用的一种操作系统

创业能力作为能力结构中的一个组成部分，是从属于个性心理这一大系统的。按系统理论，它必然受到个性心理的影响和作用。如作为个性心理中的动力系统中的个性倾向性（理想、信念、世界观、价值观、兴趣等）必然对创业能力起着激励、导向作用；作为个性心理中调节系统的气质、性格等个性心理特征，必然对创业能力起到调节、规划作用。

2. 创业能力是一种以智力为核心的较高层面的综合能力

创业能力包含了对自身内部及外部世界的种种因素的理性认识，正所谓“知己知彼，百战不殆”。这种认识涉及个体的感知力、注意力、记忆力、想象力、思维力等，这一切都属于智力范围，这些一般能力构成了创业能力的核心。在此基础上又可将创业能力外化为三个层次，即专业能力、经营管理能力和综合能力。专业能力就包含了专业知识与技能。经营管理能力涉及创业实践活动的计划、组织、实施，反馈各环节及人、财、物的组织。综合能力是最高层次的能力，包括把握机遇、利用信息、人际交往的能力等。在这样一个大型能力系统中，智力起到了通与融的作用。没有智力活动的作用，创业能力的三个层次不可能实现由低到高的顺利递进，也不可能横向构成最优化组合而实现个体心理能量的最大化实现。

3. 创业能力是一种运用创造性思维求新、求变、求异的探索能力

创业活动是一种具有高度创造性的社会实践活动，从某种意义上说，它就是一种创新活动。创新是创业成功的源泉，是创业者必须具备的能力。创业能力根本规定性之一便是进行创造性思维，要求个体在社会实践中不断开发潜能，不断解放思想，与时俱进，不断地超越现实和自我。具备创业能力的个体思维呈现出流畅性、变通性、独特性、敏感性的特点，敢于冲破定势，打破常规的集中思维，进行发散思维，变换角度思考去解决问题，多角度地寻求最佳答案，勇于“离经叛道”。

4. 创业能力有很强的社会实践性

创业能力是一种实践能力，它直接影响创业实践活动的开展，是创业实践活动功败垂成的重要主体因素之一；同时创业能力又离不开创业实践活动而存在，还是提高创业能力的必由之路。例如，张瑞敏、柳传志的创业能力也都表现在他们创立和发展“海尔”“联想”的过程中，并在这个过程中得到提升和发展。

（二）创业能力的构成

创业能力是由多种能力构成的，主要包括决策能力、经营管理能力、专业技术能力与交往协调能力等。

1. 决策能力

决策能力是创业者根据主客观条件，因地制宜，正确地确定创业的发展方向、目标、战略以及具体选择实施方案的能力。决策是一个人综合能力的表现，一个创业者首先要成为一个决策者。创业者的决策能力通常包括分析、判断能力和创新能力。

大学生要创业，首先要从众多的创业目标以及方向中进行分析比较，选择最适合发挥自己特长与优势的创业方向和途径、方法。在创业的过程中，能从错综复杂的现象中发现事物的本质，找出存在的真正问题，分析原因，从而正确处理问题，这就要求创业者具有良好的分析能力。所谓判断能力，就是能从客观事物的发展变化中找出因果关系，并善于从中把握事物的发展方向，分析是判断的前提，判断是分析的目的，良好的决策能力是良好的分析能力加果断的判断能力。创业实际就是一个充满创新的事业，所以创业者必须具备创新能力，有创新思维、无思维定势，不墨守成规，能根据客观情况的变化，及时提出新目标、新方案，不断开拓新局面，创出新路子，可以说，不断创新是创业者不断前进的关键环节。

2. 经营管理能力

经营管理能力是指对人员、资金的管理能力。它涉及人员的选择、使用、组合和优化；也涉及资金聚集、核算、分配、使用、流动。经营管理能力是一种较高层次的综合能力，是运筹性能力。经营管理能力的形成要从以下几方面去努力。

（1）学会经营。创业者一旦确定了创业目标，就要组织实施，为了在激烈的市场竞争中取得优势，必须学会经营。

（2）学会管理。要学会质量管理，要始终坚持质量第一的原则。质量不仅是生产物质产品的生命，也是从事服务业和其他工作的生命，创业者必须严格树立牢固的质量观。要学会效益管理，要始终坚持效益最佳原则，效益最佳是创业的终极目标。可以说，无效益的管理是失败的管理，无效益的创业是失败的创业。做到效益最佳要求在创业活动中人、物、资金、场地、时间的使用都要选择最佳方案运作。做到不闲人员和资金、不空设备和场地、不浪费原料和材料，使创业活动有条不紊地运转。学会管理还要敢于负责，创业者要对本企业、员工、消费者、顾客以及对整个社会都抱有高度的责任感。

（3）学会用人。市场经济的竞争是人才的竞争，谁拥有人才，谁就拥有市场、拥有顾客。一个学校没有品学兼优的教师，这个学校必然办不好，一个企业没有优秀的管理人才、技术人才，这个企业就不会有好的经济效益和社会效益，一个创业者不吸纳德才兼备、志同道合的人共创事业，创业就难以成功。因此，必须学会用人，要善于吸纳比自己强或有某种专长的人共同创业。

（4）学会理财。学会理财首先要学会开源节流。开源就是培植财源，在创业过程中除了抓好主要项目创收外，还要注意广辟资金来源。节流就是节省不必要的开支，树立节约每一滴水、每一度电的思想。大凡百万富翁、亿万富翁都是从几百元、几千元起家的，都经历了聚少成多、勤俭节约的历程。其次，要学会管理资金。一是要把握好资金的预决算，做到心中有数；二是要把握好资金的进出和周转，每笔资金的来源和支出都要记账，做到有账可查；三是把握好资金投入的论证，每投入一笔资金都要进行可行性论证，有利可图才投入，大利大投入、小利小投入，保证使用好每一笔资金。总之，创业者心中时刻装有一把算盘，每做一件事、每用一笔钱，都要掂量一下是否有利于事业的发展，有没有效益，会不会使资金增值，这样，才能理好财。

（5）要讲诚信。就创业者个人而言，诚信乃立身之本，“言而无信，不知其可也”。创业者在创业过程中，如不讲信誉，就无法开创出自己的事业；失去信誉，就会寸步难行。诚信，一是要言出即从；二是要讲质量；三是要以诚信动人。

3. 专业技术能力

专业技术能力是创业者掌握和运用专业知识进行专业生产的能力。专业技术能力的形成具有很强的实践性。许多专业知识和专业技巧要在实践中摸索，逐步提高发展、完善。

创业者要重视创业过程中积累的专业技术方面的经验和职业技能的训练，对于书本上介绍过的知识和经验在加深理解的基础上予以提高、拓宽；对于书本上没有介绍过的知识和经验要探索，在探索的过程中要详细记录、认真分析，进行总结、归纳，上升为理论，形成自己的经验特色，积累起来。只有这样，专业技术能力才会不断提高。

4. 交往协调能力

交往协调能力是指能够妥善地处理与公众（政府部门、新闻媒体、客户等）之间的关系以及能够协调下属各部门成员之间关系的能力。创业者应该做到妥当地处理与外界的关系，尤其要争取政府部门、工商以及税务部门的支持与理解，同时要善于团结一切可以团结的人，团结一切可以团结的力量，求同存异共同协调地发展，做到不失原则、灵活有度，善于巧妙地将原则性和灵活性结合起来。总之，创业者搞好内外团结，处理好人际关系，才能建立一个有利于自己创业的和谐环境，为成功创业打好基础。

协调交往能力在书本上是学不到的，它实际上是一种社会实践能力，需要在实践活动中学习，不断积累总结经验。这种能力的形成，一是要敢于与不熟悉的人和事打交道，敢于冒险和接受挑战，敢于承担责任和压力，对自己的决定和想法要充满信心、充满希望；二是要养成观察与思考的习惯，社会上存在着许多复杂的人和事，在复杂的人和事面前要多观察、多思考，观察的过程实质上是调查的过程，是获取信息的过程，是掌握第一手材料的过程，观察得越仔细，掌握的信息就越准确，观察是为思考做准备，观察之后必须进行思考，做到三思而后行；三是要处理好各种关系，可以说，社会活动是靠各种关系来维持的，处理好关系要善于应酬，应酬是职业上的“道具”，是处事待人接物的表现。心理学家称：应酬的最高境界是在毫无强迫的气氛里，把诚意传达给别人，使别人受到感应，并产生共识，自愿接受自己的观点。搞好应酬要做到宽以待人，严于律己，尽量做到既了解对方的立场又让对方了解自己的立场。协调交往能力并不是天生的，也不会在学校里就形成了，而是走向社会后慢慢积累社会经验，逐步学习社会知识而形成的。

5. 创新能力

创新是知识经济的主旋律，是企业化解外界风险和取得竞争优势的有效途径，创新能力是创业能力素质的重要组成部分。它包括两方面的含义：一是大脑活动的能力，即创造性思维、创造性想象、独立性思维和捕捉灵感的能力；二是创新实践的能力，即人在创新活动中完成创新任务的具体工作的能力。创新能力是一种综合能力，与人们的知识、技能、经验、心态等有着密切的关系。具有广博的知识、扎实的专业基础知识、熟练的专业技能、丰富的实践经验、良好心态的人容易形成创新能力，它取决于创新意识、智力、创造性思维和创造性想象等。

6. 心理承受能力

心理承受能力虽然不能给创业者带来利润，但却能保证创业者渡过难关。处在市场经济条件下的企业生存是有很大风险性的，没有经验、缺乏资金的大学生创业尤为不易，成功和失败往往在瞬间发生。成功固然可喜，失败却可能让人一蹶不振，市场并不会因你是一个学生就网开一面。这种竞争的残酷性与风险性，要求每一个创业者必须具备良好的心理素质。创业之路不会是一路高歌，它是一条充满艰辛的漫漫长路，更是充满希望和光明的成才之路。面对这些，大学生要坚定自己的信心，正确认识自我，提高心理素质，有意识地锻炼自己的意志和品质。

（三）创业能力的形成与培养

学生的创业能力潜在于每一个学生自身之中，因此，就要通过以下途径把这种潜在的能力外化形成为现实的能力。

1. 激励机制——培养创业意识

创业意识对于创业能力的形成和创业实践活动具有动力作用。创业意识是创业者在创业实践活动中培养、积累和升华的结果。首先，它是创业主体应萌生创业需要而产生，这是创业活动的最初诱因和动力，在这一过程中，外在的教育和社会客观需要对它的产生起着促进和决定作用；其次，把创业需要转化为创业动机，是一种竭力追求并获得最佳效果的心理动力；最后，创业理想的树立，则是创业意识基本形成的标志。有了创业意识就会促进形成坚定的创业信念，从而促进创业者提高创业能力，积极投身于创业实践活动，这种创业意识越强，其效果越大，正所谓："法乎其上，得乎其中；法乎其中，得乎其下；法乎其下，则殆矣。"

2. 调控机制——培养良好的创业心理品质

心理学研究表明非智力因素及情商在个体活动中具有决定性的作用。在创业能力的形成中，必须重视发挥创业心理优势，消除创业心理障碍。正所谓："故天将降大任于斯人也，必先苦其心志，劳其筋骨，饿其体肤，空乏其身，行拂乱其所为，所以动心忍性，曾益其所不能。"

从肯定方面讲，根据有关调查结果，独立性、敢为性、坚韧性、克制性、适应性、合作性这六种要素对于创业能力的形成有积极的调控作用，意志力是创业心理品质高低的核心问题。从否定方面讲，有三种心理障碍应予以克服：人格障碍，如依赖、自卑、畏缩；情绪障碍，如抑郁寡欢、过度焦虑；行为障碍，如急于求成、目标多变等。

3. 能源机制——构筑网络化创业知识结构

知识本身是个体创业基本素质的重要组成部分，美国管理学权威彼得·德鲁克认为："在现代经济中知识正成为真正的资本与重要的财富。"他的这段话在一定程度上反映了现代知识经济的特点。正是这个信息时代的知识经济特点，又在客观上向个体提供了掌握知识的压力与动力。传统的线性化知识结构已不能满足现代社会发展的需要，个体只有构筑起广博交叉的网络化知识结构，才能形成很强的创业能力，走成功的创业之路。

作为一个创业者，首先是要具有与其所创事业的专业知识，同时还应该有经营管理知识和综合性的知识，在社会关系越来越复杂的情况下，创业者的社会综合知识的作用日益突出。

例如，海尔集团电冰箱公司一分厂生产厂长郭宣栋，原是平度市职业中专学校施工班毕业生，在学习期间，其专业素质和组织管理能力都很突出，他还选修了机电、电子等课程，并多次获得科研成果奖。1995 年，他加入海尔公司，本着“先学会做人，再学会做事”的原则，一方面下苦工夫钻研业务，打下坚实基础；另一方面为自己创造了良好的人际交往氛围，使他在工作中很快做出了成绩，连续被提升为班长、车间主任。1997 年，被任命为冰箱公司一分厂生产厂长。在他的成长经历中，知识实力起了十分重要的作用。

4. 整合机制——通过创业活动形成创业能力

无论是培养创业意识、创业心理品质，还是系统构建创业知识网络，都要通过创业活动才能变为现实创业能力。因此，创业实践活动是创业能力的整合机制，但是在我们的传统教育中，学生在学校的活动并不是创业活动，而是未业活动。这就需要我们在教育中，注意创造各种条件，使学生直接参加社会实践活动，积极走向社会，走向生产、经营第一线，使其在实践活动中萌生创业意识，培养创业心理品质，调整和丰富知识结构，锻炼才干，从而形成真正的创业能力。实际上做到这样还很不够，从职业教育的发展方向上讲，应该对职业教育进行根本性改革，就是围绕学生的创业能力的培养来设计教学内容和教学活动，特别是应当变未业活动为创业活动，学生在校学习的过程同时也应成为学生创业实践的演练过程。例如，机电类专业的学生就可以到一些公司去实践，直接参加维修和管理，这样便可使学生在实践中整合自己各方面的知识、素质和能力，使之成为实际创业能力。

总之，培养学生创业能力，是当前职业院校重要的教育任务之一。要使学生形成很强的创业能力，必须遵循创业能力的形成规律，注意提高学生的创业意识，培养良好的创业心理品质，构筑好创业知识结构，并通过实践活动把它们整合为实际创业能力。

知识点 3 自主创业的必备条件

创业需要有相应的能力，但同时需要相应的外在条件，离开一定条件的创业活动是不存在的，下面将介绍大学生自主创业的必备条件和方向。

一、资金条件

创办企业无论是租赁房屋，购买机器设备、原材料，还是雇用员工等都需要有足够的资金作保证。能否筹措到资金，是开办企业的关键因素之一。创办私营企业应具备的资金条件如下。

（一）固定资金和流动资金

私营企业资金包括固定资金和流动资金两部分。

（1）固定资金是以货币形式表现的固定资产的价值，它包括垫支于厂房、建筑物、机器设备和运输工具等主要劳动资料上的资金。固定资金的来源，主要靠私营企业开业者自筹。

（2）流动资金是用于垫支劳动对象和支付其他全部费用的资金。私营企业的流动资金靠开业者自筹。

（二）注册资金

一个企业必须具备一定规模才能进行生产经营活动。一定的生产经营规模，就表现为企业所有或所经营管理的财产，即注册资金的数额作为私营企业登记注册的资金数额，也就是国家所承认的私营企业的所有财产或所经营管理的财产的货币表现，称之为注册资金。企业的注册资金应与实有资金相一致。注册资金是国家授予企业法人经营管理的财产或者企业法人自有财产的数额体现。企业的注册资金应与实有资金相一致。银行贷款、借款不能作为私营企业的自有资金注册。创办不同的企业，对注册资金数额的要求也不同。《公司法》规定，有限责任公司的注册资本不得少于下列最低额度：以生产经营为主的公司人民币50万元；以商品批发为主的公司人民币50万元；以商业零售为主的公司人民币30万元；科技开发、咨询、服务性公司人民币10万元。

对于许多大学生创业者来说，面临的一个最棘手的问题，就是怎样筹措到必要的资金。筹措资金的途径多种多样。目前，对于创办企业，可供选择的筹资渠道有自筹、合伙人筹资、银行贷款、融资性和租赁等。

二、技术条件

用智力换资本，这是大学生创业的特色之路。一些风险投资家往往就因为看中大学生所掌握的先进技术，而愿意对其创业计划进行资助。因此，准备在高科技领域创业的大学生，一定要注意技术创新，开发具有自己独立知识产权的产品。吸引投资商的技术是大学生创业的重要资源，也是影响创业活动成功与否的重要条件。有关专家指出，大学生创业一定要具备四个条件：第一，有自主知识产权的创造发明；第二，这一发明能转化为有市场前景的产品；第三，这一产品要有预期的销路；第四，要有可靠的资金提供者。有没有自主知识产权是大学生创业能否成功的首要条件。

在美国，开展学生创业的也只是100多所理工院校。因此说，不管什么类型的大学都开展学生创业，不管有没有技术优势都参与创业的做法是不妥当的。在中国，成功的学生创业团队清华“视美乐”成功的诸因素中，其科技含量应该说是个关键的因素，而“易得方舟”的失败就是因为没有核心技术。“易得方舟”团队人数众多，但是没有一个是从事信息技术领域相关专业的，也没有专门组织强大的技术团队。他们认为，只要把门户网站做好就够了，技术问题他们不想面对，其实也没有能力去面对。

另一个支持上述观点的例证是何东梅的成功。何冬梅是深圳高级技工学校信息技术系的一名在校生，2004年，在校的何冬梅用自己平时兼职赚来的钱和向朋友亲戚借的钱，开始在宝安经营篮球用品专卖店。2006年，当她看到某著名网站的分类频道正在招代理商，就将管理用品店一半的股份转让，然后东拼西凑凑出了代理费8万元创建网站。网站成立后，她利用自己在学校所学的多媒体专业技术，在网上建起了“信息港”电话营销，还成功说服2006年3月在深圳举办的中国建筑建材博览会在网站上投放了总额达20万元的广告。短短的两个月，何冬梅就成功赚到了10万元。可见，创业路上，技术是创业的关键因素。

三、人才条件

曾经有人采访比尔 ·盖茨成功的秘诀。他说，因为有更多的成功人士在为他工作。陈安之的超级成功学也提到：先为成功的人工作，再与成功的人合作，最后是让成功的人为你工作。可见，要自主创业，找到合适的人才为你工作是至关重要的。只有拥有一个强有力的团队，才可以为你支撑起一个能抗高风险的事业。与你合作的人应该具备以下几点素质。

（一）有危机感

21世纪，最大的危机是没有危机感，最大的陷阱是满足。要创业，上佳的合作者须是有危机感、懂得用望远镜看世界的人：顺境时要想着为自己找个退路，逆境时要懂得为自己找个出路。

（二）学习力强

学历代表过去，学习力决定将来。好的合作者要善于学习，有悟性，能举一反三。要有谦卑之心，因为只有谦卑的人，才能真正学到东西。大海之所以成为大海，是因为它比所有的河流都低。

（三）行动力强

成功是行动之果。没有行动之花的绽放，就永远不会有成功的果实累累。

（四）懂得付出

有付出方有收获。为人“服务”，方有人为你“服务”。创业需要付出；不懂得付出的人，不会与成功结缘。

（五）有强烈的沟通意识

沟通无极限，一个好的团队需要无时不在的沟通。开发维系新老客户需要沟通，总结经验教训需要沟通，维持良好的团队关系、保持旺盛的创业激情需要大家的互相沟通激励，沟通是架在创业路上每一个沟坎上的桥梁。没有好的沟通，团队会离散，工作会不顺，创业会失败。

（六）有最基本的道德观

道德是合作的基石。与没有道德的人合作，无异于拿自己的事业和前途做游戏。

四、管理条件

一个企业要能够正常运行，不仅要有好的项目和资金保证，还必须有科学的管理。

学生企业的共同特点是持有技术。但是一旦成立企业，大学生就必须完成从技术人员向管理和经营人员的转化。如果不能意识到这一点，企业的生存和发展就会陷入困境，甚至失败。

与企业成长密切相关的一些重要问题，如企业的近期发展目标、远期发展目标、经营策略制定、股权分配等，是大学生创业者应该了解的。企业管理制度问题，也是大学生创业中面临的一个十分重要的问题。创业初期，大学生企业的团队往往靠志趣、爱好或者哥们儿义气来维持，缺乏现代企业管理制度，这样不利于企业长远的健康发展。

五、法律和金融条件

（一）工商注册登记

创业者在从事某项生产经营活动时，首先要注册登记，申请领取营业执照，取得合法经营权。工商注册登记是国家对生产经营者所行使的管理职能之一，也是生产经营者确认自身合法地位的法律程序。生产经营者提出工商注册登记必须符合国家规定的条件。这些条件为：第一，经营者必须是有经营能力的国家政策允许从事经营活动的人员；第二，申请者可以是个人独立经营，可以是家庭经营；第三，除流动服务项目，必须有开展生产经营活动的场所或地点；第四，必须有固定资金和流动资金；第五，必须是常年经营或季节性经营；第六，必须有明确的生产经营范围，等等。

（二）贷款

取得银行的贷款必须具备的基本条件：第一，借款人所投资的项目符合国家经济发展方针、方向和政策，并有相关的经营业务计划，符合规定比例的资金；第二，要有一定的经济效益，能按期偿还贷款本息；第三，要有符合抵押、担保贷款的条件；第四，工商企业、个体经营户、私营企业等都要有工商行政部门颁发的营业执照或筹建许可证以及银行开立的基本账户等。

办理贷款事务必须了解相关的贷款知识。首先是贷款的种类和期限。贷款的种类是按照不同用途、不同对象和不同管理办法对贷款分类归并的名称。一是固定资产贷款，如技术改造贷款期限一般不超过3年，基本建设贷款一般不超过5年；二是专项贷款，如特种贷款、扶贫贷款等；三是贴现贷款，贴现期限一般为6~9个月；四是委托贷款，这是银行根据委托人确定的对象、用途、金额、期限、利率等要求而代理发行的贷款。

贷款的基本程序为：由贷款人向银行提出书面申请并附有关资料。开户行受理后，对贷款可行性进行全面审查，审查人员签署审查意见；然后，对经过审查评估、符合条件的贷款申请，按审批权限规定进行贷款决策，并办理贷款审批手续，签订合同后，即可进行贷款发放。

（三）经济合同

经济合同是合同的一种特殊形式。《经济合同法》规定：“经济合同是法人之间为实现一定经济目的，明确相互权利义务的协议。经济合同是法人之间或法人与城乡个体劳动者之间，根据平等互利、协商一致、等价有偿原则而签订的商务合同。”在市场经济条件下，经济合同是不同的商品所有者之间的商品交换在法律上的表现，一经依法成立，就具有法律约束力。因此，订立经济合同是创业者从事生产经营活动最基本的法律手段。

经济合同按业务范围可分为购销合同、货物运输合同、承包合同、聘雇合同等。经济合同一般采用书面形式，并有规定的基本条款。《经济合同法》规定的经济合同应具备的基本条款有以下几个。

（1）标的，是指经济合同双方当事人权利义务所指向的对象，如货物、劳务、工程项目等。

（2）数量和质量。

（3）价款和酬金。

（4）履行的期限、地点、方式。

（5）违约责任。

经济合同主要条款是否齐全，关系到合同能否成立、有效和是否能够顺利履行。

经济合同的双方当事人，在履行合同时产生的纠纷，可采取多种可行的方式加以解决，如协商、调解、仲裁或向法院起诉等。

（四）保险

所谓保险，是用被保险者所交付的保险费建立的各种保险基金，用于补偿企事业单位及个人所遭受的自然灾害或其他意外事故所造成的经济损失的一种方式。保险有积聚、补偿、分摊、预防等职能，其种类很多，按保险对象可分为财产保险和人身保险；按保险责任可分为单一责任保险、一切责任保险等。保险单是被保险人参加保险的证明文件，需要妥善保管。

（五）税务

税收是国家为了实现其职能而凭借政治权力参与社会产品或国民收入再分配的一种形式，是国家按照法律规定的标准无偿地取得财政收入的一种手段，是政府调节经济的重要杠杆。国家所收的税款，既是国家所有，也是全国人民所有。依法纳税是每一个公民应尽的义务。税收制度是国家各种税收法令和征税办法的总称。我国有多种税种和多种征收办法，作为创业者，必须熟悉我国的税收制度，做到依法纳税，确保创业成功。

案例讲坛

大学生创业案例分析

冼小菊，女，某职业技术学院计算机应用与财务管理专业大三学生，从 2014 年 3 月 20 日竞标到 4 月 18 日开业，只用了不到一个月的时间就从单纯理想抵达创业现实，开了一个小店。

小菊坦言自己害怕在别人的公司里遭遇失败，而创业能为自己以后进入社会打下基础。她和朋友创办的 www. kupe. net（酷派商务网）已经在学院里流行，他们希望“酷派”不仅出现于虚拟的网络世界中，还能出现在现实世界里，因为实实在在的店铺能够弥补网络虚无的一面。

以“酷派电子商城”为载体，实现虚拟和现实的结合，这是小菊的梦想。他们经营的商品主要包括个性小家电、数码产品、公仔饰物等，还可以提供各项软性服务，包括光盘刻录、mp3 录制、相片加工、制作相册等。另外，他们可以为企业、个人设计网站，为年轻一族或毕业生制作有个人风格的网站或求职网站等。

“酷派之音”的店面前是一根差不多遮住五分之二门面的柱子，这本是店铺的一大缺陷，却被小菊和她的伙伴们拿来作为张扬个性、宣传店铺的载体。黑白分明的三个年轻人的面孔，在吸引顾客眼球的同时，也承载着青春的张力。

店名：酷派之音。

前期投入：基于商务网已经有一定的货源，再联系厂家拿代理权，所以货源投资不用很大。

装修：自己设计、买材料，并亲手动手装修，将预算减到最小，预计 1000 元左右。

点评：创业者“自己设计、买材料、并亲自动手”符合创业精神，值得赞扬！店面广告宣传的方法新颖，以“服务带动销售”的经营模式可取，创业者的策划能力较强。建议创业者密切关注提供服务与产品销售的业务关联性，实现“网上导购选货，店面交易和送货上门交易”等有效经营。如何选择具有独特卖点及免后续跟踪服务的低价产品进行主力销售是此类创业要考虑的，至于软性服务中如 mp3 的录制，要注意可能存在的版权问题。

知识链接二　规划创业

教学目标

（1）了解自主创业的基本步骤。

（2）能制作创业计划书。

（3）培养自主创业意识和能力。

就业见闻

2014 届美术教育专业的毕业生黄世明、刁艺锋，在校刻苦训练美术基本功，专攻美术设计，都是专业水平较高的学生，还没毕业，好几家公司都想录用他们了。但他们经过反复考虑，结合自己实习了解的市场情况，觉得替人打工，不如自己做老板。于是计划开设一间“无形广告策划公司”。万事开头难，资金不足、场地受限、客户不多等困难迎面而来，但他们不畏困难，多次跑到东莞、深圳亲戚家借钱筹资；为联系业务，自己经常跑到市区拉客户；为了拿订单，经常磨嘴皮，饿肚子，跑断腿。开业头两个月，由于经验不足，没有赚到钱，可以说是零利润，但他们不气馁，意志更坚，他们从设计方法上大胆改进，力求新颖吸人，并以顾客满意为出发点，很快，他们的业务越来越多，生意越来越红火。"无形广告"的艰苦创业、勇于创新的精神受到越来越多人称颂。

——创业并不是一件容易的事，除了付出艰辛和努力外，还需要对自己的优势和不足有一个正确的评价，只有这样，才能走向成功。小王的专业是美术，广告设计是他的专长，在认识到自己的长处后，小黄及时抓住机遇，最终获得了成功。

格言警句

生命的第一个行动就是创造。

——罗曼·罗兰

很多年轻人是晚上想想千条路，早上起来走原路。中国人的创业，关键不是因为你有出色的想法、理想、梦想，而是你是不是愿意为此付出一切的代价，全力以赴地去做它，证明它是对的！

——马云

知识点1 自主创业的基本步骤

虽然目前创业就业市场商机无限，但对资金、能力、经验都有限的大学生创业者来说，并非"遍地黄金"，把握不好就是"海市蜃楼"。所以，大学生创业只有结合自身实际，找准方向，才能创出一片真正适合自己的新天地。创业方向的选择和创业项目的确定非常重要，这要求创业者必须对市场很了解。选择既适合自己又符合市场需要的创业项目，是大学生创业者必须过好的第一关。

（一）选择创业方向

创业的方向很重要，只有选择正确的方向定位，才不至于南辕北辙，才能朝着目标一步步前进，推荐的方向有如下几个。

1. 大型化不如小型化

大型项目运行后，单位成本低、技术基础强，容易形成支柱产业，但资金需求量大，管理经营难度大。而一般的投资者，哪怕你已经是百万富翁，只要是做民间性质的投资，就宜选择投资小、见效快、技术难度系数低的投资方向。近年来，发展最快的民间投资项目种类千差万别，经营方式无奇不有，但上千万的大项目却是寥寥无几。

2. 重工业不如轻工业

重工业是国民经济发展的基石，轻工业却是发展的龙头。重工业投资周期长、回收慢，一般不是民间资本角逐的领域，而是国有企业一统天下。无论是生产加工，还是流通贸易，经营轻工产品尤其是消费品，其风险小，投资强度、难度小，容易在短期内见效，因此特别适合于民间资本。

3. 做用品不如做食品

民以食为天，中国人有闻名世界的饮食文化。千家万户的一日三餐，逢年过节，婚丧嫁娶，再加上每年数额巨大的公费吃喝，食品市场是十分庞大而经久不衰的，而且政府除了技术监督、卫生管理外，对食品的规模、品种、布局、结构，一般不予干涉。食品业投资可大可小，切入容易，选择余地大。

4. “做”男不如“做”女

据调查，全社会购买力70%以上掌握在女人手中。女人不但执掌着大部分中国家庭的“财政大权”，而且相当部分商品是由女人直接消费的。高档时装、鞋帽、名贵首饰、化妆品，无不是女人的世界。所以，你若在消费品领域投资，无论是生产还是销售，把你的客户定向于女人，你就会发现更多的机会。

5. 大人不如孩子

小孩代表未来，独生子女在中国已成为一种独特的文化现象，因此中国的儿童消费品市场很有特色。在零售食品、用品方面，很大一部分是儿童消费品的市场，儿童消费品市场弹性大，随机购买力强，加上容易受广告、情绪、环境的影响，向这种市场投资，是一种富有生命力的选择。尤其要看到，在我国，满足了小孩的需求，在很大程度上就是满足了他们父母的需求。

6. 综合化不如专业化

品种丰富，大众买卖，这已经是一般投资者的思维定势。大而全、小而全的经营是计划经济中上下认同的模式。市场经济是综合化发展的，不过这更多的是一种宏观的态势和整体格局，微观领域往往要靠专业化取胜。专业化生产和流通容易形成技术和批量经营的市场特色，厂商有竞争的环境，用户有较大的选择余地。

7. 新建不如租赁

购买设备、招聘员工，这是投资者的项目上马后相继要做的事情，但投资不一定都要从头开始。经济发展到一定阶段，有许多投资项目可以利用现成的人才、设备、厂房、门面甚至管理机构等，从而缩短投资周期，节省资金。有统计资料表明，对现有项目进行技术经济改造，比完全的新建项目资金消耗要减少1/3，原材料和时间消耗要节约1/2。实现这种效果的有效投资方式就是租赁。可通过向技术、设备、建筑物等经济资源的所有者交付一定的租金，从而取得这些资源条件的经营管理权。

（二）确定创业方向

目前适合资金少、经验少的大学生创业的项目主要集中在以下几个领域里。

1. 高科技领域

身处高新科技前沿阵地的大学生，在这一领域创业有着近水楼台先得月的优势，但并非所有的大学生都适合在高科技领域创业，一般来说，技术功底深厚、学科成绩优秀的大学生才有成功的把握。推荐商机：软件开发、网页制作、网络服务、手机游戏开发等。

2. 智力服务领域

智力是大学生创业的资本，在智力服务领域创业，大学生游刃有余。例如，家教领域就非常适合大学生创业，一方面，这是大学生勤工俭学的传统渠道，积累了丰富的经验；另一方面，大学生能够充分利用高校的教育资源，更容易赚到“第一桶金”。此类智力服务创业项目成本较低，一张桌子、一部电话就可开业。推荐商机：家教、家教中介、设计工作室、翻译事务所等。

3. 连锁加盟领域

统计数据显示，在相同的经营领域，个人创业的成功率低于20%，而加盟创业的成功率则高达80%。对创业资源十分有限的大学生来说，借助连锁加盟的品牌、技术、营销、设备优势，能够以较少的投资、较低的门槛实现自主创业。但连锁加盟并非“零风险”，在市场鱼龙混杂的现状下，大学生涉世不深，选择加盟项目时更应注意规避风险。一般来说，大学生创业者资金实力较弱，宜选择启动资金不多、人手配备要求不高的加盟项目，从小本经营开始。此外，最好选择运营时间在5年以上、拥有10家以上加盟店的成熟品牌。推荐商机：快餐业、家政服务、校园小型超市、数码速印站等。

4. 开店

大学生开店，一方面可充分利用高校的学生顾客资源；另一方面，由于熟悉同龄人的消费习惯，因此入门较为容易。正由于走“学生路线”，因此要靠价廉物美来吸引顾客。此外，由于大学生资金有限，不可能选择热闹地段的店面，因此推广工作尤为重要，需要经常在校园里张贴广告或举行社团联办活动，这样才能广为人知。例如，高校内部或周边地区的餐厅、咖啡屋、美发屋、文具店、书店等。

5. 代理

做代理商开始创业，最后做大做强、成功创业的例子有很多，著名的联想集团就是很好的例子。从代理起家，从销售入手，相对比较简单，投入也会小一些，能达到降低创业风险、快速积累第一桶金的目的。常见的各种专项代理业务有专利申请代理、技术产权代理、各类注册代理如商标注册、域名注册等。

6. 适合在校创业的其他项目

此类项目主要有：借助学校品牌的项目，如各类教育与培训、成熟的技术转让、各种专业的咨询等；可以独立运作的专业项目，如各种工作室。所有这些项目都应该有一个策划方案，策划方案要实事求是、详尽、有创意、具有可操作性。

知识点2 编写创业计划书

（一）创业计划的概念

创业计划也称企业（商业）计划，是创业者描述创业机会、创业条件、创业过程和创业前景的书面文件，主要包括企业概况、企业目标与战略、运营计划、营销策略及财务预测等内容。

（二）创业计划的分类

创业计划是论证企业构思的可行性分析报告，是将创业变成现实的第一步。创业计划一般可以分为两类。

1. 略式创业计划

它是一种比较简单短小的计划，篇幅通常只有 10～15 页。它包括企业的重要信息、发展方向以及少部分重要的辅助性材料。一般情况下，略式创业计划适用于申请银行贷款、试探吸引投资家创业资本。

2. 详式创业计划

它的篇幅一般有 30～40 页，并附有 10～20 页的辅助文件。创业者能够对创业思路作一个比较全面的阐述，尤其能对关键部分进行较详细的论述。它的用途主要有：详细探索和解释企业的关键问题、寻求大额的风险投资。

（三）创业计划的作用

1. 创业计划是企业构思的可行性分析报告

创业计划是整个创业过程的灵魂，它几乎涵盖了创业的主要内容。一份切实可行的创业计划可以指引创业者走向成功；相反，一份漏洞百出的创业计划也足以令创业者走向毁灭。

2. 创业计划是企业活动的行动指南

创业计划是对未来企业的一次预想，是一场纸上的创业演习。通过详细描述企业的发展目标及实现预期目标将采取的手段，来帮助创业者梳理创业思路，形成企业经营战略，确定企业各项活动的基本路线图。

3. 创业计划是吸引创业资源的工具

创业计划在吸引人力资源、贷款和投资方面发挥着巨大的作用。没有创业计划，很难吸引有才之士加盟公司，投资者和贷款人也不会对你的创业项目产生投资兴趣。一份详尽、有说服力的创业计划是向银行、信贷组织申请贷款，吸引外部潜在投资者的重要工具。

4. 创业计划是企业在创业过程中的考量工具

一份详尽的创业计划是“成功的蓝图”，它不仅可以有效地解决开创公司所必需的财力、人力两大难题，还可以在实际创业过程中，帮助创业者评估市场的发展潜力，检查财政及资金状况，考量创业过程中从事的所有事情。

目前，一些高职学生创业计划大赛为高职学生创业项目吸引风险投资，构建了互动平台。

（四）创业计划的编写步骤

1. 准备阶段

（1）构思、设计、准备阶段。创业计划的编写涉及的内容较多，因而制订创业计划前必须进行周密安排。主要有这样一些准备工作：确定创业计划的目的与宗旨；组成创业计划工作小组；制订创业计划编写计划；确定创业计划的种类与总体框架；制订创业计划编写的日程安排与人员分工。

（2）资料准备阶段。以创业计划总体框架为指导，针对创业目的与宗旨，搜寻内部与外部资料，包括创业企业所在行业的发展趋势、产品市场信息、产品测试、实验资料、竞争对手信息、同类企业组织机构状况、行业同类企业财务报表等。资料调查可分为实地调查与收集二手资料两种方法。实地调查可得到创业所需的一手真实资料，但时间及费用耗费较大；收集二手资料较易，但可靠性较差。创业者可根据需要灵活采用资料调查方法。

2. 形成阶段

创业计划形成阶段要完成以下几项任务。

（1）拟定创业执行纲要。主要是创业各项目概要的完成。

（2）草拟初步创业计划。依据创业执行纲要，对创业企业的市场竞争及销售、组织与管理、技术与工艺、财务计划、融资方案以及风险分析等内容进行全面编写，初步形成较为完整的创业计划方案。

3. 完善阶段

创业计划小组在这一阶段对创业计划进行广泛调查并征求多方意见，进而提出一份较为满意的创业计划方案。

4. 定稿阶段

定稿并印制成正式创业计划文本。

（五）撰写创业计划书的思考问题

为了确保创业计划书能“击中目标”，创业者应做到以下几点。

1. 关注产品

在创业计划书中，应提供所有与企业的产品或服务有关的细节，包括企业所实施的所有调查。这些问题包括以下几个：

（1）产品正处于什么样的发展阶段？

（2）企业的独特性如何？

（3）企业分销产品的方法是什么？

（4）谁会使用企业的产品？为什么？

（5）产品的生产成本是多少？售价是多少？

（6）企业发展新的现代化产品的计划是什么？

把出资者拉到企业的产品或服务中来，这样出资者就会和创业者一样对产品有兴趣。在创业计划书中，企业家应尽量用简单的词语来描述每件事——商品及其属性的定义对企业家来说是非常明确的，但其他人却不一定清楚它们的含义。制订创业计划书的目的不仅是要出资者相信企业的产品会在世界上产生革命性的影响，同时也要使他们相信企业有证明它的论据。

2. 敢于竞争

在创业计划书中，创业者应细致分析竞争对手的情况。

（1）竞争对手都是谁？

（2）竞争对手的产品是如何工作的？

（3）竞争对手的产品与本企业的产品相比，有哪些相同点和不同点？

（4）竞争对手所采用的营销策略是什么？

要明确每个竞争者的销售额、净利润、收入以及市场份额，然后再讨论本企业相对于每个竞争者所具有的竞争优势，要向投资者展示，顾客偏爱本企业的原因是：本企业的产品质量好、送货迅速、定位适中、价格合适等，创业计划书要使它的读者相信，本企业不仅是行业中的有力竞争者，而且将来还会是确定行业标准的领先者。在创业计划书中，企业家还应阐明竞争者给本企业带来的风险以及本企业所采取的对策。

3. 了解市场

创业计划书要给投资者提供企业对目标市场的深入分析和理解。要细致分析经济、地理、职业以及心理等因素对消费者选择购买本企业产品这一行为的影响以及各个因素所起的作用。创业计划书中还应包括一个主要的营销计划，计划中应列出本企业打算开展广告、促销以及公共关系活动的地区，明确每一项活动的预算和收益。创业计划书中还应简述一下企业的销售战略。企业是使用外面的销售代表还是使用内部职员？企业是使用转卖商、分销商还是特许商？企业将提供何种类型的销售培训？此外，创业计划书还应特别关注一下销售中的细节问题。

4. 表明行动的方针

企业的行动计划应该是无懈可击的。创业计划书中应该明确下列问题：

（1）企业如何把产品推向市场？

（2）如何设计生产线？如何组装产品？

（3）企业生产需要哪些原料？

（4）企业拥有哪些生产资源？还需要什么生产资源？

（5）生产和设备的成本是多少？

（6）企业是买设备还是租设备？

解释与产品组装、储存以及发送有关的固定成本和变动成本的情况。

5. 展示你的管理队伍

把一个思想转化为一个成功的风险企业，其关键的因素就是要有一支强有力的管理队伍。这支队伍的成员必须有较高的专业技术知识、管理才能和多年工作经验。管理者的职能就是计划、组织、控制和指导公司实现目标的行动。在创业计划书中，应首先描述一下整个管理队伍及其职责，然后再分别介绍每位管理人员的特殊才能、特点和造诣，细致描述每个管理者将对公司所做的贡献。创业计划书中还应明确管理目标以及组织机构图。

6. 出色的计划摘要

创业计划书中的计划摘要也十分重要。它必须能让读者有兴趣并渴望得到更多的信息，它将给读者留下长久的印象。计划摘要将是创业者所写的最后一部分内容，但却是出资者首先要看的内容，它将从计划中摘录出与筹集资金最相符的细节：包括对公司内部的基本情况、公司的能力以及局限性、公司的竞争对手、营销和财务战略、公司的管理队伍等情况的简明而生动的概括。如果公司是一本书，它就像是这本书的封面，做得好就可以把投资者吸引住。它会让风险投资家有这样的印象："这个公司将会成为行业中的巨人，我已等不及要去读计划书的其余部分了。"

（六）创业计划的框架结构

一份完整的创业计划书通常由以下几个部分组成。

1. 封面和扉页

封面通常包括公司名称、公司地址、公司电话、电子邮件及通信地址、日期、创业计划编号等内容，如图 3－2－1 所示。

收到创业计划日期	项目编号	项目经理
	创业计划 项目名称 项目单位（盖章） 地址 电话 传真 电子邮件 联系人 公司 年　　月	

图 3－2－1　封面和扉页

扉页一般为保密须知，在保密须知中，要注明创业计划属于商业机密，所有权属于某公司或某项目，未经同意，其他任何人不得将创业计划全部或部分地予以复制、传递、影印、泄露或散布给他人，如图3－2－2所示。

保密承诺

本创业计划书内容涉及商业秘密，仅对有投资意向的投资者公开。本公司要求投资公司项目经理收到本企业创业计划书时做出以下承诺：

妥善保管本创业计划书，未经本公司同意，不得向第三方公开本创业计划书涉及的本公司的商业秘密。

项目经理签字：

收到日期：　年　月　日

图3－2－2　保密承诺

2. 目录

揭示创业计划的内容大纲，使投资者迅速找到他们感兴趣的部分。

3. 基本内容

（1）计划摘要。创业计划中最浓缩、最精华的部分。作用是让投资者在较短时间内对创业计划的核心内容有较全面的认识，因此计划摘要的内容要完整，条理要清晰，要用凝练的语言和较短的篇幅高度概括创业计划各部分内容的要点。一般在完成整个创业计划之后才撰写这一部分，但要列在创业计划的首页。

（2）企业简介。

①企业宗旨和目标：主要界定企业经营范围，介绍企业的主营项目，描述产品/服务的特点和用途以及企业为达到目标所采取的策略。

②创业者的基本情况：着重介绍创业者的性格特征、专长及取得的成绩，是否具备经营活动所需的知识、经验和技能。

③企业的基本情况：介绍企业名称、注册资本、经营场所等基本情况以及企业所属行业、主营产品/服务，企业的宗旨、优势和发展战略等。

（3）产品/服务。介绍产品的基本性能、竞争优势、市场前景、品牌和专利、产品的研究和开发情况、新产品开发的计划和成本分析。

（4）市场分析和营销策略。市场分析确定目标市场，分析市场目前的基本状况，产品竞争格局及饱和度，企业的市场定位，现有（潜在）竞争对手的状况及各自的优势和劣势，阐述战胜竞争对手的策略和方法。根据市场分析，确定企业营销目标，包括市场占有率、利润等；制订企业的营销计划，包括企业用何种方式打开市场、有效组合产品、价格、渠道、促销和广告策略等要素。

（5）产品制造。介绍产品生产制造方式、生产设备情况、质量控制。

（6）管理团队。介绍企业的管理结构，主要管理人员的相关情况、激励和约束机制。

（7）财务计划。对企业未来财务状况进行分析和预测，并通过财务报表的形式对所做的计划予以支持。财务报表主要包括资产负债表、损益表和现金流量计划。它是以营销计划为基础的，如销售量、价格等因素都直接影响企业的收入。因此，财务计划要与营销计划相一致。财务计划中还要确定资本退出方式，如公开上市、股票回购、出售、兼并或合并等。

（8）风险评估。预测企业可能遭遇的各类风险，如竞争风险、不可抗拒风险，并制定相应对策。

（9）附录。支持上述信息的材料，如管理层的简历、组织结构图、销售手册、产品图纸等。具体编写时，创业计划的内容和结构并非一成不变，各个部分的顺序可以调整，也可根据需要对创业计划的内容进行补充或删减。

（七）撰写创业计划书应注意的问题

（1）创业计划书的文字要简练，内容要翔实，重点要突出。创业计划应通俗易懂，避免专业词汇堆砌。要在第一时间让投资者了解公司的业务类型、发展目标和为实现目标所制定的策略。

（2）创业计划要切实可行。必须牢记创业计划应该是一份经过认真推敲的切实可行的文件，它将用于实际执行，而不是一段异想天开的宣传资料。对于那些基于推测而编写的内容应提供支持材料，如收集并利用专家的意见、相关研究成果等材料来支持你的预测。

（3）要充分利用信息技术。一方面，可以利用互联网资源收集最新资讯；另一方面，可以利用现代计算机和计算机软件，完成创业计划中最为复杂的财务报表等。

（4）注意规避创业风险。创业计划在描述企业竞争优势的同时，还要说明企业面临的经营风险，并为投资者制订清晰的、符合逻辑的撤销方案。

（5）注意保护商业机密。由于创业计划的内容具有巨大的商业价值，有些内容甚至涉及尖端技术或商业机密，因此，为保护创业者权益，应要求阅读者对创业计划内容保密。

（6）创业计划制订后还要根据市场实际变化进行定期修改，把各种变化因素考虑在内，不断完善创业计划。

知识点3 进行企业登记

（一）开业登记的基本条件

企业法人申请开业登记程序是指有关法规、规章所规定的企业法人申请开业登记应遵循的步骤和过程，它有下面两个基本条件。

1. 开业者要符合国家规定的开业条件

根据《工商企业登记管理条例实施细则》规定，工商企业申请登记时，应符合下列基本条件：

（1）有固定的生产经营场所和必要的设施。

（2）有固定的人员。

（3）有必要的资金。

（4）常年生产经营或季节性生产经营在3个月以上。

（5）有明确的生产经营范围并符合国家有关政策法令。

2. 要备齐以下法律文件

（1）企业筹建人签署的申请登记书。

（2）政府部门或主管部门的批文。

（3）企业章程。

（4）企业主要负责人的名单和身份证明（并附照片）。

（二）开业登记的基本程序

（1）领取并填写工商注册登记本，提交相关文件、资料，办理入资、验资手续，经登记主管机关受理、审查、核准、发照之后，领取工商营业执照。营业执照分为正副两种文本，正本为悬挂式，用于亮证经营；副本为折叠式，用于携带外出进行经营活动。创业者如果要进行基本建设，还需向工商行政管理局申请筹建登记并领取筹建许可证。

（2）进行企业代码登记，刻公章，开设银行账号。

（3）创业者要分别到国税局和地税局领取并填写《申请税务登记报告书》，领

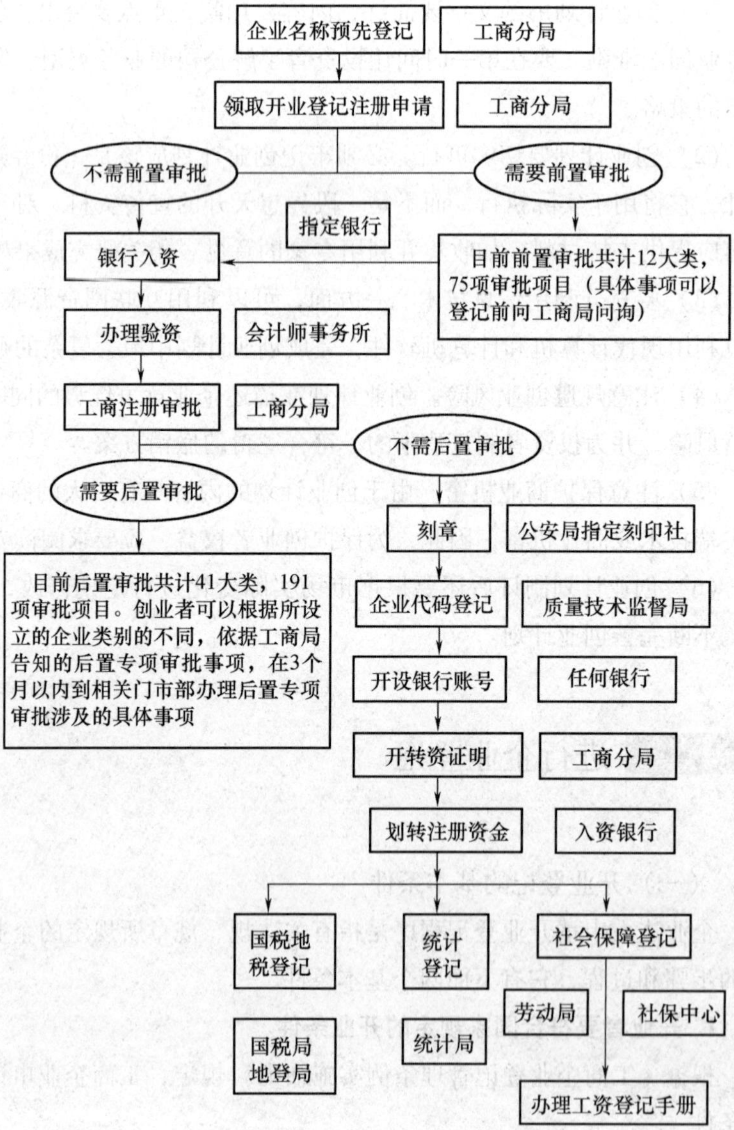

图3-2-3 企业登记程序示意图

取税务登记证和各种发票。此项工作必须在领取营业执照之日起30日内完成。

(4) 办理各种社会保险统筹及就业证。

这是指一般的企业登记程序，企业法律形式不同，开业登记需要的手续也不相同。企业登记的具体程序如图3-2-3所示。

案例讲坛

家居行业创业计划书范文

目录

一、实施可行性概述

二、企业概况

三、产品与服务

四、市场与顾客群分析

五、竞争

六、定价与销售策略

七、成本计划

八、现金流量计划

九、投资回收

十、组织与员工

十一、经济分析（资金来源及用途、设备清单、销售预测、盈亏平衡分析）

十二、其他（个人简历、个人及家庭生活费预算）

十三、环保、技术要求

十四、可能存在的问题与防范措施

十五、申办程序及日程安排

一、关于创业的基本条件可行性概述

1. 市场需求与本人的关联

本人进入家具行业20多年，十分庆幸这一门类的商品市场需求持久而广泛。

2. 实施创业的基本条件

(1) 具有良好的职业经历和职业业绩（长期从事技术、业务和企业管理工作）。

(2) 具有一定时期的创业模拟准备，如团队建设等（决策、执行和操作三层骨干人员基本配齐，人员专长涵盖产品开发、营销、生产、管理等要素，且均具有较良好的职业业绩），这批对象将作为发起人而加入新办企业。

(3) 发起人（团队）具有满足企业创办初期的资金需求能力。

(4) 新办企业（以下简称“企业”）有可能获得著名品牌的授权使用。

(5) 企业有可能获得原工作单位在政策允许条件下的支持和帮助（可视作轻工国有企业部分转制的性质），其内容大致为：作业场地、部分设备以及成熟销售店铺等方面。

(6) 企业有可能通过创业扶持政策获得流动资金的借入和享受到有关优惠政策，如所得税减免等。

(7) 一个以核心专长为基础并辅之以“分解结合”方式的作业思路日趋成熟。这个思路是由市场条件和企业状况所决定的。做强、做精、做准20%；做好、做妥、做稳80%，在坚持双赢和不断学习的引导下做好这个2:8。例如工艺制造方面，企业仅完成整个工艺路线中的关键工序和最终工序的加工，约占20%，其余80%的加工（含制品）由企业的购买行为支持。购买行为将获得技术工艺标准、品质控制标准、经济合同履行和合格分承包方的支持。

(8) 企业的发起人（群）对建设“学习型企业”有强烈的愿望和认同（发起人群的基本情况略）。

(9) 企业运行的方向，将向“头脑型”企业演变，通过可控制资源因素和不可控制资源因素在销售和开发的磨合作用，渐渐实现。企业运行初期将是这一构造的模拟实践运作和磨合。

二、企业的一般情况

1. 公司性质和主要经营范围

公司的法律形式采用有限责任公司形式。性质为混合经济，公司的初期投入（注册资本金）为人民币60万元。其中，国有股份约为10%，自然人股份约为90%。

主要经营范围为：木制家具（含软体家具）生产、销售（含延伸产品）；工艺品、艺术品制造、创作及其延伸产品的销售；室内装潢设计和室内装潢施工及其配套制品的销售；咨询服务；家居式空间相关用品和制造和原材料销售（含进口原材料）。

2. 地址选择

工厂地址首选为租用原工作单位骨干工厂的一部分。占地面积约为5000平方米，建筑面积约为2500~3000平方米。销售地选择在新原单位的专卖商厦（成熟且有良好销售业绩，上海市区境内）。工厂首选和次选地理位置均安排在沪青公路两侧的刘行镇辖区内。

3. 经营理念

做小、做精、做好。

做小：追求1:6.5的和谐（头脑与躯干），操作2:8（1:4）的加工。

做精：品质控制。

做好：两个方向的服务，即顾客和分供方。为顾客服务以建立企业的美誉度，为分供方服务以提高全面质量。

4. 质量目标（指最终检验入库检查状况）

特等品率：10%；一等品率：20%；合格品率：100%。企业将在运行初期，贯彻ISO 9001体系。贯标6个月后，申请多边认可的认证证书。

三、产品与服务

产品销售与服务范围见“主要经营范围”。其中咨询服务为：中小型木制企业（对象）的技术、质量控制和企业管理顾问以及为有特殊需求的顾客提供产品、工艺流程设计。

四、市场与顾客群分析

1. 目标顾客

新办企业的目标顾客。

（1）单体顾客：指购买商品或服务，以满足居住和提高生活质量的人群，其特征是，个性化的小量购买是我们主要的服务对象。

（2）团体顾客：指购买商品或服务，以满足营业需求的顾客（如饭店、宾馆、公司等）和销售需求的经销商（含海外顾客）。其特征是个性化设计的成批购买和来样成品生产组织。

（3）有特殊需求的顾客——指购买服务范畴内的，以满足生产组织、品质控制等需求的顾客（个人或企业）。

在企业初期（开业至18个月间）的计划销售额为：65×18＝1080万元。预测上述三类顾客群，分别占企业销售总额的：80%（864万元）；15%（162万元）；5%（54万元）。

2. 顾客需求满足以一定品质标准的产品和服务，分别满足三个顾客群的现实和潜在的需求

（1）以个性化的商品和服务满足单体顾客群中的不同层次的需要，以整体化销售的方式满足这一类顾客对有效营造温馨居室和彰显文化品位的潜在需求。

（2）以准时化服务满足团体顾客群的需求。

（3）以有显见成效的方案和策划满足有特殊需求顾客的现实需求。

3. 顾客群分析及目标市场预测

新办企业的三类顾客群中，第二类即团体顾客和第三类即有特殊需求的顾客在实际运作中是稳定的，其销售额有足够的上升空间，其原因系新办公司的发起人拥有这方面资源。

新办企业锁定第一类顾客的大比例，是因为其中是竞争的热点，参与热点竞争，是实现新办企业运行2:8操作和演练新品开发能力以及成品控制能力的最好舞台。参与这个目标市场的竞争，是提高新办企业向“头脑型”组织演变速度 的最好途径。

第一类——单体顾客群分析

（1）目标市场容量（25亿～30亿元）。仅上海地区每年约有8万～10万对新婚家庭和25万个家庭搬迁至新居，需购房或置换950万～1000万平方米。据调查显示，72%的居民接受的家具价格为5000～8000元，预测每平方米约可带来300元的家具消费，此项的容量计算为30亿元。或按新婚、搬迁数按二室一厅家具消费10000元计，也大抵相当。

因此，上海地区的单体顾客年购买需求为25亿~30亿元。

（2）流价格情况（五件套卧房家具是：6000~7000元/套）。据对1000名月薪在900~1200元的中等偏下的上海消费者的问卷调查显示：6000~7000元五件套家具（床、床边柜2件、大衣橱、低柜）为这类顾客的主流价格。他们当中购买主流价格的顾客为89%；购买高档国产家具的为7%（含红木家具）；购买高档进口家具的为4%。

4. 市场前景与优、劣势分析

（1）市场前景。市场容量和主流购买群情况显示，主体价格的年销售总额为22亿~26亿元。“上海牌”家具在这一目标市场中的年销售额约为0.40亿 ~0.45亿元，市场占有率仅为1.5%左右，作为具有40年历史和唯一连续4年获得市名牌产品称号的上海家具产品品牌，其扩大占有率的空间较为广阔。本企业目标销售为624万元，仅占该品牌销售总额的13%左右，市场前景较为乐观。

（2）优劣势分析。新办企业的优势如前所述，劣势情况如下：

①流动资金的缺口。

②生产链衔接和品质控制环节方面有素质的人员缺口。

③新设销售点的4PS的领会运用欠缺。

④CAD辅助设计跟进和设计成本的跟进速度不快。

⑤作业团队的磨合速度和亲和度尚显不够。

五、竞争

1. 企业竞争对手分析

在卧房家具主流价位的目标市场内，竞争对手的价格和服务、款式、品质情况如表3-2-1所示。

表3-2-1　　企业竞争对手分析表

竞争对手	款式	价格	服务	品种	木料
外地企业A	和式	9900元	一般	变化少	实木
上海企业B	流行款	8632元	一般	变化多	双包柳木
上海企业C	流行款	7200元	一般	变化少	双包水曲柳

2. 竞争对策

（1）服务做好：其中包括安居、使用说明；随访、公开承诺等。

（2）款式做多：同一造型产品有A、B、C版，使喜欢造型和欲少花钱的顾客能够在三个价位上选择较适合自己的价格。

（3）价格做公：企业受到的优惠政策的部分让给消费者。

六、定价与销售

1. 企业第一年销售计划：年销售额780万元；第二年销售计划：年销售额780万元，

月均销售 65 万元。

时间：1～3 月、4～6 月、7～9 月、10～12 月

销售额：273＋156＋117＋234＝780（万元）

百分比：35%＋20%＋15%＋30%＝100%

2. 定价和销售渠道

（1）定价：拟将“破坏价格”和需求导向定价、竞争导向定价法交替使用。

（2）销售渠道：鉴于企业授权使用著名品牌，在原单位品牌专卖商厦内辟有 500～1000 平方米专用销售地直销。

3. 促销手段

（1）价格适宜。

（2）专用销售地的氛围营造，使现实和潜在商品选购者在销售地停留时间增多，构成慕名（品牌）、停留、讨论、异议、成交的良好过程。

（3）做顾客的顾问和助手，提倡在一定条件下的顾客少购买行为、宣传“少工序胜多工序”的家具选购原则。

（4）宣传：售后服务专用车辆，媒体广告和软广告，产品及相关的宣传品（册）。

（5）不设购买金额下限的随品赠送，印有企业标志的独特定制的工艺品。

（6）销售区域内辟设“上海牌”家具发展陈列，彰显产品的文化内涵和新工艺应用等。

七、成本计划

企业的产品群由 1、2、3 类构成。其成本计划如表 3－2－2 所示（第一年、第二年，销售价 100%）。

表 3－2－2　　成本计划表

类别	1	2	3
内容	单体顾客	团体顾客	有特殊需求的顾客
成本计划（目标成本）	88%	85%	20%
毛利率	12%	15%	80%

成本计划：料、工、费（财务费用、租赁费用、销售费用、保险费用、运输费用、折旧费用等可计入成本的费用）。

例：单体顾客产品（成套卧房）的成本构成表。

（1）主要原辅材料和成型加工件：约占 55%。

（2）精加工和装饰的材料和人工支出：18%。

（3）宣传广告费用和开发试样费用：5%。

（4）管理费用（财务费用、租赁费用等）：10%。

（5）毛利率：12%。

八、现金流量计划

年销售780万元，月销售65万元，生产周期40天，其中第二类和第三类不作现金流量计划。因为第二类有50%定金，第三类随机投入的主要是文员和操作人员薪金支出。

780万元×80%=624万元；

624万元÷12=52万元（用第一类产品销售）。

资金周转天数：80~90天/次。

流动资金需求量：总销售值的55%，即28.6万元×3个月=85.8万元。

现金流量计划可以制成表3-2-3。

表3-2-3　　　　现金流量计划表

销售额（第一类）	期初投入	期末投入	期中回收	期末回收
52万元/月	28.6万元	85.8万元	52万元	156万元
156万元/3个月				

具体现金流量由专业人员设计。

九、投资回收

1. 投资回收期（初期投入额为100万元）

新企业的设计投资回收期为（不低于）20个月。

2. 投入资本的初期分配

具体分配情况可制成表3-2-4。

表3-2-4　　　　投入资本分配表

固定资产投入	流动资金投入	一次性销售地投入
20%	80%	
20万元	80万元	40万元

100万元其中40万元为流动资金贷款。

初步固定资产和流动资金总计为140~150万元。

十、组织和员工

1. 组织

鉴于小型组织的特点，经理层将分别兼任作业层3个部门的负责人，管理跨度不大于1:4，努力实现1:3。

2. 员工

企业初期配员额为30人以下。配员标准为人均年销售额25万元以上（65万×12个月=780万元÷25万元≈31人）。

员工中的60%以上为国有企业协保和富余的相关人员（以满足市政府有关享受优惠政策的比例要求设定），员工的工作条件和薪金待遇应是好的环境和比较好的待遇（善待员工就是善待投资者自己）。

十一～十四（略）

十五、申办程序及日程安排

1. 步骤

发起人确定、投入款确定、性质确定、起草章程、资金到位、登记式发起、注册。

2. 日程表（筹备）

企业的筹备期为90天。

鉴于企业拟租用原单位部分装备和不同性质的职工，均须得到原单位的确认，故总体的日程安排，须经确认之后开始操作。

阅读思考

自主创业优秀毕业生王玉婷谈创业

王玉婷，2008届文秘专业毕业生，现在××市从事手机电脑行业，经营××通讯店。

现在有许多年轻人都对创业充满了成功的梦想，但是理想与现实是有很大差距的，因为成功不仅青睐有准备的人，更眷顾善于抓住机遇的人。王玉婷就是这样一个在创业中善于抓住机遇，敢于面对挑战，最后取得成功的人。她作为一个80后的大学生，下面谈谈自主创业的平淡历程及点滴体会与90后的师弟师妹们一起分享。

勿以“利小”而不为

许多来我店里买电脑的客户都会问我，你是学计算机专业的？我说不是，我是学文科的，念的是文秘专业。虽然我现在没有从事文秘职业，但是我很庆幸我接受了三年文秘专业的学习，大学的三年真的让我收获了很多，无论是为人处世、与人交际，还是对日常工作的处理。有很多人也曾问过我，为什么我会选择开店，而且是从事自己从来都没有接触过的行业，我觉得什么东西都要有一个适应的过程，没有谁天生就适合干哪行，只有找准自己的兴趣，用心去做，没有什么是不可以达到的。我刚开始是准备做好手机这个销售亮点的，因为我的一个表哥（他是我校2004届美术班毕业生）在深圳搞手机批发，当时我在他那学习了1个月左右，就基本上了解了各类手机的性能、价格、相对优势等，后来回家的时候了解了一下河源地区的手机价格，觉得很有利润空间，我想如果我可以按照批发价加保修费给客户提供手机，那就能让广大消费者得到更多的实惠，也能促进手机批发业务的开展，这个想法得到了表哥的大力支持，他先自费为我提供货源，等我卖出了再给他打款，然后得到更多的货源。

这个想法萌生了之后，我就开始着手落实店面的问题，刚开始了解了很多店铺，但是价格都很高，地方不大，但都要1600~3000元，后来准备找个合伙人一起搞，压力就不会那么大，也可以避免单打独斗，而铺位的选择方面也不想考虑太贵的，因为创业是具有一定的风险的。当时准备和我合伙的是一个计算机专业2003届毕业的同乡，之前在家乡小学代课，以前他曾经自己创过业，他还和我讲了他的创业史。当时他刚毕业，那可是初生牛犊不怕虎啊，他当时在广州一大专院校念书，毕业后觉得那些精美的饰品应该能受欢迎，而且拿货很便宜，几毛钱、几元钱成本就可以，外观好点的就可以卖到几元、十几元甚至几十元，就准备自己搞个店面经营。当时店面转让费就用了3000元，加上装修一共投入了8000多元，可是××市人对饰品的消费观念并不像其他都市，最后就只能低价抛货。后来打了几个月工就回家教书了。

听了他的创业经验，我对自己的创业之路有了个更明确的定位，我觉得做什么事情都一定要三思而行，不能盲目，要从小做起，以点带面，不能一开始就要求太高。后来我找了一个店铺，两卡店面，宽敞舒适，一个月店租加水电费大概800元左右，虽然位置不是很好，但是店面位置好的也不见得生意就很好，我想只要自己做好服务，能给客户带来更多实惠，就一定能得到更多客户的认可。

所谓万事开头难，刚开始要准备的东西很多，签订租赁合同，全面地清扫，简单地装饰，置手机柜台、办公桌椅等，经过工商认可，确定以××通讯作为招牌，确定经营范围，制作招牌标语等，再选一个合适的日子开张。在此过程中又有了变化，我的那个合伙人又想自己在电脑城搞一个店面，最后他在电脑城二楼同一天开了电脑店。我们一起开始了创业之路。

两个月下来了，觉得一个那么大的店面只摆手机太浪费了，而且现在手机又一般是订货的，或者转一下给同行，所以觉得需要发展另一个业务，后来决定做电脑笔记本的销售，一来有同伴的协助，二来是我曾经吃过配电脑的亏，想通过自己的努力，让更多的人配到更实惠、更好用的电脑。我以前的电脑是大一的时候自己挣钱配的，当时电脑的配置是80GB硬盘，512B内存，单核处理器，七彩虹主板，宇宙光的杂牌17寸显示器，一共配了4368元，那个杂牌显示器我用到第二年的时候就开始闪了，后来花了100多元修好的。这些更坚定了我做电脑的信心。我开始向同伴了解电脑的相关知识，查找相关网页，了解了电脑的部件，拿货渠道，也得到了表哥的大力支持，他为我提供更有价格优势的货源，并指导我如何装机和多拿些货更有优势，并告诫我要及时了解价格的变动和供求关系，在产品的低谷时购进等重要知识。

勿将“人脉”当流水

我刚开始是从做亲戚朋友同学生意打开缺口的，我坚信薄利多销这个营销策略，亲戚朋友在我这里买到优惠合适的产品，享受到了优质的服务，自然会帮忙介绍业务，还有我姐姐工作的工厂也在姐姐的发动下以比市场更低的价格销售了很多手机，我们承诺1年保修，而且服务快捷，得到了很多客户的认可。现在金融危机，手机的销售也越来越困难了，而且市场的竞争也大，我也相应改变了销售策略，两个月做下来发现拿的机子很多都不是客户喜欢的，积压了很多货，而且保修期我们也不好控制。现在我推出的手机销售方式是先交定金然后发货，可以到我们网站看手机款式或者到市面上了解手机性能，确定品牌型号之后交定金然后发货。因为有价格优势，所以手机销售也慢慢上轨道，但是有时有些客户要手机的时候比较急，这部分的客户就会丢失掉。第二个就是利用好一切可以利用的资源，可以在这样的基础上发展代理，现在已经发展校园代理12名，我想这样能锻炼他们的销售能力，而且可以促进交际，又能很好地体现他们的能力，使其得到一定的补贴。通过网络宣传，群发最新的销售亮点，让大家能时刻关注最新的产品动态，有需要的时候也能第一时间想起。

勿小看乡村市场

创业和就业不是同一层面的问题，虽然它属于就业，但是比就业更深入，创业实际上承担着一份社会责任，要探索如何在解决就业的同时自己发展好的问题。关于发展，现在我的思路是主要从两大方面着手：一是做好学生群体的销售和服务；二是做好农村乡镇业务的开展。在此，我要感谢我的师弟朱惠龙、莫毅、伍建峰等，技工学校的在校学生欧浩智，工业学校的在校学生黄晓明，蓝口中学的教师黄小锋，叶潭中学的教师刘德伟，黄村中学的教师张伟明，康禾中学的教师冯添城等对我业务的大力推广，并取得了较大的成效。乘着家电下乡的春风，我想着重做好农村乡镇业务的推广和开展，因为城市的手机和电脑基本上已经普及了，有的也只是更新或者升级，而农村乡镇手机电脑的普及是现在国家的一个政策方向，相对来说更有市场，也更能给广大乡村朋友带来实惠。我现在已经打开了叶潭和黄村这两个缺口，希望以点带面，普及得更广，给广大农村乡镇带来更多的实惠。这就是我以后发展的另一个方向。

送给师弟师妹的话

(1) 找准自己的兴趣所在，正所谓干一行爱一行，因为喜欢所以努力。

(2) 找准市场，你所从事的行业里着重面向的是哪一些群体，怎么能促进业务的开展。

(3) 多管齐下，要多方着手，靠一个人的力量是很微薄的，要想办法打开缺口，得到更易于开展的效果。

(4) 创业不能盲目，一定要三思而行，要从小做起，以点带面，不能一开始就要求太高，要选择适合自己发展，符合自身条件的途径，也许刚开始会困难点，但慢慢地会见到曙光的。

(5) 一定要不断完善自身的知识和能力。做任何事都是一个不断学习的过程，一定要在这个过程中多充电，多关注社会及市场动态，才能立于不败之地。

思考问题

（1）你认为王玉婷是一个怎么样的人？

（2）你认为王玉婷走了一条怎样的创业道路？

（3）你认为一个创业者应具备哪些条件？

（4）你准备创业吗？请草拟一份创业计划。

训练指导

模拟创业计划大赛

一、创业计划书的基本要求

（1）创业计划书应基于具体技术、产品和服务，着眼于特定的市场、竞争、营销、运作、管理、财务等策略，团队的创业机会，创新创业计划书要完整、具体，具有可行性和操作性。

（2）格式要求：字数在8000字左右，封面统一格式为：《××××××××》创业计划书标题和一些基本信息，内容统一A4纸打印，仿宋小四字体。

（3）创业计划书的评选标准主要以技术、产品和服务的市场需求、创新创意、效益收益和可行性为主要依据。

（4）创业计划书得分60%、演讲答辩得分40%。

（5）演讲答辩，要求计划人在给定的时间内通过PPT幻灯片将计划书的主要内容介绍给评委和观众，幻灯片要求主题贴切，生动明了，可辅以音频、视频等资料。要求普通话标准，语速适当，清晰完整地表述计划内容。答辩时要求计划人对评委提出的问题准确理解，简要回答。演讲人要服饰得体，举止大方，能体现大学生朝气蓬勃的精神风貌；陈述环节不得超过8分钟，答辩环节每个问题回答时间不得超过3分钟，陈述、回答超时或过于简单，酌情扣分。

（6）组队：团队人数不超过7人。

（7）赛程、时间等要求以通知为准。

二、评分细则

评分细则如表3-2-5所示。

表 3-2-5　评分细则

评分要素	评分要点	分值	评分标准
创新创业计划书撰写（60分）	创新创业项目（产品、技术或服务）	10分	对创新创业项目的概述和愿景描述准确，商业目的明确、合理；技术、产品和服务市场定位准确，目标规划合理；创新创业理念出色；战略目标合理、明确；产品、技术或服务有一定的科技含量，对前景判断合理、准确；特点突出，有较高的商业价值，符合法律规定与道德规范
	项目优势、劣势分析	10分	创新创业机会的市场需求描述清晰，目标顾客群具体，市场竞争状况、自我优势认识清楚，分析透彻，对市场份额及市场走势预测合理；市场定位准确
	项目效益	10分	效益预测（或已经产生效益），盈利潜力、预期收入、回收策略明确、合理
	团队创业	10分	多人组成的创业团队，行动计划科学、严密；团队成员的教育及工作背景、能力互补且分工合理；组织机构严谨；产权、股权划分适当
	实施的途径与措施、营销策略、经营管理	10分	途径与措施具体、可行（公司发展战略）；成本及定价合理；营销渠道通畅；促销方式有效，具有吸引力；操作周期和实施计划安排恰当；在各发展阶段目标合理，重点明确；对经营难度和资源要分析准确
	融资方案、资金回报、风险	10分	融资方案具有吸引力；有清晰的资金结构及数量、投资回报率、利益分配方式、可能的退出方式等；对风险等问题认识深刻，评估充分；解决方案合理有效
现场演示（40分）	个人形象展示	10分	着装得体、大方、发式整洁，能充分展现大学生朝气蓬勃的精神风貌和职场新人的职业形象
	语言表达	10分	普通话语言流畅、层次清楚；内容丰富有条理，逻辑性强；用词恰当
	现场演讲感染力	10分	演讲充满激情，肢体语言恰当、丰富，能够感染他人
	评委提问	10分	对评委提出的问题理解准确，解释具有说服力，应变能力强

三、得分统计

得分统计如表 3-2-6 所示。

表 3-2-6　得分统计

选手编号：

评分要素	创业计划书撰写						现场演示				选手得分合计
评分要点	创业项目（产品、技术或服务）	优势、劣势分析	效益	团队创业	实施的途径与措施、营销策略、经营管理	融资方案、资金回报、风险	个人形象展示	语言表达	现场演讲感染力	评委提问	
分值	10分	10分	10分	10分	10分	10分	10分	10分	10分	10分	
得分											
选手姓名	评委点评： 签名：　　　日期：										

四、创新创业计划书模板（参考）

1. 业务要点

整个创业计划的概述。

2. 产品/服务

公司将为消费者提供什么；本产品/服务有哪些优势；消费者将如何从公司的产品/服务中受益。

2.1 描述

2.2 产品技术/服务

2.3 消费者可得的好处

3. 市场分析

有多少潜在用户；其增长率是多少；计划占有该市场的多大份额；如何发现潜在市场，如何打进潜在市场。

3.1 规模

3.2 区域

3.3 发展方向

3.4 消费者情况

3.5 市场细分

3.6 营销策略

3.7 市场开发战略

4. 竞争分析

竞争对手是谁；比竞争对手强/弱的地方在哪里；是否具有能阻止其他人进入的壁垒（如技术/法规）。

4.1 现有竞争

4.2 替换的产品/服务

4.3 情况（优势/弱势/机会/威胁）分析

4.4 竞争优势

4.5 进入壁垒

5. 创业计划的实施

创业计划将如何实施；实施战略是什么。

5.1 实施战略

5.2 战略联盟

5.3 创业周期（初期、发展期、成熟期）和预算

6. 团队管理团队主要成员组成

他们拥有何种经验，业绩和技能；创始人和主要成员的介绍。

7. 资金需求

需要多少资金来实施该创业计划；如何向外部投资者估值自己；预计“资金消耗率”（或每月支出）是多少。

7.1 需求量

7.2 估值和理由

7.3 资金用途

8. 财务分析

财务规划。

8.1 预计收益和支出

8.2 现金流动

9. 盈利模式

如何使盈利模式差异化，提高核心竞争力。

9.1 资源配置

9.2 信息控制

9.3 产品/服务创新

9.4 绩效管理

附录一　教育部关于做好 2015 年全国普通高等学校毕业生就业创业工作的通知

教学［2014］15 号

各省、自治区、直辖市教育厅（教委），有关省、自治区人力资源社会保障厅，部属各高等学校：

高校毕业生就业创业工作是教育领域重要的民生工程，党中央、国务院高度重视，明确要求强化就业创业服务体系建设，提升大学生就业创业比例。2015 年宏观就业形势面临多重压力，高校毕业生规模进一步加大，就业创业工作任务十分艰巨。为贯彻落实党的十八大和十八届三中、四中全会精神，全力做好 2015 年高校毕业生就业创业工作，现就有关事项通知如下：

一、全面推进创新创业教育和自主创业工作

各地各高校要把创新创业教育作为推进高等教育综合改革的重要抓手，将创新创业教育贯穿人才培养全过程，面向全体大学生开发开设创新创业教育专门课程，纳入学分管理，改进教学方法，增强实际效果。坚持理论与实践相结合，组织学生参加各类创新创业竞赛、创业模拟等实践活动，着力培养学生创新精神、创业意识和创新创业能力。高校要建立弹性学制，允许在校学生休学创业。高校要聘请创业成功者、企业家、投资人、专家学者等担任兼职导师，对创新创业学生进行一对一指导。

要加大对大学生自主创业资金支持力度，多渠道筹集资金，广泛吸引金融机构、社会组织、行业协会和企事业单位为大学生自主创业提供资金支持。建设一批大学生创业示范基地，继续推动大学科技园、创业园、创业孵化基地和实习实践基地建设，高校应开辟专门场地用于学生创新创业实践活动，教育部工程研究中心、各类实验室、教学仪器设备等原则上都要向学生开放。实施好新一轮大学生创业引领计划，落实创业培训、工商登记、融资服务、税收减免等各项优惠政策，鼓励扶持开设网店等多种创业形态。完善大学生创业服务网功能，提供项目对接、政策解读和在线咨询等服务。

二、大力引导高校毕业生到基层就业

各地各高校要进一步健全鼓励毕业生到基层就业的服务保障机制，落实和完善学费补偿和助学贷款代偿、后续升学和就业服务等政策。要会同有关部门继续组织实施好“农村教师特岗计划”“西部计划”“大学生村官”“三支一扶”等各类基层服务项目，通过定期走访、跟踪培养等方式关心毕业生的工作、成长和发展。主动配合政法部门，研究制定健全从政法专业毕业生中招录人才的规范便捷机制的具体办法，促进政法专业毕业生就业。

积极会同有关部门加大政府购买力度，开发更多基层公共管理和社会服务岗位吸纳毕业生就业。推进高校与二三线城市战略性合作，持续开展二三线城市面向毕业生的专场招聘活动，努力为区域经济社会发展提供人才和智力支持。进一步创造条件，引导毕业生到城乡基层、中西部地区、艰苦边远地区和中小微企业就业，会同有关部门抓好吸纳毕业生就业的社保补贴、培训补贴、税费减免、毕业生落户、人事档案管理等政策的落实，支持更多毕业生到基层建功立业。

要继续做好大学生征兵工作，巩固近年来大学生征兵工作成果，完善大学生入伍政策体系和长效机制。与兵役部门密切配合，建立定期会商机制，提早部署 2015 年大学生征兵工作。创新宣传发动方式，办好“入伍政策网上咨询周”“征兵宣传月”等活动，形成良好舆论氛围。开设大学生入伍绿色通道，在暑假前完成体检、政审和预定兵员工作。进一步完善和落实学费补偿贷款代偿学费减免、退役后复学升学、就业创业等政策，鼓励更多大学生投身军营、报效国家。

三、强化就业指导服务

各地各高校要建立健全职业发展和就业指导服务体系。加强就业指导课程和学科建设，要结合当前经济发展新业态和新常态，及时将学科专业动态和行业发展成果融入课堂教学，提高课堂教学的参与度和吸引力。深入开展个性化辅导与咨询，帮助毕业生合理确立职业目标，及时疏导毕业生求职过程中的焦虑、依赖等心理问题，增强其应对竞争及挫折的抗压能力。积极组织职业规划大赛、职业体验项目等课外活动，充分发挥就业实践活动的带动作用，进一步提高就业指导的覆盖面和实效性。

要充分发挥校园就业市场的主渠道和基础性作用，深入挖掘岗位，积极组织多种形式的校园招聘活动，确保招聘活动场次、岗位数量进一步增加，信息质量进一步提高。深入推进就业信息网建设，充分运用“全国大学生就业信息服务一体化系统”，实现招聘活动联合联动、招聘信息有效共享。结合国家新推出的“一带一路”“互联互通”和亚太自由贸易区等重大战略，探索毕业生就业创业的新渠道、新形态。进一步加强对招聘活动的规范管理和招聘信息审核，教育行政部门和高校组织的招聘活动要严格执行“三严禁”，切实营造公平就业环境。充分利用“全国高校毕业生就业管理与监测系统”，及时更新、按时报送高校毕业生就业信息，严禁任何形式的就业率造假。

要进一步加大对就业困难毕业生的帮扶力度，准确掌握家庭困难毕业生、少数民族毕业生、女性毕业生、残疾毕业生等各类困难群体的具体情况，指定专人负责，实行“一生一策”动态管理、精准帮扶。认真做好低保家庭毕业生的求职补贴发放工作，有条件的地方应将享受国家助学贷款毕业生纳入求职补贴对象范围。要针对困难毕业生的不同特点和需求，通过举办专场招聘活动、技能培训、岗位推荐等多种方式，帮助他们实现就业。对离校未就业毕业生持续提供就业信息和服务，会同有关部门实施好“离校未就业促进计划”，切实做到“离校不离心、服务不断线”。

四、进一步加强思想教育和政策宣传

各地各高校要把思想教育作为促进就业创业的先导性工作，积极组织毕业生深入学习领会习近平总书记系列重要讲话和给毕业生的回信精神，着力培育和践行社会主义核心价值观，引导毕业生把个人梦想融入中国梦的伟大实践，主动到国家需要的地方建功立业。要结合青年学生特点，组织引导毕业生深入城乡基层和生产一线实习实践，促进他们知国情、接地气、转观念、长才干。要通过优秀校友讲体会、专家学者讲形势、创业典型讲经验等多种形式，帮助毕业生调整就业预期，规划职业生涯，积极主动就业创业。

要高度重视高校毕业生就业创业政策宣传，建立教育部门、高校、院系、班级四级联动的政策宣传网络，努力让每一位毕业生都知晓、用好政策。要充分利用微博、微信、手机报等新媒体，使用海报、图表等毕业生喜闻乐见的方式，及时宣传解读国家出台的促进就业创业的政策措施。要根据毕业生的就业意向和求职需求，分时段、分类别推送基层就业、自主创业、参军入伍、困难帮扶等政策措施，提高政策宣传的针对性和有效性。

五、推动高等教育更好适应经济社会发展需要

各地各高校要以提高质量为核心，结构调整为突破，加快推进高等教育综合改革，进一步优化区域布局结构、培养层次结构和学科专业结构。引导一批普通本科高校向应用技术型高校转型发展，继续扩大专业学位研究生类型和规模。完善专业预警、退出和动态调整机制，及时调减就业率持续较低的专业招生计划，使学科专业结构与经济社会发展需要相适应、与就业对接。探索建立高校毕业生就业和重点产业人才供需协调机制，推进校地合作、校产联合、校企对接，构建高校与有关部门、科研院所、行业企业协同育人机制。推动大学生参加形式多样的实习实训、社会实践和志愿活动，增强就业创业能力。

要进一步健全高校毕业生就业质量年度报告制度，完善报告内容和发布方式，9 月份发布高校毕业生就业状况，12 月底面向社会发布高校毕业生就业质量年度报告。加强毕业生就业创业与职业发展状况跟踪调查，完善就业质量评价指标体系，把大学生创新创业能力、就业创业状况作为高校评估重要内容。建立和完善就业与招生计划、人才培养、经费拨款、院校设置、专业调整的联动机制，建立健全激励和约束机制，推动高校不断优化人才培养结构，提高培养质量，实现特色发展。

六、加强就业创业工作组织领导

各地各高校要继续把高校毕业生就业创业工作摆在突出重要位置，加强组织领导，健全责任制度，明确任务分工，统筹推进工作。要创新服务方式和手段，加强督促检查和分类指导，及时研究解决工作中出现的新情况、新问题。要结合本地本校实际，切实加大就业创业资金投入力度，制定出台更加有力的政策措施，确保完成就业工作目标任务。

各高校要深入实施就业创业工作“一把手”工程，主要负责同志亲自抓，分管负责同志具体抓，形成就业、招生、教学、学生工作等部门联动工作机制。要进一步加强就业创业工作保障，切实做到“机构、人员、场地、经费”四到位，重点建设一批示范性就业指导机构。要把就业指导教师专业技术职务评聘工作落到实处，进一步推进就业创业指导教师专业化、专家化。进一步优化就业服务流程，简化相关环节和手续，为毕业生就业创业提供高效便捷的服务，确保毕业生文明有序离校。

教育部

2014 年 11 月 28 日

附录二　国务院关于进一步做好普通高等学校毕业生就业工作的通知

国发〔2011〕16号

各省、自治区、直辖市人民政府，国务院各部委、各直属机构：

普通高等学校毕业生（以下简称高校毕业生）是国家宝贵的人才资源，是现代化建设的重要生力军。做好高校毕业生就业工作，是促进经济发展和社会和谐的重要举措。近年来，各地区、各有关部门认真贯彻落实党中央、国务院的决策部署，做了大量工作，取得明显成效，高校毕业生就业形势总体保持稳定。预计“十二五”时期，高校毕业生数量仍将持续增长，促进高校毕业生就业任务依然十分繁重。各地区、各有关部门要继续把高校毕业生就业摆在就业工作的首位，进一步加大工作力度，多渠道开发就业岗位，完善相关政策措施，切实加强就业服务，千方百计促进高校毕业生就业。为进一步做好高校毕业生就业工作，现就有关问题通知如下。

一、适应加快转变经济发展方式和调整经济结构的进程，积极拓展高校毕业生就业领域

（1）在构建现代产业体系中努力创造更多适合高校毕业生的就业机会。在推进战略性新兴产业发展中培育新的就业增长点，着力发展既具有较高科技含量又具有较强吸纳就业能力的智力密集型、技术密集型产业，开发更多适合高校毕业生的就业岗位。在加快转变经济发展方式和调整经济结构中实施有利于发挥劳动力比较优势的技术进步和产业升级技术战略，带动生产性就业岗位增长，努力扩大吸纳高校毕业生就业规模。大力发展具有增长潜力的生产性服务业和生活性服务业，积极鼓励发展服务外包、动漫、现代信息技术、现代服务业等产业，创造更多高校毕业生就业机会。积极支持和鼓励高校毕业生投身现代农业建设，鼓励农业企业吸纳高校毕业生就业。在安排政府投资、重大建设项目和制定产业规划时要充分考虑扩大就业的需要，探索建立投资带动就业评估机制，更好地发挥投资对就业的带动作用。及时发布和宣传行业发展规划和相关专业领域的人才规划，引导高校根据行业人才需求，有针对性地开展人才培养。各高校要根据经济社会发展和产业结构调整的需要，认真做好相关专业人才需求预测，合理调整专业设置，推进人才培养模式改革，强化实践教学和实习实训，提高人才培养质量。支持相关行业和产业与高校联合开展人才培养和岗位对接活动，使广大高校毕业生能够学有所用。

（2）鼓励中小企业吸纳高校毕业生就业。中小企业是吸纳高校毕业生就业的主要渠道。要进一步改善中小企业发展环境，大力发展劳动密集型产业、服务业、小型微型企业和创新型科技企业，将落实中小企业扶持政策与做好高校毕业生就业工作结合起来，鼓励企业积极吸纳高校毕业生就业。对招收高校毕业生达到一定数量的中小企业，地方财政应优先考虑安排扶持中小企业发展资金，并优先提供技术改造贷款贴息。对劳动密集型小企业当年新招收登记失业高校毕业生达到一定比例的，可按规定申请最高不超过200万元的小额担保贷款，并享受财政贴息。对企业招收就业困难高校毕业生、签订劳动合同并缴纳社会保险费的，按规定给予社会保险补贴。高校毕业生到中小企业就业的，在专业技术职称评定、科研项目经费申请、科研成果或荣誉称号申报等方面，享受与国有企事业单位同类人员同等待遇。

二、鼓励引导高校毕业生面向城乡基层、中西部地区以及民族地区、贫困地区和艰苦边远地区就业

（1）鼓励高校毕业生面向城乡基层就业。各地要根据统筹城乡经济和加快基本公共服务发展的需要，大力开发社会管理和公共教育、医疗卫生、文化等领域服务岗位，增加高校毕业生就业机会。要进一步完善相关政策，重点解决好他们在工资待遇、社会保障、人员编制、户口档案、职称评定、教育培训、人员流动、资金支持等方面面临的实际问题，鼓励和引导高校毕业生到城乡基层特别是城市社区和农村教育、医疗卫生、文化、科技等基层岗位工作。对在公益性岗位就业并符合条件的高校毕业生，按规定给予社会保险补贴和公益性岗位补贴。自2012年起，省级以上机关录用公务员，除部分特殊职位外，均应从具有2年以上基层工作经历的人员中录用。市（地）级以下机关特别是县乡机关招录公务员，应采取有效措施积极吸引优秀应届高校毕业生报考，录用计划应主要用于招收应届高校毕业生。要按照统一征集岗位、统一发布公告、统一组织考试、统一服务管理的原则，统筹实施“选聘高校毕业生到村任职”“三支一扶”（支教、支农、支医和扶贫）、“大学生志愿服务西部计划”“农村义务教育阶段学校教师特设岗位计划”等基层服务项目，做好各类项目之间的政策衔接，进一步落实对服务期满考核合格人员的就业政策措施。切实做好免费师范毕业生就业工作。积极做好征集高校毕业生入伍服义务兵役工作。

（2）鼓励高校毕业生到中西部地区、民族地区、贫困地区和艰苦边远地区就业。要结合中部地区崛起和西部大开发战略的实施以及产业梯度转移的需要，鼓励和引导高校毕业生到中西部地区就业。各地要尽快出台并完善相关政策，对到中西部地区和艰苦边远地区县以下基层单位就业，服务期达到3年以上（含3年）的高校毕业生，按规定实施相应的学费和助学贷款代偿。对到艰苦边远地区或国家扶贫开发工作重点县就业的高校毕业生，在机关工作的，试用期工资可直接按试用期满后工资确定，试用期满后级别工资高定1至2档；在事业单位工作的，可提前转正定级，转正定级时薪级工资高定1至2级。

三、鼓励支持高校毕业生自主创业，稳定灵活就业

（1）落实和完善创业扶持政策。各地区、各有关部门要进一步落实和完善各项创业扶持政策，改善创业环境，积极引导高校毕业生创业。持《就业失业登记证》（注明“自主创业税收政策”或附着《高校毕业生自主创业证》）的高校毕业生在毕业年度内（指毕业所在自然年，即1月1日至12月31日）从事个体经营的，3年内按每户每年8000元为限额依次扣减其当年实际应缴纳的营业税、城市维护建设税、教育费附加和个人所得税。2011年1月1日至2011年12月31日，对高校毕业生创办的年应纳税所得额低于3万元（含3万元）的小型微利企业，其所得减按50%计入应纳税所得额，按20%的税率缴纳企业所得税。发挥小额担保贷款政策促进就业的积极作用，对符合条件的高校毕业生自主创业的，可在创业地按规定申请小额担保贷款；从事微利项目的，可享受不超过10万元贷款额度的财政贴息扶持。对合伙经营和组织起来就业的，可根据实际需要适当提高贷款额度。要进一步改进和完善“小额担保贷款 +信用社区建设 +创业培训”联动工作机制。有条件的地区要加大财政投入，并积极引入风险投资资金，探索财政资金、风险投资等与大学生创业赛事的对接模式，规范发展民间融资，多渠道加大创业资金投入。要进一步完善和落实行政事业性收费减免等优惠政策，按照法律法规的规定，适当放宽市场准入条件，鼓励高校毕业生创业。

（2）加强创业教育、创业培训和创业服务。各高校要广泛开展创业教育，积极开发创新创业类课程，完善创业教育课程体系，将创业教育课程纳入学分管理。积极推广成熟的创业培训模式，鼓励高校毕业生参加创业培训和实训，提高创业能力。对高校毕业生在毕业年度内参加创业培训的，根据其获得创业培训合格证书或就业、创业情况，按规定给予培训补贴。要根据高校毕业生特点和需求，组织开展政策咨询、信息服务、项目开发、风险评估、开业指导、融资服务、跟踪扶持等“一条龙”创业服务。在充分发挥各类创业孵化基地作用的基础上，因地制宜建设一批大学生创业孵化基地，并给予相关政策扶持。对基地内大学生创业企业要提供培训和指导服务，落实扶持政策，努力提高创业成功率，延长企业存活期。

（3）稳定灵活就业。各地要鼓励支持高校毕业生通过多种形式灵活就业，并给予相关政策扶持。对符合就业困难人员条件的灵活就业高校毕业生，要按规定落实社会保险补贴政策。对申报灵活就业的高校毕业生，各级公共就业人才服务机构按规定提供人事、劳动保障代理服务，做好社会保险关系接续工作。

四、支持高校毕业生参加就业见习和技能培训，鼓励科研项目单位吸纳高校毕业生就业

（1）支持高校毕业生参加就业见习。各地要结合当地产业发展需要和高校毕业生情况，鼓励和扶持一批规模较大并有一定社会影响力的企事业单位作为就业见习单位，为有见习需求的未就业高校毕业生提供见习机会。积极引导有条件的科技企业孵化器创建大学生科技创业见习基地。要进一步完善就业见习管理办法，明确见习对象范围、见习基地条件、见习补贴标准、见习考核评估等事项，进一步规范见习活动。认真落实见习期间基本生活补助政策，基本生活补助费用由见习单位和地方政府分担。各地要根据当地经济发展和物价水平，合理确定和及时调整基本生活补助标准。见习单位应加强见习场所的安全管理，并为参加见习的高校毕业生购买人身意外伤害保险。见习单位支出的见习补贴相关费用，不计入社会保险缴费基数，但符合税收法律法规规定的，可以在计算企业所得税应纳税所得额时扣除。

（2）支持高校毕业生参加职业技能培训和技能鉴定。各地要积极组织有培训需求的高校毕业生参加职业技能培训和技能鉴定，帮助其提高就业能力。对高校毕业生在毕业年度内参加职业技能培训的，根据其取得职业资格证书（未颁布国家职业技能标准的职业应取得专项职业能力证书或培训合格证书）或就业情况，按规定给予培训补贴。对高校毕业生在毕业年度内通过初次职业技能鉴定并取得职业资格证书或专项职业能力证书的，按规定给予一次性职业技能鉴定补贴。对企业新招收毕业年度高校毕业生，在6个月之内开展岗前培训的，按规定给予企业职业培训补贴。

（3）鼓励科研项目单位吸纳高校毕业生就业。鼓励高校、科研机构和企业，结合国家产业发展和技术进步的需要开展研究，并按照公开、自愿、双向选择的原则，在所承担的项目实施过程中，聘用优秀高校毕业生作为研究助理或辅助人员参与研究工作。在承担的民口科技重大专项、“973”计划、“863”计划、科技支撑计划以及国家自然科学基金等重大重点项目实施过程中，聘用高校毕业生的劳务性费用和有关社会保险费补助可按规定从项目经费中列支。聘用期满，根据工作需要可以续聘或到其他岗位就业，就业后工龄与参与研究期间的工作时间合并计算，社会保险缴费年限合并计算。

五、大力加强就业指导、就业服务和就业援助

（1）加强就业指导和就业服务。各高校要全面开展职业发展指导和就业创业教育，将就业指导课程纳入教学计划，建立贯穿于整个大学教育期间的职业发展和就业指导课程体系，帮助大学生树立正确的成才和就业观念。各地区、各有关部门要根据高校毕业生求职就业特点，创新就业服务模式，完善服务措施，采取组织企业进校园、召开专场招聘会和供求洽谈会、开展网络招聘等活动，为高校毕业生提供方便、快捷、直接、有效的就业信息服务。各地公共就业人才服务机构、高校毕业生就业指导服务机构及其他就业服务机构要加强合作，建立健全高校毕业生就业信息服务平台，提供政策发布、岗位信息、网络招聘、远程面试、指导咨询等就业服务。要大力推动互联网就业服务的健康发展，加强信息监督管理，规范互联网求职就业行为。要加强人力资源市场需求预测，完善职业供求信息收集和发布制度，引导高校毕业生理性求职、用人单位积极招聘和高校科学合理设置专业。鼓励各类职业中介机构为高校毕业生提供就业服务，对为登记失业高校毕业生提供服务并符合条件的给予职业介绍补贴。鼓励企业与高校合作，为大学生提供有针对性的指导和服务，帮助大学生提升专业能力和职业能力。全面落实为登记失业高校毕业生免费提供政策咨询、职业指导、职业介绍和人事档案托管等服务政策。支持工会、共青团、妇联等组织开展多种形式的高校毕业生就业创业扶持活动。

（2）开展就业失业登记。各级公共就业人才服务机构要按照就业促进法的规定，为已就业高校毕业生免费办理就业登记，并按规定提供人事、劳动保障代理服务。要进一步完善就业登记办法，建立就业登记与劳动合同管理、社会保险费缴纳联动机制，维护劳动者就业权益。对未就业的高校毕业生可按规定办理失业登记，并纳入户籍所在地失业人员统一管理，落实相关就业扶持政策。各级人力资源社会保障部门、教育部门和各高校要加强合作，进一步完善以实名制为基础的高校毕业生就业统计制度，做好高校毕业生毕业前后的信息衔接和服务接续。

（3）强化就业援助。各级公共就业人才服务机构要将就业困难的高校毕业生纳入当地就业援助体系，建立专门台账，实施“一对一”职业指导和重点帮扶，并向用人单位重点推荐，或通过公益性岗位安置就业。对符合条件的人员按规定落实社会保险补贴和公益性岗位补贴。各高校可根据困难家庭毕业生的实际情况，给予适当的求职补贴。各地要高度重视大城市聚居地长时间失业高校毕业生以及女性、残疾人和少数民族等高校毕业生的就业问题，提供有针对性的就业服务和就业指导，鼓励有条件的地区制定实施专门的就业扶持政策。

（4）保障就业权益。各城市应取消高校毕业生落户限制，允许高校毕业生在就（创）业地办理落户手续（直辖市按有关规定执行）。各地要按照就业促进法、劳动合同法、公务员法等的要求，进一步深化高校毕业生就业制度改革，简化高校毕业生就业程序。对到各类用人单位就业的高校毕业生，其职称评定、工资待遇、社会保险办理、工龄确定等要严格按照国家有关规定执行。高校毕业生从企业、社会团体到机关事业单位就业的，其参加基本养老保险缴费年限合并计算为工龄。要加大对各类企业特别是中小企业在劳动用工、缴纳社会保险费等方面的劳动监察力度，切实维护高校毕业生的合法权益。要进一步加强人力资源市场管理，大力开展人力资源市场清理整顿工作，严厉打击非法职业中介和招聘过程中的各类欺诈行为。要认真执行残疾人就业条例的有关规定，保障残疾人高校毕业生的就业权益。要切实落实取消就业体检中乙肝检测项目的有关规定，防止各类就业歧视，维护高校毕业生公平就业权利。

各地区、各有关部门要按照本通知精神，进一步加强对高校毕业生就业工作的领导，强化目标责任，把高校毕业生就业工作情况列入政府政绩考核内容，切实抓好贯彻落实。要加大对就业政策措施和先进典型的宣传力度，引导高校毕业生转变就业观念，营造良好的就业环境。

国务院

二○一一年五月三十一日

附录三　湖南省教育厅关于做好离校前《高校毕业生自主创业证》核发有关工作的通知

湘教办通〔2011〕126 号

各高等学校：

为贯彻落实教育部《关于做好核发〈高校毕业生自主创业证〉有关工作的通知》（教学厅函〔2010〕31 号）精神，做好我省《高校毕业生自主创业证》的核发和大学生创业后续服务工作，现将有关事项通知如下：

一、核发对象

《高校毕业生自主创业证》发放对象是毕业年度内在校期间创业的高校毕业生。高校毕业生是指实施高等学历教育的普通高等学校、成人高等学校毕业的学生；毕业年度是指毕业所在公历年，即 1 月 1 日至 12 月 31 日。

二、申请程序和管理

1. 离校（7 月 1 日）前创业的高校毕业生，申领《高校毕业生自主创业证》，由所在高校初审，我厅复核确认后核发，创业学生注册登录教育部大学生创业服务网（网址：http：//cy. ncss. org. cn），在网上按照要求提交申请。离校后创业的，由人力资源社会保障部门核发，创业学生凭毕业证书直接向创业地县以上人力资源社会保障部门提出认定申请。

2. 高校登录全国大学生就业信息服务一体化系统（网址：http：//admin. ncss. org. cn/login），对离校前创业毕业生提交的申请进行初审，通过后注明已审核，并在网上提交我厅，我厅进行复核和确认。

3. 高校主要审核申请的学生是否是当年毕业，照片是否符合标准（近期一寸彩色正面免冠照片，白色、蓝色或红色的纯色背景，人像清晰，神态自然，无明显畸变），创业项目是否属于禁止申请的项目（须为个体经营，并且不是建筑业、娱乐业以及销售不动产、转让土地使用权、广告业、房屋中介、桑拿、按摩、网吧、氧吧等）。我厅主要审核毕业生的身份、学籍学历、是否是应届毕业生等信息。

4. 我厅网上复核确认后，普通高等学校创业毕业生的《高校毕业生自主创业证》由各高校自行打印并发放（我厅将教育部统一印制的《高校毕业生自主创业证》按毕业生比例下发至各普通高等学校）；独立建制的成人高校创业毕业生的《高校毕业生自主创业证》由我厅直接发放。

三、工作要求

1. 普通高等学校（含成人学历教育）核发《高校毕业生自主创业证》由学校毕业生

就业指导服务部门归口负责；独立建制的成人高等学校由学校的学籍管理部门负责，要确保符合条件的毕业生能够及时申领，坚决杜绝冒领、代领事件发生，成人高校老师集中代替领证时须携带介绍信或工作证，学生本人领证时须携带身份证原件。

2. 为了提高工作效率，原则上应在受理学生申请之日起 10 个工作日内办结《高校毕业生自主创业证》核发工作。创业学生提交申请后，所在高校应在 3 ~5 个工作日内完成网上初审，我厅在接到高校的提交申请后，在 3 ~5 个工作日完成复核确认。

3. 高校毕业生自主创业实行实名制，限创业学生本人使用，若遗失或毁坏，应依程序及时补发。

4. 各高校要高度重视，安排专人负责此项工作，并将负责此项工作人员的有关信息（姓名、邮箱、手机、办公电话和 QQ 号）报送我厅学生处 1152402765@ qq. com 邮箱，要求该同志加入工作群 - 就业直通车 QQ 群（群号：45985588），我厅将设定并告知高校登录网站用户名和密码。

湖南省教育厅办公室

二〇一一年六月二十日

附录四　大学生创业扶持政策摘编

国家创业扶持政策摘编

——加强创业基地建设，打造全方位创业支撑平台

全面建设创业基地。教育部会同科技部，以国家大学科技园为主要依托，重点建设一批“高校学生科技创业实习基地”，并制定出台相关认定办法。省级教育行政部门要结合本地实际，通过多种形式建立省级大学生创业实习和孵化基地；同时要积极争取有关部门支持，推动本地区有关地市、高等学校、大学科技园建立大学生创业实习或孵化基地，并按其类别、规模和孵化效果，给予大力支持，充分发挥基地的辐射示范作用。

明确创业基地功能定位。大学生创业实习或孵化基地是高等学校开展创新创业教育、促进学生自主创业的重要实践平台，主要任务是整合各方优势资源，开展创业指导和培训，接纳大学生实习实训，提供创业项目孵化的软硬件支持，为大学生创业提供支撑和服务，促进大学生创业就业。

规范创业基地管理。大学科技园作为“高校学生科技创业实习基地”的建设主体，要把基地建设作为园区建设的重要内容，确定专门的管理部门负责基地的建设和管理；加强与依托学校和有关部门的联动，共同开展大学生实习实训和创业实践。有关高等学校要高度重视大学科技园在创新创业人才培养中的作用，出台有利于大学科技园开展学生创业工作的政策措施和激励机制。

提供多种形式的创业扶持。大学生创业实习或孵化基地要结合实际，为大学生创业提供场地、资金、实训等多方面的支持。要开辟较为集中的大学生创业专用场地，配备必要的公共设备和设施，为大学生创业企业提供至少12个月的房租减免。要提供法律、工商、税务、财务、人事代理、管理咨询、项目推荐、项目融资等方面的创业咨询和服务，以及多种形式的资金支持；要为大学生开展创业培训、实训；建立公共信息服务平台，发布相关政策、创业项目和创业实训等信息。

——进一步落实和完善大学生自主创业扶持政策，加强创业指导和服务工作

切实落实创业扶持政策。省级教育行政部门要按人力资源和社会保障部、教育部等《关于实施“2010高校毕业生就业推进行动”大力促进高校毕业生就业的通知》（人社部发〔2010〕25号）要求，与有关部门密切配合，共同组织实施“创业引领计划”，并切实落实以下政策：对高校毕业生初创企业，可按照行业特点，合理设置资金、人员等准入条件，并允许注册资金分期到位。允许高校毕业生按照法律法规规定的条件、程序和合同约定将家庭住所、租借房、临时商业用房等作为创业经营场所。对应届及毕业2年以内的高校毕业生从事个体经营的，自其在工商部门首次注册登记之日起3年内，免收登记类和证照类等有关行政事业性收费；登记求职的高校毕业生从事个体经营，自筹资金不足的，可按规定申请小额担保贷款，从事微利项目的，可按规定享受贴息扶持；对合伙经营和组织起来就业的，贷款规模可适当扩大。完善整合就业税收优惠政策，鼓励高校毕业生自主创业。

积极争取资金投入。省级教育行政部门要与有关部门协调配合，积极争取当地政府和社会支持，通过财政和社会两条渠道设立“高校毕业生创业资金”“天使基金”等资助项目，重点扶持大学生创业。要建立健全创业投资机制，鼓励吸引外资和国内社会资本投资大学生创业企业。

积极开展创业培训。省级教育行政部门要积极配合有关部门，对有创业愿望并具备一定创业条件的高校学生，普遍开展创业培训。要积极整合各方面资源，把成熟的创业培训项目引入高校，并探索、开发适合我国大学生创业的培训项目。同时，高等学校要加强对在校生的创业风险意识教育，帮助学生了解创业过程中可能遇到的困难和问题，不断提高防范和规避风险的意识和能力。

全面加强创业信息服务。省级教育行政部门和高等学校要加大服务力度，拓展服务内涵，充分利用现有就业指导服务平台，特别是就业信息服务平台，广泛收集创业项目和创业信息，开展创业测评、创业模拟、咨询帮扶，有条件的要抓紧设立创业咨询室，开展“一对一”的创业指导和咨询，增强创业服务的针对性和有效性。

高等学校要出台促进在校学生自主创业的政策和措施。高校可通过多种渠道筹集资金，普遍设立大学生创业扶持资金；依托大学科技园、创业基地、各种科研平台以及其他科技园区等为学生提供创业场地。同时，有条件的高校要结合学科专业和科研项目的特点，积极促进教师和学生的科研成果、科技发明、专利等转化为创业项目。

摘自教育部《关于大力推进高等学校创新创业教育和大学生自主创业工作的意见》（教办〔2010〕3号）

——对持《就业失业登记证》（注明“自主创业税收政策”或附着《高校毕业生自主创业证》）人员从事个体经营（除建筑业、娱乐业以及销售不动产、转让土地使用权、广告业、房屋中介、桑拿、按摩、网吧、氧吧外）的，在3年内按每户每年8000元为限额依次扣减其当年实际应缴纳的营业税、城市维护建设税、教育费附加和个人所得税。

纳税人年度应缴纳税款小于上述扣减限额的，以其实际缴纳的税款为限；大于上述扣减限额的，应以上述扣减限额为限。

本条所称持《就业失业登记证》（注明“自主创业税收政策”或附着《高校毕业生自

主创业证》）人员是指：1. 在人力资源和社会保障部门公共就业服务机构登记失业半年以上的人员；2. 零就业家庭、享受城市居民最低生活保障家庭劳动年龄内的登记失业人员；3. 毕业年度内高校毕业生。高校毕业生是指实施高等学历教育的普通高等学校、成人高等学校毕业的学生；毕业年度是指毕业所在自然年，即1月1日至12月31日。

摘自财政部　国家税务总局《关于支持和促进就业有关税收政策的通知》（财税［2010］84号）

湖南省大学生创业政策摘编

——鼓励和支持高校毕业生自主创业。高校毕业生在毕业后两年内在本省范围内创办科技型中小企业或在本省科技型中小企业从事高新技术研发的，其创新项目可适当放宽条件申请省人民政府专项创新资助，取得技术成果获得专利的可提出专利补助申请。省科技计划增设大学生创新创业专项资金，支持高校毕业生在本省范围内进行科技创新和创业。对高校毕业生申请登记个体经营的，开辟绿色通道，上门办照。对高校毕业生从事个体经营符合条件的，免收登记类和证照类等各项行政事业性收费，月营业额未达到5000元或经商办企业所得的技术开发、技术转让以及与之相关的技术咨询、技术服务收入，免征营业税；经商兴办符合税法规定的小型微利企业，按20%税率征收企业所得税。高校毕业生同时又是残疾人，或者从事中小企业、高新技术企业创业的，分别享受残疾人就业、中小企业、高新技术企业发展等现行税收优惠政策和创业经营场所安排等扶持政策。

在当地公共就业服务机构登记失业的自主创业高校毕业生，自筹资金不足的，可向户籍所在地劳动部门申请不超过5万元的小额担保贷款。对合伙经营和组织起来就业的，可按规定适当扩大贷款规模。从事当地政府规定微利项目的，可按规定享受贴息扶持。金融机构在有效防范小额担保贷款风险的前提下，要将小额担保贷款业务向高校毕业生自主创业项目倾斜，尽量简化贷款发放手续，缩短贷款审批时间。要认真组织好"挑战杯"大学生科技作品竞赛、大学生创业计划大赛、大学生电子商务创业大赛、职业技能大赛等一系列促进青年就业创业的活动。从2009年起，省人民政府每年设立5000万元大学生创业专项扶持资金，专项扶持大学生创新创业，并视情况逐年增加。各级政府也要设立专项资金，扶持大学生创新创业。

摘自湖南省人民政府办公厅《关于加强普通高等学校毕业生就业工作的通知》（湘政办发〔2009〕24号）

——对高校毕业生自主创业的，在完成了工商注册登记手续后，经过当地劳动保障和财政部门的审查，可给予以下项目的补贴：

（一）实行开办费补贴。高校毕业生在办理工商注册登记满六个月后，可给予一次性的自主创业开办费补贴。

（二）实行所得税补贴。高校毕业生从事个体经营、创办企业（国家限制的行业除外）的，自工商注册登记之日起三年内，对其实际缴纳的所得税给予一定的补贴。

（三）实行房租补贴。高校毕业生租赁房屋用于自主创业的，自租赁之日起两年内给予一定的房租补贴。

（四）实行小额担保贷款贴息补贴。高校毕业生自主创业（国家限制的行业除外）办理了小额担保贷款的，可享受最长不超过两年的全额贴息。

（五）实行还贷补贴。对自主创业失败的高校毕业生，确因家庭困难无力清偿小额担保贷款的，对逾期贷款债务给予一定的补贴。

（六）实行创业成功奖励。每年对拉动就业明显、缴纳利税较多、影响比较大的高校毕业生创业成功典型给予一次性奖励。

摘自《关于进一步加大对高校毕业生自主创业资金扶持力度的实施意见》（湘劳社工字〔2009〕123号）

长沙市大学生创业政策摘编

——建设大学生创业基地

（一）凡新增大学生创办企业20家以上的产业园区（基地、大学、大厦）、吸纳大学生创办企业10家以上的企业，可经市推进创业富民工作领导小组办公室（以下简称创业办）认定为大学生创业基地，每年给予30万~50万元资金补贴。

（二）大学生创业基地要加大标准产业用房和创业公寓的建设力度，其城区工程报建费均按照长沙高新技术产业开发区工业用地标准执行，国土部门应优先安排建设用地，房产部门也应及时办理产权登记。力争通过三年的努力，基本满足大学生自主创业的需求。

——多渠道解决大学生创业场所

（一）入驻大学生创业基地的大学生自主创办企业，由创业基地提供经营用房，第一年按每月900元、第二年按每月700元、第三年按每月500元减免经营用房租金。在长没有家庭住所的，可由创业基地提供三年免费创业公寓或宿舍。创业基地不能提供免费住处的，可参照廉租房政策，由房产部门给予每人每月160元廉租住房补贴。

（二）在大学生创业基地以外租赁经营场所自主创办企业的，三年内由房产部门给予经营场所租赁补贴，第一年按每月800元、第二年按每月600元、第三年按每月400元给予补贴。在长没有家庭住所的，可参照廉租房政策，由房产部门给予每人每月160元廉租住房补贴。

——加大创业资助力度

（一）市本级每年从创业扶持奖励资金中安排3000万元（其中市创业富民专项扶持奖

励资金新增预算部分列支1100万元，科技、工业、商贸、农业专项经费中分别列支1000万元、500万元、200万元、200万元)，区（县市）每年从创业扶持奖励资金中安排1000万元，设立市、区（县市）两级大学生创业扶持奖励资金，主要用于大学生自主创业的各种扶持、奖励和贷款贴息。

（二）大学生创业项目申请无偿资助的，由相关部门审批，每个项目一般在20万元以内，且不超过企业自有资金的投入额度。首期拨付审批总额的60%，其余部分在首期资助资金通过考核审计后即予拨付。对申请财政贷款贴息的，经审核贴息期限一般不超过2年，年贴息总额度最多可达10万元。

（三）各区（县市）要成立小额贷款担保机构，市财政根据各区（县市）政府担保资金规模2:1予以补助。鼓励社会贷款担保机构支持大学生自主创业，市、区（县市）两级财政通过适当补贴的方式帮助其降低经营风险。大学生自主创业的，可到户口所在地社区劳动保障管理服务中心申请最高5万元的小额担保贷款。大学生合伙经营或组织起来就业并具备一定自有资金和相应反担保条件的，可按其吸纳人员人均5万元以内的额度给予担保贷款，最高为50万元。从事微利项目的，享受两年财政全额贴息。

（四）对大学生自主创办的新兴项目，根据企业规模可给予最高为200万元的小额担保贷款扶持。贷款期限最长为两年，由同级财政部门按贷款基准利率的50%给予贴息。

（五）鼓励大学生以创业项目为平台积极争取国家和省专项资金支持，争取社会风险投资和银信机构融资，市创业扶持奖励资金在所争取资金或融资总额的10%以内给予支持(单个项目最高可达10万元)，帮助创业主体降低融资风险。

（六）大学生自主创业的科技项目获得上级资助资金的，由市、区（县市）科技部门分别给予上级资助金额30%、20%配套，配套资金不低于5万元；对获得上级部门立项的项目或创新成果但未获得资金支持的，给予5万~10万元不等的一次性资助。

（七）由市创业富民领导小组牵头，每年评选30个市级大学生自主创业成功典型，每个给予5万~8万元奖励，奖励资金必须用于企业追加投资扩大再生产。

——落实税费优惠政策

（一）大学生自主创业三年内，同级财政采取先征后返的方式减免其营业税和个人所得税的地方所得部分，市属行政事业性收费全免；经评定为成长性好的项目，可继续享受二年政策优惠。

（二）各级公共就业服务机构和人才服务中心要建立大学生档案免费托管制度，自主创业、灵活就业、登记失业的大学生可将档案交由高校毕业生就业工作相关职能部门进行免费管理。对择业期内回原籍的大学生，公共就业服务机构免费提供档案托管服务。

（三）鼓励大学生积极投身创新实践，自主创业三年内申请专利、商标、软件著作权等无形资产的，由纳税地知识产权部门对申请费用给予全额补贴。

——开展创业培训辅导

（一）由劳动保障部门牵头，对大学生开展SIYB（创办和改善你的企业）培训等免费创业培训，确保每个有创业意愿的大学生参加一次以上创业培训。

（二）大学生到定点创业培训机构参加创业培训合格的，由劳动保障部门按规定提供创业培训补贴。完成GYB（产生你的企业想法）培训每人补贴100元，完成SYB（创办你的企业）培训每人补贴500元。实现自主创业的，凭相关证照再给予每人800元补贴。对已经参加技能培训并有创业愿望和创业能力的大学生，可继续接受SYB培训，按规定给予相应的培训补贴。

（三）鼓励和引导高等院校实施创业教育培训，将大学生创业技能培训逐步纳入课程设置和讲授范围，采取多种方式培养学生创业意识，提高学生创业综合素质。积极引入国内外著名创业培训机构，由大学生创业基地提供经营场所，并按照鼓励大学生自主创业政策给予租金减免。

（四）由各级创业办牵头，聘请创业培训老师、成功企业家和政府有关部门专家组建创业导师团，采取单个辅导、会诊辅导、授课辅导、陪伴辅导、咨询辅导等方式，帮助大学生提高创业实践能力。对创业导师团成员，根据个人工作业绩适当给予工作奖励和生活补助。

——完善创业服务和保障

（一）以教育部门为主，对创业政策实施一次性告知，并配套发放《大学生在长创业服务指南》。

（二）在放宽创业准入条件的基础上，对大学生自主创业进行工商登记注册的，工商部门免收登记类、证照类收费，并设立大学生创业注册登记绿色通道，凡大学生注册登记非禁止、非限制类发展项目且无重大要件缺失的，实行即到即办；免费为大学生自主创业办理税务登记证，并提供免费税务知识培训。

（三）按照放宽大学生落户政策的有关规定，凡大学生在长自主创业的，凭“三证一簿”（身份证、毕业证、毕业生就业报到证和户口簿）和工商登记证明，即可到公安部门办理落户手续。

（四）由劳动保障部门和民政部门牵头，实施“创业挫折关怀行动”，创业遇到严重挫折的大学生可按规定享受失业保险待遇，纳入社会救助范围，切实解决其面临的现实生活困难。

（五）相关部门和产业园区要立足自身职能，拓展有利于促进大学生自主创业的公共服务平台，积极创优服务环境，为自主创业大学生提供招商推介、项目融资等全方位服务。

（六）严禁乱收费、乱罚款、乱摊派、乱检查，严厉查处各种侵犯大学生等创业主体合法权益的违法违纪行为。

摘自中共长沙市委　长沙市政府《关于鼓励和扶持大学生自主创业的政策意见》（长发〔2009〕6号）

（资料来源：湖南省毕业生就业网，http：//www. hunbys. com/show/6，032. html）

附录五　高校毕业生就业政策百问（新版）

一、鼓励企业特别是中小企业吸纳高校毕业生就业

1. 国家对鼓励中小企业吸纳高校毕业生有哪些政策措施?

按照《国务院关于进一步做好普通高等学校毕业生就业工作的通知》（国发〔2011〕16号）等文件规定:

（1）对招收高校毕业生达到一定数量的中小企业，地方财政应优先考虑安排扶持中小企业发展资金，并优先提供技术改造贷款贴息。

（2）对劳动密集型小企业当年新招收登记失业高校毕业生，达到企业现有在职职工总数30%（超过100人的企业达15%）以上，并与其签订1年以上劳动合同的劳动密集型小企业，可按规定申请最高不超过200万元的小额担保贷款并享受50%的财政贴息。

（3）高校毕业生到中小企业就业的，在专业技术职称评定、科研项目经费申请、科研成果或荣誉称号申报等方面，享受与国有企事业单位同类人员同等待遇。

此外，2012年2月1日，国务院常务会议研究部署进一步支持小型和微型企业健康发展，决定对小型微型企业招用高校毕业生按规定给予培训费和社会保险补贴。

2. 企业招收就业困难高校毕业生享受什么优惠政策?

按照《财政部、人力资源社会保障部关于进一步加强就业专项资金管理有关问题的通知》（财社〔2011〕64号）规定，对各类企业（单位）招用符合条件的就业困难高校毕业生，与之签订劳动合同并缴纳社会保险费的，按其为就业困难高校毕业生实际缴纳的基本养老保险费、基本医疗保险费和失业保险费给予补贴，不包括企业（单位）和个人应缴纳的其他社会保险费。

根据《就业促进法》有关规定，就业困难人员是指因身体状况、技能水平、家庭因素、失去土地等原因难以实现就业，以及连续失业一定时间仍未能实现就业的人员。就业困难人员的具体范围，由省、自治区、直辖市人民政府根据本行政区域的实际情况规定。

企业（单位）按季将符合享受社会保险补贴条件人员的缴费情况单独列出，向当地人力资源社会保障部门申请补贴。社会保险补贴申请材料应附：符合享受社会保险补贴条件的人员名单及《身份证》复印件、《就业失业登记证》复印件、劳动合同等就业证明材料复印件、社会保险征缴机构出具的社会保险费明细账（单）、企业（单位）在银行开立的基本账户等凭证材料，经人力资源社会保障部门审核后，财政部门将补贴资金支付到企业（单位）在银行开立的基本账户。

3. 企业为高校毕业生开展岗前培训享受什么优惠政策?

按照《财政部、人力资源社会保障部关于进一步加强就业专项资金管理有关问题的通知》（财社〔2011〕64 号）等文件规定，企业新录用毕业年度高校毕业生与其签订 6 个月以上期限劳动合同，在劳动合同签订之日起 6 个月内由企业依托所属培训机构或政府认定的培训机构开展岗前就业技能培训的，根据培训后继续履行劳动合同情况，按照当地确定的职业培训补贴标准的一定比例，对企业给予定额职业培训补贴。

企业开展岗前培训前，需将培训计划大纲、培训人员花名册及《身份证》复印件、劳动合同复印件等材料报当地人力资源社会保障部门备案，培训后根据劳动者继续履行劳动合同情况，向人力资源社会保障部门申请职业培训补贴。申请材料经人力资源社会保障部门审核后，财政部门按规定将补贴资金直接拨入企业在银行开立的基本账户。企业申请职业培训补贴应附：培训人员花名册、培训人员《身份证》复印件、《就业失业登记证》复印件、劳动合同复印件、职业培训合格证书等凭证材料。

4. 高校毕业生从企业到机关事业单位就业后工龄如何计算？

按照《国务院关于进一步做好普通高等学校毕业生就业工作的通知》（国发〔2011〕16 号）等文件规定，高校毕业生从企业、社会团体到机关事业单位就业的，其按规定参加企业职工基本养老保险的缴费年限合并为连续工龄。

5. 高校毕业生到企业特别是中小企业就业可否在当地落户？

按照《国务院关于进一步做好普通高等学校毕业生就业工作的通知》（国发〔2011〕16 号）规定，对各类企业招用非本地户籍的普通高校专科以上毕业生，各地城市应取消落户限制（直辖市按各自有关规定执行）。

6. 流动人员人事档案如何保管？

根据《流动人员人事档案管理暂行规定》规定，流动人员人事档案是指：

（一）辞职或被辞退的机关工作人员、企事业单位专业技术人员和管理人员的人事档案；

（二）与用人单位解除劳动合同或聘用合同的专业技术人员和管理人员的人事档案；

（三）待业的大中专毕业生的人事档案；

（四）自费出国留学人员的人事档案；

（五）外商投资企业、乡镇企业、区街企业、民营科技企业、私营企业等非国有企业聘用的专业技术人员和管理人员的人事档案；

（六）外国企业常驻代表机构的中方雇员的人事档案；

（七）其他流动人员的人事档案。

流动人员人事档案管理机构为县以上（含县）党委组织部门和政府人力资源社会保障部门所属的公共就业和人才服务机构，其他任何单位不得擅自管理流动人员人事档案；严禁个人保管他人人事档案。跨地区流动的流动人员人事档案，可由其户籍所在地的公共就业和人才服务机构管理，也可由其现工作单位所在地的公共就业和人才服务机构管理。

高校毕业生到具有档案管理权限的机关、事业单位、国有企业就业的，由单位直接接收、管理档案。到无档案管理权限的单位（私营企业、外资企业等）就业的，可由各地公共就业和人才服务机构负责提供档案管理等人事代理服务。高校毕业生离校时没有就业的，档案可由学校统一发回原户籍所在地公共就业和人才服务机构保管。档案不允许个人保存。

7. 什么是人事代理？

公共就业和人才服务机构可在规定业务范围内接受用人单位和个人委托，从事下列人事代理服务：（一）流动人员人事档案管理；（二）因私出国政审；（三）在规定的范围内申报或组织评审专业技术职务任职资格；（四）转正定级和工龄核定；（五）大中专毕业生接收手续；（六）其他人事代理事项。

8. 高校毕业生怎样办理人事代理？

按照《人才市场管理规定》有关规定，人事代理方式可由单位集体委托代理，也可由个人委托代理；可多项委托代理，也可单项委托代理；可单位全员委托代理，也可部分人员委托代理。

单位办理委托人事代理，须向代理机构提交有效证件以及委托书，确定委托代理项目。经代理机构审定后，由代理机构与委托单位签订人事代理合同书，明确双方的权利和义务，确立人事代理关系。

9. 高校毕业生如何与用人单位订立劳动合同？

劳动合同法第七条规定，用人单位自用工之日起即与劳动者建立劳动关系。第十条规定，建立劳动关系，应当订立书面劳动合同。已建立劳动关系，未同时订立书面劳动合同的，应当自用工之日起一个月内订立书面劳动合同。用人单位与劳动者在用工前订立劳动合同的，劳动关系自用工之日起建立。

第八条规定，用人单位（企业、个体经济组织、民办非企业单位等组织）招用劳动者时，应当如实告知劳动者工作内容、工作条件、工作地点、职业危害、安全生产状况、劳动报酬，以及劳动者要求了解的其他情况；用人单位有权了解劳动者与劳动合同直接相关的基本情况，劳动者应当如实说明。

第九条规定，用人单位招用劳动者，不得扣押劳动者的居民身份证和其他证件，不得要求劳动者提供担保或者以其他名义向劳动者收取财物。

10. 什么是社会保险？我国建立了哪些社会保险制度？

社会保险是指国家通过立法，按照权利与义务相对应原则，多渠道筹集资金，对参保者在遭遇年老、疾病、工伤、失业、生育等风险情况下提供物质帮助（包括现金补贴和服务），使其享有基本生活保障、免除或减少经济损失的制度安排。

社会保险法第二条规定，我国建立基本养老保险、基本医疗保险、工伤保险、失业保险、生育保险等社会保险制度，保障公民在年老、疾病、工伤、失业、生育等情况下依法从国家和社会获得物质帮助的权利。其中，基本养老保险制度包括职工基本养老保险制度、新型农村社会保险制度和城镇居民社会养老保险制度；基本医疗保险制度包括职工基本医疗保险制度、新型农村合作医疗制度和城镇居民医疗保险制度。

11. 用人单位应该履行哪些社会保险义务？享有哪些社会保险权利？

（1）社会保险义务：一是申请办理社会保险登记的义务；二是申报和缴纳社会保险费的义务；三是代扣代缴职工社会保险的义务；四是向职工告知缴纳社会保险费明细的义务。

（2）社会保险权利：一是有权免费查询、核对其缴费记录；二是有权要求社会保险经办机构提供社会保险咨询等相关服务；三是可以参加社会保险监督委员会，对社会保险工作提出咨询意见和建议，实施社会监督；四是对侵害自身权益和不依法办理社会保险事务的行为，有权依法申请行政复议或者提起行政诉讼。此外，还有权对违反社会保险法律、法规的行为进行举报、投诉。

12. 参加社会保险的个人享有哪些权利？

高校毕业生依法缴纳社会保险费后，享有以下权利：

（1）有权依法享受社会保险待遇；

（2）有权监督本单位为其缴费情况；

（3）有权免费向社会保险经办机构查询、核对其缴费和享受社会保险待遇权益记录；

（4）有权要求社会保险经办机构提供社会保险咨询等相关服务；

（5）对侵害自身权益和不依法办理社会保险事务的行为，有权依法申请行政复议或者提起行政诉讼。

此外，还有权对违反社会保险法律、法规的行为进行举报、投诉。

13. 目前国家对用人单位及其职工和参保个人缴纳社会保险费的费率是如何规定的？

（1）用人单位及其职工缴纳社会保险费的费率。根据《国务院关于完善企业职工基本养老保险制度的决定》（国发〔2005〕38号）、《国务院关于建立城镇职工基本医疗保险制度的决定》（国发〔1998〕44号）、《失业保险条例》（国务院令第258号）规定，用人单位缴纳基本养老保险、基本医疗保险和失业保险的费率，分别是原则上为本单位工资总额的20%、6%左右和2%；用人单位缴纳工伤保险费按照《工伤保险条例》（国务院令第586号）规定实行行业差别费率和浮动费率，有关费率确定按照国家相应规定执行；用人单位缴纳生育保险费的费率按照《企业职工生育保险试行办法》（劳部发〔1994〕504号）规定执行，由统筹地区政府根据实际情况自行确定，但不得超过用人单位工资总额的1%。职工本人缴纳基本养老保险、基本医疗保险和失业保险的费率，分别为本人工资的8%、2%和1%。

（2）参保个人缴纳社会保险费的费率。根据《国务院关于完善企业职工基本养老保险制度的决定》（国发〔2005〕38号）规定，无雇工的个体工商户和灵活就业人员参加职工基本养老保险的缴费费率为20%，其中8%计入个人账户；无雇工的个体工商户和灵活就业人员参加职工基本医疗保险的缴费费率，按国家有关规定，统筹地区可以参照当地基本医疗保险建立统筹基金的缴费水平确定。

（3）城镇居民参加居民医疗保险和农村居民参加新型农村社会养老保险及新型农村合作医疗，主要采取定额方式缴纳社会保险费。

14. 高校毕业生如何处理劳动人事纠纷？

发生劳动人事争议，可以通过协商解决。当事人不愿协商或协商不成的，可以向调解组织申请调解；不愿调解、调解不成或者达成调解协议后不履行的，可以向劳动人事争议仲裁委员会申请仲裁；对仲裁裁决不服的，除法律另有规定的外，可以向人民法院提起诉讼。

对用人单位违反劳动保障法律、法规和规章的情况，高校毕业生可向人力资源社会保障部门举报、投诉。劳动保障监察机构将依法受理，纠正和查处有关违法行为。

15. 什么是服务外包和服务外包企业？

服务外包是指企业将其非核心的业务外包出去，利用外部最优秀的专业化团队来承接该业务，从而使其专注核心业务，达到降低成本、提高效率、增强企业核心竞争力和对环境应变能力的一种管理模式。

服务外包企业是指其与服务外包发包商签订中长期服务合同，承接服务外包业务的企业。

16. 目前服务外包产业主要涉及哪些领域及地区？

服务外包分为信息技术外包服务（ITO）、技术性业务流程外包服务（BPO）和技术性知识流程外包（KPO）等。ITO 包括软件研发及外包、信息技术研发服务外包、信息系统运营维护外包等领域。BPO 包括企业业务流程设计服务、企业内容管理数据库服务、企业运营数据库服务、企业供应链管理数据库服务等领域。KPO 包括知识产权研究、医药和生物技术研发和测试、产品技术研发、工业设计、分析学和数据挖掘、动漫及网游设计研发、教育课件研发、工程设计等领域。

我国目前有服务外包示范城市 21 个，分别是北京、天津、上海、重庆、大连、深圳、广州、武汉、哈尔滨、成都、南京、西安、济南、杭州、合肥、南昌、长沙、大庆、苏州、无锡、厦门。

17. 服务外包企业吸纳高校毕业生有哪些财政支持？

按照《国务院办公厅关于鼓励服务外包产业加快发展的复函》（国办函〔2010〕69 号）、《人力资源社会保障部、商务部关于加快服务外包产业发展促进高校毕业生就业的若干意见》（人社部发〔2009〕123 号）等文件规定，对符合条件的服务外包企业，每新录用 1 名大学以上学历员工从事服务外包工作并签订 1 年期以上劳动合同的，给予企业不超过每人 4500 元的培训支持；对符合条件的培训机构培训的从事服务外包业务人才（大学以上学历），通过服务外包业务专业知识和技能培训考核，并与服务外包企业签订 1 年期以上劳动合同的，给予培训机构每人不超过 500 元的培训支持。

服务外包企业吸纳高校毕业生参加就业见习的，享受相关财政补助政策。服务外包企业吸纳就业困难高校毕业生就业，享受社会保险补贴等扶持政策。就业困难高校毕业生参加服务外包培训可按规定享受职业培训补贴和职业技能鉴定补贴。

二、鼓励引导高校毕业生面向城乡基层、中西部地区以及民族地区、贫困地区和艰苦边远地区就业

18. 什么是基层就业？

基层就业就是到城乡基层工作。国家近几年出台了一系列优惠政策鼓励高校毕业生积极参加社会主义新农村建设、城市社区建设和应征入伍。一般来讲，“基层”既包括广大农村，也包括城市街道社区；既涵盖县级以下党政机关、企事业单位，也包括社会团体、非公有制组织和中小企业；既包含单位就业，也包括自主创业、自谋职业。

19. 国家鼓励毕业生到基层就业的主要优惠政策包括哪些？

按照《国务院关于进一步做好普通高等学校毕业生就业工作的通知》（国发〔2011〕16 号）等文件规定：

（1）各地要根据统筹城乡经济和加快基本公共服务发展的需要，大力开发社会管理和公共教育、医疗卫生、文化等领域服务岗位，增加高校毕业生就业机会。要进一步完善相关政策，重点解决好他们在工资待遇、社会保障、人员编制、户口档案、职称评定、教育培训、人员流动、资金支持等方面面临的实际问题，鼓励和引导高校毕业生到城乡基层特别是城市社区和农村教育、医疗卫生、文化、科技等基层岗位工作。

（2）对到农村基层和城市社区从事社会管理和公共服务工作的高校毕业生，符合公益性岗位就业条件并在公益性岗位就业的，按照国家现行促进就业政策的规定，给予社会保险补贴和公益性岗位补贴。

（3）对到农村基层和城市社区其他社会管理和公共服务岗位就业的，给予薪酬或生活补贴，同时按规定参加有关社会保险。

（4）对到中西部地区和艰苦边远地区县以下基层单位就业、并履行一定服务期限的高校毕业生，以及应征入伍服义务兵役的高校毕业生，按规定实施相应的学费补偿和国家助学贷款代偿。

（5）自 2012 年起，省级以上机关录用公务员，除部分特殊职位外，均应从具有 2 年以上基层工作经历的人员中录用。市（地）级以下机关特别是县乡机关招录公务员，应采取有效措施积极吸引优秀应届高校毕业生报考，录用计划应主要用于招收应届高校毕业生。

（6）对具有基层工作经历的高校毕业生，在研究生招录和事业单位选聘时实行优先。

20. 什么是基层社会管理和公共服务岗位？

所谓基层社会管理和公共服务岗位，包括大学生村官、支教、支农、支医、乡村扶贫，以及城市社区的法律援助、就业援助、社会保障协理、文化科技服务、养老服务、残疾人居家服务、廉租房配套服务等岗位。

2009 年 4 月，人力资源社会保障部下发《关于公布第一批基层社会管理和公共服务岗位目录的通知》（人社部函〔2009〕135 号），向社会公布第一批基层社会管理和公共服务岗位目录，以指导各地做好鼓励和引导高校毕业生到基层就业的工作。这批发布的岗位目录共分为基层人力资源和社会保障管理、基层农业服务、基层医疗卫生服务、基层文化科技服务、基层法律服务、基层民政、托老托幼、助残服务、基层市政管理、基层公共环境与设施管理维护以及其他9大类领域，包括在街道（乡镇）、社区（村）等基层单位从事公共就业服务、社会保障、劳动关系协调、劳动监察、农业、扶贫开发、医疗、卫生、保健、防疫、文化、科技、体育、普法宣传、民事调解、托老、养老、托幼、助残、公共设施设备管理养护等相关事务管理服务工作的50种岗位。

21. 什么是其他基层社会管理和公共服务岗位?

在街道社区、乡镇等基层开发或设立的相应的社会管理和公共服务岗位。部分由政府出资，或由相关组织和单位出资。所安排使用的人员按规定享受相关补贴。

22. 什么是公益性岗位?

由政府开发、以满足社区及居民公共利益为目的的管理和服务岗位。对符合条件在公益性岗位安置就业的就业困难人员，按规定给予社会保险补贴和岗位补贴。符合公益性岗位安置条件的就业困难高校毕业生，可按规定享受公益性岗位就业援助政策。

23. 什么是公益性岗位社会保险补贴?

按照《财政部、人力资源社会保障部关于进一步加强就业专项资金管理有关问题的通知》（财社〔2011〕64号）规定，对就业困难人员的社会保险补贴实行“先缴后补”的办法。在公益性岗位安排就业困难人员，并缴纳社会保险费的，按其为就业困难人员实际缴纳的基本养老保险费、基本医疗保险费和失业保险费给予补贴，不包括就业困难人员个人应缴纳的基本养老保险费、基本医疗保险费和失业保险费，以及企业（单位）和个人应缴纳的其他社会保险费。社会保险补贴期限，一般最长不超过3年。

办理手续请见第2问。

24. 什么是公益性岗位补贴?

对在公益性岗位安排就业困难人员就业的单位，按其实际安排就业困难人员人数给予岗位补贴。公益性岗位补贴期限，一般最长不超过3年。

在公益性岗位安排就业困难人员就业的单位，可按季向当地人力资源社会保障部门申请公益性岗位补贴。公益性岗位补贴申请材料应附：符合享受公益性岗位补贴条件的人员名单及《身份证》复印件、《就业失业登记证》复印件、发放工资明细账（单）、单位在银行开立的基本账户等凭证材料，经人力资源社会保障部门审核后，财政部门将补贴资金支付到单位在银行开立的基本账户。

25. 为鼓励高校毕业生面向基层就业，实施学费补偿和助学贷款代偿政策的主要内容是什么?

按照《财政部、教育部关于印发〈高等学校毕业生学费和国家助学贷款代偿暂行办法〉的通知》（财教〔2009〕15号）等文件规定，中央部门所属高校应届毕业生（全日制本专科、高职生、研究生、第二学士学位毕业生）到中西部地区和艰苦边远地区基层单位就业、服务期在3年以上（含3年）的，其学费由国家实行补偿。在校学习期间获得国家助学贷款（含高校国家助学贷款和生源地信用助学贷款，下同）的，补偿的学费优先用于偿还国家助学贷款本金及其全部偿还之前产生的利息。定向、委培以及在校期间已享受免除全部学费政策的学生除外。

26. 国家实施补偿学费和代偿助学贷款的就业地域范围包括哪些？

国家对到中西部地区和艰苦边远地区基层单位就业、并履行一定服务期限的中央部门所属高校毕业生，按规定实施相应的学费补偿和助学贷款代偿。这里涉及的地域范围主要包括：

（1）西部地区：西藏、内蒙古、广西、重庆、四川、贵州、云南、陕西、甘肃、青海、宁夏、新疆12个省（自治区、直辖市）；

（2）中部地区：河北、山西、吉林、黑龙江、安徽、江西、河南、湖北、湖南、海南10个省；

（3）艰苦边远地区：由国务院确定的经济水平、条件较差的一些州、县和少数民族地区。（详情可登录中国政府网查询：http：//www. gov. cn）

（4）基层单位：

① 中西部地区和艰苦边远地区县以下机关、企事业单位，包括乡（镇）政府机关、农村中小学、国有农（牧、林）场、农业技术推广站、畜牧兽医站、乡镇卫生院、计划生育服务站、乡镇文化站、乡镇劳动就业服务站等；

② 工作现场地处以上地区县以下的气象、地震、地质、水电施工、煤炭、石油、航海、核工业等中央单位艰苦行业生产第一线。

27. 学费补偿和助学贷款代偿的标准和年限是多少？

每生每学年补偿学费和代偿国家助学贷款的金额最高不超过6000元。在校学习期间每年实际缴纳的学费或获得的国家助学贷款低于6000元的，按照实际缴纳的学费或获得的国家助学贷款金额实行补偿或代偿。每年实际缴纳的学费高于6000元的，按照每年6000元的金额实行补偿或者代偿。

本科、专科（高职）、研究生和第二学士学位毕业生补偿学费或代偿国家助学贷款的年限，分别按照国家规定的相应学制计算。在校学习的时间低于相应学制规定年限的，按照实际学习时间计算补偿学费或代偿助学贷款年限。在校学习时间高于相应学制年限的，按照学制规定年限计算。

每年代偿学费或国家助学贷款总额的三分之一，三年代偿完毕。

28. 中央部门所属高校毕业生如何申请学费补偿和助学贷款代偿？

（1）在办理离校手续时向学校递交《学费和国家助学贷款代偿申请表》和毕业生本人、就业单位与学校三方签署的到中西部地区和艰苦边远地区基层单位服务3年以上的就业协议；

（2）在校学习期间获得国家助学贷款的，在与国家助学贷款经办银行签订毕业后还款计划时，注明已申请国家助学贷款代偿，如获得国家助学贷款代偿资格，不需自行向银行还款；

（3）高校负责审查申请资格并上报全国学生资助管理中心。

29. 地方所属高校毕业生到基层就业如何获得学费补偿和助学贷款代偿?

按照《财政部、教育部关于印发〈高等学校毕业生学费和国家助学贷款代偿暂行办法〉的通知》（财教〔2009〕15 号）要求，各地要抓紧研究制订本地所属高校毕业生面向本辖区艰苦边远地区基层单位就业的学费补偿和助学贷款代偿办法。地方所属高校毕业生到基层就业是否可以获得学费补偿或国家助学贷款代偿，以及如何申请办理补偿或代偿等，请向学校所在地政府有关部门查询。

30. 到基层就业如何办理户口、档案、党团关系等手续?

对到西部县以下基层单位和艰苦边远地区就业的高校毕业生，实行来去自由的政策，户口可留在原籍或根据本人意愿迁往就业地区；人事档案原则上统一转至就业单位所在地的县级政府人力资源社会保障部门，由公共就业和人才服务机构提供免费人事代理服务；党团组织关系转至就业单位，在工作期间积极要求入党的，由乡镇一级党组织按规定程序办理。

31. 中央有关部门实施了哪些基层就业项目?

近年来，中央各有关部门主要组织实施了 4 个引导高校毕业生到基层就业的专门项目，包括：团中央、教育部、财政部、人力资源社会保障部等四部门从 2003 年起组织实施的“大学生志愿服务西部计划”；中组部、人力资源社会保障部、教育部等八部门从 2006 年开始组织实施的“三支一扶”（支教、支农、支医和扶贫）计划；教育部、财政部、人力资源社会保障部、中央编办等四部门从 2006 年开始组织实施的“农村义务教育阶段学校教师特设岗位计划”；中组部、教育部、财政部、人力资源社会保障部等部门从 2008 年起组织实施的“选聘高校毕业生到村任职工作”（见表一）。

人力资源社会保障部门积极会同有关部门，按照统一征集岗位、统一发布公告、统一组织考试、统一服务管理的原则，统筹实施基层服务项目，做好各类项目之间的政策衔接，进一步落实对服务期满考核合格人员的就业政策措施。

32. 什么是农村义务教育阶段学校教师特设岗位计划?

2006 年，教育部、财政部、原人事部、中央编办下发《关于实施农村义务教育阶段学校教师特设岗位计划的通知》（教师〔2006〕2 号），联合启动实施“特岗计划”，公开招聘高校毕业生到“两基”攻坚县农村义务教育阶段学校任教。特岗教师聘期 3 年。

33. 农村教师特岗计划实施的地区范围包括哪些?

2006—2008 年“特岗计划”的实施范围以国家西部地区“两基”攻坚县为主（含新疆生产建设兵团的部分团场），包括纳入国家西部开发计划的部分中部省份的少数民族自治州，适当兼顾西部地区一些有特殊困难的边境县、少数民族自治县和少小民族县。2009 年，实施范围扩大到中西部地区国家扶贫开发工作重点县。

34. 农村教师特岗计划招聘对象和条件是什么？

（1）以高等师范院校和其他全日制普通高校应届本科毕业生为主，可招少量应届师范类专业专科毕业生。

（2）取得教师资格，具有一定教育教学实践经验，年龄在 30 岁以下的全日制普通高校往届本科毕业生。

（3）参加过“大学生志愿服务西部计划”、有从教经历的志愿者和参加过半年以上实习支教的师范院校毕业生同等条件下优先。

（4）报名者应同时符合教师资格条件要求和招聘岗位要求。

35. 农村教师特岗计划的招聘程序有哪些？

特岗教师实行公开招聘，合同管理。合同规定用人单位和应聘人员双方的权利和义务。

招聘工作由省级教育、人力资源社会保障、财政、编办等相关部门共同负责，遵循“公开、公平、自愿、择优”和“三定”（定县、定校、定岗）原则，按下列程序进行：①公布需求，②自愿报名，③资格审查，④考试考核，⑤集中培训，⑥资格认定，⑦签订合同，⑧上岗任教。

36. 什么是选聘高校毕业生到村任职？

2008 年，中组部、教育部、财政部、人力资源和社会保障部出台了《关于印发〈关于选聘高校毕业生到村任职工作的意见（试行）〉的通知》（组通字〔2008〕18 号），计划用五年时间选聘 10 万名高校毕业生到农村担任村党支部书记助理、村委会主任助理或团支部书记、副书记等职务。从 2010 年开始，扩大选聘规模，逐步实现“一村一名大学生村官”计划的目标。选聘的高校毕业生在村工作期限一般为 2～3 年。

37. 选聘到村任职的对象是什么？要满足哪些条件？

选聘对象为 30 岁以下应届和往届毕业的全日制普通高校专科以上学历的毕业生，重点是应届毕业和毕业 1 至 2 年的本科生、研究生，原则上为中共党员（含预备党员），非中共党员的优秀团干部、优秀学生干部也可以选聘。

基本条件是：①思想政治素质好，作风踏实，吃苦耐劳，组织纪律观念强。②学习成绩良好，具备一定的组织协调能力。③自愿到农村基层工作。④身体健康。此外，参加人力资源社会保障部、团中央等部门组织的到农村基层服务的“三支一扶”、“志愿服务西部计划”等活动期满的高校毕业生，本人自愿且具备选聘条件的，经组织推荐可作为选聘对象。

38. 选聘到村任职的程序是什么？

选聘工作一般通过个人报名、资格审查、组织考察、体检、公示、决定聘用、培训上岗等程序进行。

39. 什么是“三支一扶”计划？

三支一扶是支教、支医、支农、扶贫的简称。2006 年，中组部、原人事部等八部门下发《关于组织开展高校毕业生到农村基层从事支教、支农、支医和扶贫工作的通知》（国人部发〔2006〕16号），以公开招募、自愿报名、组织选拔、统一派遣的方式，从2006年开始连续5年，每年招募2万名高校毕业生，主要安排到乡镇从事支教、支农、支医和扶贫工作。服务期限一般为2~3年。招募对象主要为全国普通高校应届毕业生。

2011年4月，人力资源社会保障部下发《关于继续做好高校毕业生三支一扶计划实施工作的通知》（人社部发〔2011〕27号），决定继续组织开展高校毕业生“三支一扶”计划，从2011年起，每年选拔2万名，五年内选拔10万名高校毕业生到基层从事“三支一扶”服务。

40. 什么是大学生志愿服务西部计划？

大学生志愿服务西部计划由共青团中央牵头，教育部、财政部、人力资源社会保障部共同组织实施。从2003年开始，每年招募1.8万名普通高等学校应届毕业生，到西部贫困县的乡镇从事为期1~3年的教育、卫生、农技、扶贫以及青年中心建设和管理等方面的志愿服务工作。

41. 参加中央部门组织实施的基层就业项目，服务期满后享受哪些优惠政策？

根据中组部、人力资源社会保障部、教育部、财政部、共青团中央《关于统筹实施引导高校毕业生到农村基层服务项目工作的通知》（人社部发〔2009〕42号）等政策规定，参加“选聘高校毕业生到村任职”、“三支一扶”、“大学生志愿服务西部计划”、“农村义务教育阶段学校教师特设岗位计划”项目、服务期满的毕业生，享受以下优惠政策：

（1）公务员招录优惠：每年拿出公务员考录计划的一定比例，专门用于定向招录服务期满且考核称职（合格）的服务基层项目人员。服务基层项目人员也可报考其他职位。

（2）事业单位招聘优惠：鼓励在项目结束后留在当地就业，参加各基层就业项目相对应的自然减员空岗，全部聘用服务期满的高校毕业生。从2009年起，到乡镇事业单位服务的高校毕业生服务满1年后，在现岗位空缺情况下，经考核合格，即可与所在单位签订不少于3年的聘用合同。同时，各省（区、市）县及县以上相关的事业单位公开招聘工作人员，应拿出不低于40%的比例，聘用各专门项目服务期满考核合格的高校毕业生。

（3）考学升学优惠：服务期满后三年内报考硕士研究生初试总分加10分；同等条件下优先录取；高职（高专）学生可免试入读成人本科。

（4）国家补偿学费和代偿助学贷款政策：参加各基层就业项目的毕业生，符合规定条件的，可享受相应的学费补偿和助学贷款代偿政策。

（5）服务期满自主创业的，可享受税收优惠、行政事业性收费减免、小额贷款担保和贴息等有关政策。

（6）其他：各基层就业项目服务年限计算工龄。服务期满到企业就业的，按照规定转接社会保险关系。

42. 高校毕业生到艰苦边远地区或国家扶贫开发工作重点县就业有什么优惠政策？

根据《国务院关于进一步做好普通高等学校毕业生就业工作的通知》（国发〔2011〕

16号）规定，对到艰苦边远地区或国家扶贫开发工作重点县就业的高校毕业生，在机关工作的，试用期工资可直接按试用期满后工资确定，试用期满后级别工资高定1至2档；在事业单位工作的，可提前转正定级，转正定级时薪级工资高定1至2级。

三、鼓励高校毕业生应征入伍，报效祖国

43. 国家鼓励高校毕业生入伍，这里的“高校毕业生”如何界定？

指中央部门和地方所属全日制公办普通高等学校、民办普通高等学校和独立学院的全日制普通本专科（含高职）、研究生、第二学士学位应届毕业生。不包括往届毕业生及成人高等教育、高等教育自学考试类学生、各类非学历教育的学生。

征集的高校应届毕业生以男性为主，女性应届毕业生征集根据军队需要确定。

高职（专科）毕业班学生完成专业理论课程学习并取得毕业所需学分，仅需再完成毕业实习即能毕业的，可在当年冬季报名应征入伍，享受高校应届毕业生入伍有关优惠政策。

44. 公民应征入伍需要满足哪些政治条件？

征兵政治审查的内容包括：应征公民的年龄、户籍、职业、政治面貌、宗教信仰、文化程度、现实表现以及家庭主要成员和主要社会关系成员的政治情况等。征集服现役的公民必须热爱中国共产党，热爱社会主义祖国，热爱人民军队，遵纪守法，品德优良，决心为抵抗侵略、保卫祖国、保卫人民的和平劳动而英勇奋斗，等等。

45. 公民应征入伍要满足哪些基本身体条件？

公民应征入伍要符合国防部颁布的《应征公民体格检查标准》和有关规定。其中，有几项基本条件：

身高：男性：162cm以上，女性160cm以上

体重：男性：不超过标准体重的+25%、-15%

女性：不超过标准体重的±15%

标准体重=（身高-110）kg

视力：陆勤岗位视力标准，大学专科以上文化程度的青年入伍，右眼裸眼视力放宽至4.6，左眼裸眼视力放宽至4.5。

屈光不正，准分子激光手术后半年以上，无并发症，视力达到相应标准，合格。

内科：乙型肝炎表面抗原呈阴性，等等。

46. 应征入伍高校毕业生的年龄条件是多少？

高职（专科）毕业生当年为18~23周岁，本科以上学历的可以放宽到当年24周岁。

47. 高校毕业生应征入伍服义务兵役要经过哪些程序？

（1）参加网上预征报名：4月至7月份，有应征意向的高校毕业生登录“大学生网上预征报名系统”报名预征（http：//zbbm.chsi.com.cn或http：//zbbm.chsi.cn），填写、打印《应届毕业生预征对象登记表》和《应征入伍高校毕业生补偿学费代偿国家助学贷款申请表》（以下分别称《登记表》《申请表》），交所在学校预征工作管理部门。

（2）参加初审、初检，通过确认：5 至 7 月份，按照兵役机关的统一安排，预征报名高校毕业生参加身体初检、政治初审，通过的毕业生被确定为预征对象。在毕业生离校前，高校协助兵役机关，将《登记表》和《申请表》审核盖章发给预征对象并完成网上信息确认。

（3）到户籍所在地报名应征：10 月底全国征兵工作开始后，预征对象携带《登记表》和《申请表》，到入学前户籍所在地县（市、区）征兵办公室报名应征（落实单位户档随迁的，在现户籍所在地应征）。通过体检政审的高校毕业生由县级兵役机关批准入伍。

48. 兵役工作由哪个部门负责？

兵役法规定，全国的兵役工作，在国务院、中央军委领导下，由国防部负责。各军区按照国防部赋予的任务，负责办理本区域的兵役工作。省军区（卫戍区、警备区）、军分区（警备区）和县、自治县、市、市辖区的人民武装部，兼各该级人民政府的兵役机关，在上级军事机关和同级人民政府领导下，负责办理本区域的兵役工作。县级以上地方各级人民政府组织兵役机关和有关部门组成征集工作机构，负责组织实施征集工作。

高校毕业生预征工作在学校由学生管理部门或武装部门牵头。有意向参军入伍的高校毕业生可向所在学校学工部（处）、就业中心、武装部咨询。

49. 高校毕业生应征入伍服义务兵役享受哪些优惠政策？

高校毕业生应征入伍服义务兵役，除享有优先报名应征、优先体检政审、优先审批定兵外，还享受优先选拔使用、考学升学优惠、补偿学费或代偿国家助学贷款、就业安置帮扶等优惠政策。

50. 如何理解高校毕业生应征“优先”政策？

征兵报名前，县级兵役机关通知预征对象报名时间、地点、注意事项等。高校毕业生本人持《登记表》到户籍所在地县级兵役机关报名应征。

高校毕业生预征对象体检由县级征兵办公室统一组织，同级卫生部门具体负责。征兵前，县级兵役机关要通知预征对象体检时间、地点、注意事项，安排其上站体检。

组织高校毕业生政审时，严格按照《征兵政治审查工作规定》进行。《应征公民政治审查表》中的“就读学校鉴定意见”栏的鉴定意见以《登记表》意见为准，不再填写鉴定意见。入伍前，《登记表》作为政审表的附件装入新兵档案。

县级兵役机关召开定兵会议审批定兵时，优先批准体检、政审合格的高校应届毕业生预征对象入伍。

同等条件下，高校毕业生士兵在选取士官、安排到技术岗位等方面优先；具有普通本科学历、取得相应学位的高校毕业生士兵，表现优秀、符合总部有关规定的可以直接选拔为军官。有关具体规定按照军队有关部门出台的文件执行。

51. 应征入伍服义务兵役给予学费补偿和助学贷款代偿的内容是什么？

从 2009 年起，国家对应征入伍服义务兵役的高校应届毕业生在校期间缴纳的学费实行补偿。在校期间获得国家助学贷款的，学费补偿款首先用于偿还助学贷款本金及其全部偿还之前产生的利息。

52. 高校毕业生应征入伍享受学费补偿和助学贷款代偿的标准是多少？

按照《财政部、教育部、总参谋部关于印发〈应征入伍服义务兵役高等学校毕业生学费补偿和国家助学贷款代偿暂行办法〉的通知》（财教〔2009〕35 号）规定，国家对服义务兵役的高校毕业生每学年补偿学费或代偿国家助学贷款本息的金额，最高为 6000 元；毕业生在校期间每学年实际缴纳的学费或获得的国家助学贷款本息高于 6000 元的，按照每年 6000 元的金额实行补偿或者代偿；高校毕业生在校学习期间每年实际缴纳的学费或获得的国家助学贷款本息低于 6000 元的，按照学费和国家助学贷款本息两者就高的原则，实行补偿或代偿。

53. 高校毕业生应征入伍都可以享受学费补偿或助学贷款代偿政策吗？

在校期间已享受免除全部学费政策的学生、定向生、委培生、国防生、按部队生长干部条件招收的大学毕业生，以及从高校毕业生中直招的士官等其他形式到部队参军的高校毕业生，均不享受学费补偿和助学贷款代偿政策。

54. 高校毕业生应征入伍享受学费补偿和助学贷款代偿的年限如何计算？

对本科、专科（高职）、研究生和第二学士学位毕业生补偿学费或代偿国家助学贷款本息的年限，不论服役时间长短，分别按照国家规定的相应学制计算，在高校毕业生入伍时，实行一次性补偿或代偿。在校学习时间低于相应学制规定年限的，按照实际学习时间计算。在校学习时间高于相应学制规定年限的，按照学制规定年限计算。专升本、本硕连读、中职高职连读、第二学士学位毕业生补偿学费或代偿国家助学贷款本息的年限，分别按照完成本科、硕士、高职和第二学士学位阶段学习任务的实际时间计算（即按完成最终学历阶段学习任务的实际时间计算）。

55. 高校毕业生应征入伍申请学费补偿或助学贷款代偿的程序是什么？

（1）填写有关表格：预征工作开始后，有应征意向的普通高校应届毕业生登录“大学生预征网上预征报名系统”（http：//zbbm. chsi. com. cn 或 http：//zbbm. chsi. cn），填写、打印并向就读高校递交《登记表》《申请表》。在校学习期间获得国家助学贷款的，还需提供与经办银行签订的还款计划书复印件。其中，应注明已申请国家助学贷款代偿。

（2）高校初审盖章：离校前，高校对被确定为预征对象的毕业生补偿学费和代偿国家助学贷款本息的条件资格、具体金额及相关信息资料进行初审，确认无误后，在《申请表》上加盖公章，连同《登记表》一起交给学生本人。

（3）表格递交县征兵办：10 月 31 日前，高校毕业生到入学前户籍所在地报名应征时将《登记表》及《申请表》交县（市、区）人民政府征兵办公室。

（4）县征兵办审批入伍、复核材料并盖章：12 月 31 日前，县（市、区）人民政府征兵办公室批准高校毕业生应征入伍后，向其发放《应征入伍通知书》，并会同同级教育行政部门对应征入伍的高校毕业生申请补偿学费和代偿国家助学贷款本息等情况进行复核。确认无误后，分别在《申请表》上加盖公章。

（5）学生资助中心审核并确定最终名单：次年1月15日前，县（市、区）教育行政部门将户籍为本县（市、区）的入伍高校毕业生的《应征入伍通知书》复印件及《申请表》原件，寄送至应征入伍毕业生原就读高校学生资助管理机构。各高校按隶属关系，分别报各省（区、市）学生资助管理中心和全国学生资助管理中心审核。最终，汇总至全国学生资助管理中心复核、备案后，确定当年享受补偿学费和代偿国家助学贷款本息政策的最终名单及具体金额。

56. 补偿、代偿的经费如何发放到符合条件的高校毕业生手中？

各中央部门所属高校和地方所属高校在收到补偿学费和代偿国家助学贷款本息资金的15个工作日内，向毕业生补偿学费；对于申请助学贷款代偿的毕业生，由学校代替毕业生按照还款协议，向银行偿还其在本校办理的国家助学贷款本息，并将银行开具的偿还国家助学贷款本息的凭据交寄毕业生本人或其家长，将剩余资金汇至高校毕业生指定的地址或账户。

入学前在户籍所在县（市、区）办理了生源地信用助学贷款的应征入伍毕业生，在收到代偿资金后1个月内，根据与银行签订的还款协议，由学生本人或家长（或其他法定监护人）一次性向银行偿还生源地信用助学贷款本息。

57. 因个人原因被部队退回，毕业生已获补偿、代偿的经费要被收回吗？

高校毕业生因本人思想原因、故意隐瞒病史或违法犯罪等被部队退回的，取消其补偿学费和代偿国家助学贷款的资格。已获补偿或代偿资金由毕业生户籍所在地县（市、区）教育行政部门会同同级征兵办公室收回，并逐级汇总上缴至全国学生资助管理中心。

58. 高校应届毕业生入伍服义务兵役年限是多少？

我国现行的义务兵役制度是两年。

59. 具有高等教育学历的士兵退役后，享受哪些升学考学优惠政策？

（1）参加政法院校为基层公检法定向岗位招生时，同等条件下优先录取，且专列一定比例招收退役毕业生报考者；

（2）退役后三年内参加全国硕士研究生招生统一入学考试，初试总分加10分；

（3）立二等功及以上的，退役后免试（指初试）攻读硕士研究生；

（4）具有高职（高专）学历的，退役后免试入读成人本科；或经过一定考核（计划单列、专升本考试、单独录取），30%比例入读普通本科。

60. 什么是政法院校为基层公检法定向岗位招生？

2008年，政法院校开展招录培养体制改革试点工作，重点从军队退役士兵和普通高校毕业生中选拔人才，为西部和经济欠发达地区的基层公、检、法、司机关定向招录培养专科以上层次的各类人才。

61. 高校毕业生应征入伍服义务兵役，其户口档案存放在哪里，如何迁转？

高校毕业生在4~7月份参加预征，身体初检和政治初审合格，填写《登记表》，将户口迁回入学前户籍所在地，档案可转到入学前户籍所在地公共就业和人才服务机构存放。

批准入伍后，其学籍档案放入新兵档案。

62. 高校毕业生退役后就业及户档迁移有何优惠政策？

入伍高校毕业生退出现役后，可参照普通高等学校应届毕业生，凭用人单位录（聘）用手续，向原就读高校再次申请办理就业报到证（从退出现役当年的12月1日起至次年12月31日止），户档随迁（直辖市按照有关规定执行）。到各地公共就业和人才服务机构求职的，可按规定免费享受公共就业和人才服务。参加户籍所在地省级毕业生就业指导机构、原毕业高校就业招聘会，享受提供信息、重点推荐、就业指导等就业服务。

63. 什么是士官？与义务兵有什么区别？

我军现役士兵按兵役性质分为义务兵役制士兵和志愿兵役制士兵。义务兵役制士兵称为义务兵，志愿兵役制士兵称为士官。士官属于士兵军衔序列，但不同于义务兵役制士兵，是士兵中的骨干。义务兵实行供给制，发给津贴；士官实行工资制和定期增资制度。预征指的是义务兵。

64. 没有参加网上预征报名的高校毕业生是否还可以应征入伍并享受有关优惠政策？

离校前未报名的应届毕业生，可在冬季征兵前到入学前户籍所在地乡（镇、街道）武装部报名并进行兵役登记，合格者确定为预征对象，择优送站体检。体检、政审合格被批准入伍后，补办补偿代偿等手续，仍可享受国家鼓励高校毕业生应征入伍的各项优惠政策。

四、积极聘用高校毕业生参与国家和地方重大科研项目

65. 国家和地方重大科研项目包括哪些？

按照《科技部、教育部、财政部、人力资源社会保障部、国家自然科学基金委员会关于鼓励科研项目单位吸纳和稳定高校毕业生就业的若干意见》（国科发财〔2009〕97号）规定，由高校、科研机构和企业所承担的民口科技重大专项、973计划、863计划、科技支撑计划项目以及国家自然科学基金会的重大重点项目等，可以聘用高校毕业生作为研究助理或辅助人员参与研究工作。此外的其他项目，承担研究的单位也可聘用高校毕业生。

66. 哪些高校毕业生可以被吸纳为研究助理或辅助人员？

吸纳对象主要以优秀的应届毕业生为主，包括高校以及有学位授予权的科研机构培养的博士研究生、硕士研究生和本科生。

67. 科研项目吸纳的高校毕业生是否为在编职工？

不是项目承担单位的正式在编职工，被吸纳高校毕业生需与项目承担单位签订服务协议，明确双方的权利、责任和义务。

68. 科研项目承担单位与被吸纳高校毕业生签订的服务协议应包含哪些内容？

（1）项目承担单位的名称和地址；

（2）研究助理的姓名、居民身份证号码和住址；

（3）服务协议期限；

（4）工作内容；

（5）劳务性费用数额及支付方式；

（6）社会保险；

（7）双方协商约定的其他内容。

服务协议不得约定由毕业生承担违约金。

69. 服务协议的期限如何约定？

根据《人力资源社会保障部办公厅关于重大科研项目单位吸纳高校毕业生参与研究工作签订服务协议有关问题的通知》（人社厅发〔2009〕47 号）等文件规定，服务协议期限最多可签订三年，三年以下的服务协议期限已满而项目执行期未满的，根据工作需要可以协商续签至三年。

70. 服务协议履行期间可以解除协议吗？

服务协议履行期间，毕业生可以提出解除服务协议，但应提前 15 天书面通知项目承担单位。

项目承担单位提出解除服务协议的，应当提前 30 日书面通知毕业生本人。研究助理被解除服务协议或协议期满终止后，符合条件的毕业生可按规定享受失业保险待遇。

71. 被吸纳高校毕业生如何获取报酬？

由项目承担单位向高校毕业生支付劳务性费用，具体数额按照国家有关规定、参照相应岗位标准，由双方协商确定。

72. 项目承担单位是否给被吸纳的高校毕业生上保险？

项目承担单位应当为毕业生办理社会保险，具体包括基本养老保险、基本医疗保险、失业保险、工伤保险、生育保险，并按时足额缴费。参保、缴费、待遇支付等具体办法参照各项社会保险有关规定执行。

73. 被吸纳的高校毕业生户档如何迁转？

毕业生参与项目研究期间，根据当地情况，其户口、档案可存放在项目承担单位所在地或入学前家庭所在地公共就业和人才服务机构。项目承担单位所在地或入学前家庭所在地公共就业和人才服务机构应当免费为其提供户口、档案托管服务。

74. 服务协议期满后如何就业？

协议期满，如果项目承担单位无意续聘，则毕业生到其他岗位就业。同时，国家鼓励项目承担单位正式聘用（招用）人员时，优先聘用担任过研究助理的人员。项目承担单位或其他用人单位正式聘用（招用）担任过研究助理的人员，应当分别依据《劳动合同法》《国务院办公厅转发人事部关于在事业单位试行人员聘用制度意见的通知》（国办发〔2002〕35 号）等规定执行。

75. 毕业生服务协议期满被用人单位正式录（聘）用后，如何办理落户手续？工龄如何接续？

担任过研究助理的人员被正式聘用（招用）后，按照有关规定，凭用人单位录（聘）用手续、劳动合同和《普通高等学校毕业证书》办理落户手续；工龄与参与项目研究期间的工作时间合并计算，社会保险缴费年限合并计算。

五、鼓励支持高校毕业生自主创业，稳定灵活就业

76. 高校毕业生自主创业，可以享受哪些优惠政策？

按照《国务院关于进一步做好普通高等学校毕业生就业工作的通知》（国发〔2011〕16号）《国务院办公厅转发人力资源社会保障等部门关于促进以创业带动就业工作指导意见的通知》（国办发〔2008〕111号）等文件规定，高校毕业生自主创业优惠政策主要包括：

（1）税收优惠：持《就业失业登记证》（注明“自主创业税收政策”或附着《高校毕业生自主创业证》）的高校毕业生在毕业年度内（指毕业所在自然年，即1月1日至12月31日）从事个体经营的，3年内按每户每年8000元为限额依次扣减其当年实际应缴纳的营业税、城市维护建设税、教育费附加和个人所得税。对高校毕业生创办的小型微利企业，按国家规定享受相关税收支持政策。

（2）小额担保贷款和贴息支持：对符合条件的高校毕业生自主创业的，可在创业地按规定申请小额担保贷款；从事微利项目的，可享受不超过10万元贷款额度的财政贴息扶持。对合伙经营和组织起来就业的，可根据实际需要适当提高贷款额度。

（3）免收有关行政事业性收费：毕业2年以内的普通高校毕业生从事个体经营（除国家限制的行业外）的，自其在工商部门首次注册登记之日起3年内，免收管理类、登记类和证照类等有关行政事业性收费。

（4）享受培训补贴：对高校毕业生在毕业年度内参加创业培训的，根据其获得创业培训合格证书或就业、创业情况，按规定给予培训补贴。

（5）免费创业服务：有创业意愿的高校毕业生，可免费获得公共就业和人才服务机构提供的创业指导服务，包括政策咨询、信息服务、项目开发、风险评估、开业指导、融资服务、跟踪扶持等“一条龙”创业服务。各地在充分发挥各类创业孵化基地作用的基础上，因地制宜建设一批大学生创业孵化基地，并给予相关政策扶持。对基地内大学生创业企业要提供培训和指导服务，落实扶持政策，努力提高创业成功率，延长企业存活期。

（6）各城市应取消高校毕业生落户限制，允许高校毕业生在创业地办理落户手续（直辖市按有关规定执行）。

77. 高校毕业生怎样提升自主创业的能力？

各高校要广泛开展创业教育，积极开发创新创业类课程，完善创业教育课程体系，将创业教育课程纳入学分管理。

各地人力资源社会保障部门已形成一些成熟的创业培训模式，如“GYB”（产生你的企业想法）、“SYB”（创办你的企业）、“IYB”（改善你的企业）；高校毕业生可选择参加创业培训和实训，并可按规定享受培训补贴，以提高创业能力。

78. 什么是小额担保贷款？小额担保贷款的用途是什么？

小额担保贷款是指通过政府出资设立担保基金，委托担保机构提供贷款担保，由经办商业银行发放，以解决符合一定条件的待就业人员从事个体经营自筹资金不足的一项贷款业务。

小额担保贷款主要用作自谋职业、自主创业或合伙经营和组织起来创业的开办经费和流动资金。

79. 申请小额担保贷款额度是多少？贷款期限有多长？

国家规定对符合条件的高校毕业生自主创业的，可在创业地按规定申请小额担保贷款；从事微利项目的，可享受不超过 10 万元贷款额度的财政贴息扶持。各地区对申请小额担保贷款额度有不同规定。对合伙经营和组织起来就业的，可根据需要适当提高贷款额度。

小额担保贷款的期限一般不超过 2 年，可展期 1 年。

80. 怎样申请小额担保贷款？在哪些银行可以申请小额担保贷款？

小额担保贷款按照自愿申请、社区推荐、人力资源社会保障部门审查、贷款担保机构审核并承诺担保、商业银行核贷的程序，办理贷款手续。

各国有商业银行、股份制商业银行、城市商业银行和城乡信用社都可以开办小额担保贷款业务，各地区根据实际情况确定具体经办银行。在指定的具体经办银行可以办理小额担保贷款。

81. 哪些项目属于微利项目？

微利项目由各省、自治区、直辖市人民政府结合当地实际情况确定，并报财政部、中国人民银行、人力资源和社会保障部备案。对于从事微利项目的，财政据实全额贴息，展期不贴息。

82. 针对高校毕业生灵活就业有什么政策措施？

根据《国务院关于进一步做好普通高等学校毕业生就业工作的通知》（国发〔2011〕16 号）《财政部、人力资源社会保障部关于进一步加强就业专项资金管理有关问题的通知》（财社〔2011〕64 号）等规定，鼓励支持高校毕业生通过多种形式灵活就业，并给予相关政策扶持。对符合就业困难人员条件的灵活就业高校毕业生，要按规定落实社会保险补贴政策。对申报灵活就业的高校毕业生，各级公共就业和人才服务机构按规定提供人事、劳动保障代理服务，做好社会保险关系接续工作。

对就业困难人员灵活就业后缴纳的社会保险费，给予一定数额的社会保险补贴，补贴数额原则上不超过其实际缴费的 2/3。灵活就业的就业困难人员按规定向当地人力资源社会保障部门申请社会保险补贴。社会保险补贴申请材料应附：由灵活就业人员签字、人力资源社会保障部门盖章确认的、注明具体从事灵活就业的岗位、地址等内容的相关证明材料，灵活就业人员《身份证》复印件、《就业失业登记证》复印件、社会保险征缴机构出具的社会保险费明细账（单）等凭证材料，经人力资源社会保障部门审核后，财政部门将补贴资金支付给申请者本人。

六、支持高校毕业生参加就业见习和技能培训

83. 什么是就业见习？

就业见习是指由各级人力资源社会保障部门根据离校未就业高校毕业生本人意愿，组织其到经政府认定的就业见习单位进行见习锻炼、积累工作经验、提升就业能力的一项就业促进措施。

2009年起，人力资源社会保障部会同教育部、工业和信息化部、国资委、工商总局、全国工商联和共青团中央联合下发《关于印发三年百万高校毕业生就业见习计划的通知》（人社部发〔2009〕38号），决定自2009年至2011年，拓展和规范一批用人单位作为高校毕业生见习基地，用3年时间组织100万离校未就业高校毕业生参加就业见习。

未就业高校毕业生如参加就业见习可向当地人力资源和社会保障部门及当地团组织咨询，当地人力资源和社会保障部门是就业见习的组织实施单位。

84. 离校后未就业高校毕业生如何参加就业见习？

人力资源社会保障部门通过媒体、公共就业和人才服务机构以及电视、网络、报纸等多种渠道，发布就业见习信息，公布见习单位名单、岗位数量、期限、人员要求等有关内容，或者组织开展见习单位和高校毕业生的双向选择活动，帮助离校未就业高校毕业生和见习单位对接。离校后未就业回到原籍的高校毕业生可与原籍所在地人力资源社会保障部门及当地团组织联系，主动申请参加就业见习。

85. 就业见习期限有多长？

高校毕业生就业见习期限一般为3～12个月。

高校毕业生就业见习活动结束后，见习单位对高校毕业生进行考核鉴定，出具见习证明，作为用人单位招聘和选用见习高校毕业生的依据之一。在见习期间，由见习单位正式录（聘）用的，在该单位的见习期可以作为工龄计算。

86. 就业见习单位给毕业生上保险吗？

见习期间所在见习单位为毕业生办理人身意外伤害保险。

87. 离校未就业高校毕业生参加就业见习享受哪些政策和服务？

（1）获得基本生活补助（基本生活补助费用由见习单位和地方政府分担，各地要根据当地经济发展和物价水平，合理确定和及时调整基本生活补助标准）；

（2）免费办理人事代理；

（3）办理人身意外伤害保险；

（4）见习期满未被录用可继续享受就业指导与服务。

88. 见习单位能享受什么优惠政策？

对企业（单位）吸纳离校未就业高校毕业生参加就业见习的，由见习企业（单位）先行垫付见习人员见习期间基本生活补助，再按规定向当地人力资源社会保障部门申请就业见习补贴。

就业见习补贴申请材料应附：实际参加就业见习的人员名单、就业见习协议书、见习人员《身份证》《登记证》复印件和大学毕业证复印件、企业（单位）发放基本生活补助明细账（单）、企业（单位）在银行开立的基本账户等凭证材料，经人力资源社会保障部门审核后，财政部门将资金支付到企业（单位）在银行开立的基本账户。

见习单位支出的见习补贴相关费用，不计入社会保险缴费基数，但符合税收法律法规规定的，可以在计算企业所得税应纳税所得额时扣除。

89. 高校毕业生如何申请参加职业培训?

职业培训由各地人力资源社会保障部门负责组织实施。高校毕业生可到当地人力资源社会保障部门咨询了解职业培训开展情况，选择适宜的培训项目参加。

职业培训工作主要由政府认定的培训机构、技工院校或企业所属培训机构承担。

90. 高校毕业生能否享受职业培训补贴政策？如何申请职业培训补贴?

高校毕业生毕业年度内参加就业技能培训或创业培训，可按规定向当地人力资源社会保障部门申请职业培训补贴。毕业后按规定进行了失业登记的高校毕业生参加就业技能培训或创业培训，也可向当地人力资源社会保障部门申请职业培训补贴。

按照《财政部、人力资源社会保障部关于进一步加强就业专项资金管理有关问题的通知》（财社〔2011〕64 号）等文件规定，申请材料经人力资源社会保障部门审核后，财政部门按规定将补贴资金直接拨付给申请者本人。职业培训补贴申请材料应附：培训人员《身份证》复印件、《就业失业登记证》复印件、职业资格证书（专项职业能力证书或培训合格证书）复印件、就业或创业证明材料、职业培训机构开具的行政事业性收费票据（或税务发票）等凭证材料。

高校毕业生参加就业技能培训或创业培训后，培训合格并通过职业技能鉴定取得初级以上职业资格证书（未颁布国家职业技能标准的职业应取得专项职业能力证书或创业培训合格证书），6 个月内实现就业的，按职业培训补贴标准的 100% 给予补贴。6 个月内没有实现就业的，取得初级以上职业资格证书，按职业培训补贴标准的 80% 给予补贴；取得专项职业能力证书或创业培训合格证书，按职业培训补贴标准的 60% 给予补贴。

91. 高校毕业生如何获取职业资格证书?

高校毕业生个人可向职业技能鉴定所（站）自主申请职业技能鉴定。职业技能鉴定要参加理论知识考试和操作技能（专业能力）考核。经鉴定合格者，由人力资源社会保障部门核发相应的职业资格证书。

92. 高校毕业生能否享受职业技能鉴定补贴政策，如何申请技能鉴定补贴?

按照《财政部、人力资源社会保障部关于进一步加强就业专项资金管理有关问题的通知》（财社〔2011〕64 号）等文件规定，对高校毕业生在毕业年度内通过初次职业技能鉴定并取得职业资格证书或专项职业能力证书的，按规定给予一次性职业技能鉴定补贴。

通过初次职业技能鉴定并取得职业资格证书或专项职业能力证书的，可向职业技能鉴定所在地人力资源社会保障部门申请一次性职业技能鉴定补贴。职业技能鉴定补贴申请材料应附：申请人《身份证》复印件、《就业失业登记证》复印件、职业资格证书复印件、职业技能鉴定机构开具的行政事业性收费票据（或税务发票）等凭证材料，经人力资源社会保障部门审核后，财政部门按规定将补贴资金支付给申请者本人。

七、为高校毕业生提供就业指导、就业服务和就业援助

93. 主要有哪些机构为高校毕业生提供就业服务？

（1）公共就业和人才服务机构

由各级人力资源社会保障部门举办的公共就业和人才服务机构，为高校毕业生免费提供政策咨询、就业信息、职业指导、职业介绍、就业援助、就业与失业登记或求职登记等各项公共服务，按规定为登记失业高校毕业生免费提供人事档案管理等服务。此外，还定期开展面向高校毕业生的公共就业和人才服务专项活动，比如每年5月“民营企业招聘周”、每年9月“高校毕业生就业服务月”、每年11月“高校毕业生就业服务周”等，为高校毕业生和用人单位搭建供需对接平台。

（2）高校毕业生就业指导机构

目前，各省教育部门、各高校普遍建立了高校毕业生就业指导机构，为毕业生提供就业咨询、用人单位招聘及实习实训信息、求职技巧、职业生涯辅导、毕业生推荐、实习实践能力提升和就业手续办理等多项就业指导和服务。

（3）职业中介机构

主要包括从事人力资源服务的经营性机构，政府鼓励各类职业中介机构为高校毕业生提供就业服务，对为登记失业高校毕业生提供服务并符合条件的职业中介机构按规定给予职业介绍补贴。

94. 职业中介机构如何享受职业介绍补贴？

按照《财政部、人力资源社会保障部关于进一步加强就业专项资金管理有关问题的通知》（财社〔2011〕64号）等文件规定，在工商行政部门登记注册的职业中介机构，可按经其就业服务后实际就业的登记失业人员人数向当地人力资源社会保障部门申请职业介绍补贴。

职业介绍补贴申请材料应附：经职业中介机构就业服务后已实现就业的登记失业人员名单、接受就业服务的本人签名及《居民身份证》（以下简称《身份证》）复印件、《就业失业登记证》（以下简称《登记证》）复印件、劳动合同等就业证明材料复印件、职业中介机构在银行开立的基本账户等凭证材料。申请材料经人力资源社会保障部门审核后，财政部门按规定将补贴资金支付到职业中介机构在银行开立的基本账户。

95. 高校毕业生获取就业信息的主要渠道有哪些？

（1）浏览各类就业信息网站，包括中央有关部门主办的全国性就业信息网站、地方有关部门主办的就业信息网站、各高校就业信息网站及校内bbs求职版面、其他专业性就业网站等；

（2）参加各类招聘和双向选择活动，包括国家有关部门、各地、学校、用人单位等相关机构组织的各类现场或网络招聘活动；

（3）参与校企合作实习，包括社会实践、毕业实习等活动；

（4）查阅媒体广告，如报纸、刊物、电台、电视台、视频媒体等；

（5）他人推荐，如导师、校友、亲友等；

（6）主动到单位求职自荐等。

96. 在校期间高校毕业生可以通过哪些途径提升就业能力？

在学好专业知识技能的同时，根据学校要求或安排，毕业生可以通过选修或必修就业指导课程、参与学校组织的就业实习、技巧辅导、模拟招聘等活动，学习和了解相关职业的资料和信息，充分借助社会实践平台，全面提升就业能力。

高校毕业生还可通过学校实施的毕业证书与职业资格证书“双证书”制度、组织到企业顶岗实习、参加人力资源社会保障部门认定的定点机构开展的职业技能培训等，切实增强自身的岗位适应能力与就业竞争力，促进职业素养的养成。

97. 困难家庭高校毕业生包括哪些毕业生？享受哪些帮扶政策？

困难家庭高校毕业生是指：来自城镇低保家庭、低保边缘户家庭、农村贫困家庭和残疾人家庭的普通高校毕业生。

各级机关考录公务员、事业单位招聘工作人员时，免收困难家庭高校毕业生的报名费和体检费。

为帮助困难家庭的高校毕业生求职就业，高校一般都会安排经费作为困难家庭毕业生的求职补助，或对已成功就业的困难家庭毕业生给予奖励。困难家庭的毕业生可向所在院系书面申请。学校也应根据平时掌握的情况，对困难家庭的毕业生给予主动帮助。

98. 面对求职困难，高校毕业生该如何应对？

（1）主动了解国家促进就业的相关政策，努力争取各方支持；

（2）主动联系学校就业指导老师和专业教师，并保持经常沟通；

（3）积极参加校园招聘会和各类人才洽谈会；

（4）主动到各级人力资源社会保障部门所属的公共就业和人才服务机构进行求职登记，获得免费的政策咨询、就业信息、职业指导、职业介绍、就业援助等服务；

（5）通过网络等各种渠道，广泛搜集社会需求信息；

（6）充分利用亲友、校友、学校社团等资源，积极获取就业信息；

（7）了解社会发展动态，树立正确的就业观，合理调整求职预期。

99. 高校毕业生如何办理就业登记和失业登记？离校后未就业如何获得相应的就业指导和服务？

各级公共就业和人才服务机构要按照就业促进法的规定，为已就业高校毕业生免费办理就业登记，并按规定提供人事、劳动保障代理服务。对未就业的高校毕业生可按规定办理失业登记，并纳入户籍所在地失业人员统一管理，落实相关就业扶持政策。各级人力资源社会保障部门、教育部门和各高校将进一步完善以实名制为基础的高校毕业生就业统计制度，做好高校毕业生毕业前后的信息衔接和服务接续。

回到原户籍所在地报到的未就业高校毕业生，能够免费享受当地人力资源社会保障部门提供的公共就业和人才服务。

100. 离校未就业高校毕业生登记失业后，可以享受哪些服务和政策？

登记失业高校毕业生可免费获得政策咨询、职业指导、职业介绍和人事档案托管等服务政策。有意愿参加就业见习的，可按规定提供基本生活补助并办理一次性人身意外伤害保险；参加职业培训和技能鉴定的，可以按规定申请培训补贴和鉴定补贴。有创业意愿的，可以享受有关税收优惠、小额担保贷款及贴息、行政事业性收费减免、创业服务等扶持政策。

各级公共就业和人才服务机构已将就业困难的高校毕业生纳入当地就业援助体系，建立专门台账，实施“一对一”职业指导和重点帮扶，并向用人单位重点推荐，或通过公益性岗位安置就业。符合就业困难条件的高校毕业生可按规定得到就业援助，并落实社会保险补贴或公益性岗位补贴等政策。

（资料来源：湖南省毕业生就业网，http：//www. hunbys. com/show/6，511. html）

附录六　大学生就业创业网站集锦

附表 6－1　　大学生就业创业网站集锦

序号	网站名称、网址和主办单位	
1	网站名称	新职业
	网站网址	http：//www. ncss. org. cn/
	主办单位	全国高等学校学生信息咨询与就业指导中心
2	网站名称	全国大学生创业服务网
	网站网址	http：//cy. ncss. org. cn/
	主办单位	全国高等学校学生信息咨询与就业指导中心
3	网站名称	中国人力资源市场网
	网站网址	http：//www. chrm. gov. cn/
	主办单位	人力资源和社会保障部人力资源市场司
4	网站名称	中国青年就业创业网
	网站网址	http：//carrier. youth. cn/
	主办单位	共青团中央
5	网站名称	北京高校毕业生就业信息网
	网站网址	http：//www. bjbys. net. cn/
	主办单位	北京高校毕业生就业指导中心
6	网站名称	天津市高校毕业生就业信息网
	网站网址	http：//www. tjbys. com. cn
	主办单位	天津市大中专毕业生就业指导中心
7	网站名称	河北省大中专毕业生就业服务信息网
	网站网址	http：//www. hbxsw. org/Portal/index. html
	主办单位	河北省教育厅
8	网站名称	山西毕业生网
	网站网址	http：//www. sxbys. com. cn/index. asp
	主办单位	山西省教育厅
9	网站名称	内蒙古高校毕业生就业信息网
	网站网址	http：//www. nmbys. com/programe/
	主办单位	内蒙古高校毕业生就业指导中心

续表

序号	网站名称、网址和主办单位	
10	网站名称	辽宁省高校毕业生就业信息网
	网站网址	http://www.lnjy.com.cn/
	主办单位	辽宁省大学生就业指导局
11	网站名称	吉林省高校毕业生就业信息网
	网站网址	http://www.jilinjobs.cn/
	主办单位	吉林省高等学校毕业生就业指导中心
12	网站名称	黑龙江省大中专学校毕业生就业信息服务网
	网站网址	http://www.work.gov.cn/
	主办单位	黑龙江省大中专学校学生信息咨询与就业指导中心
13	网站名称	上海高校毕业生就业信息网
	网站网址	http://www.firstjob.com.cn/
	主办单位	上海市学生事务中心（上海市高校毕业生就业指导中心）
14	网站名称	江苏毕业生就业网
	网站网址	http://www.jsbys.com.cn:88/
	主办单位	江苏省高校招生就业指导服务中心
15	网站名称	浙江省大学生网上就业市场
	网站网址	http://www.ejobmart.cn/
	主办单位	浙江省教育厅
16	网站名称	安徽省大中专毕业生就业信息网
	网站网址	http://www.ahbys.com/
	主办单位	安徽省教育厅大中专毕业生就业指导中心
17	网站名称	福建省毕业生就业公共网
	网站网址	http://www.fjbys.gov.cn/
	主办单位	福建省公务员局
18	网站名称	江西省高校毕业生就业信息网
	网站网址	http://www.jxbys.net.cn/
	主办单位	江西省高等院校毕业生就业指导服务中心

（资料来源：湖南省毕业生就业网，http://www.hunbys.com/show/5，623.html，整理）

附件：1.《高校毕业生自主创业证》样式

2.《高校毕业生自主创业证》申领流程

3.《高校毕业生自主创业证》申请操作细则

附件 1：

《高校毕业生自主创业证》正面样式

<table>
<tr><td rowspan="8">高校毕业生自主创业证

（省级教育行政部门高校毕业生就业工作专用章）
编号：×××××××××</td><td>姓名</td><td></td><td rowspan="3">照片</td></tr>
<tr><td>性别</td><td></td></tr>
<tr><td>出生年月</td><td></td></tr>
<tr><td>身份证号</td><td colspan="2"></td></tr>
<tr><td>所在高校</td><td colspan="2"></td></tr>
<tr><td>学历层次</td><td colspan="2"></td></tr>
<tr><td>毕业时间</td><td colspan="2">年　　月</td></tr>
<tr><td>发证时间</td><td colspan="2">年　　月</td></tr>
</table>

查询网址：http：//cy. . ncss. . org. . cn（教育部大学生创业服务网）

《高校毕业生自主创业证》背面样式

<table>
<tr><th>使用说明</th><th>备　注</th></tr>
<tr><td>（1）高校毕业生持本证向创业地人力资源和社会保障部门提出认定申请，由创业地人力资源和社会保障部门相应核发《就业失业登记证》，作为当年及后续年度享受税收扶持政策的管理凭证。
（2）高校毕业生持《就业失业登记证》（附着本证）从事个体经营，可向当地税务机关申请税收优惠政策。申请程序和需提供的材料，按照国税发〔2006〕8 号第三条执行。
（3）对持《就业失业登记证》（附着本证）人员从事个体经营（除建筑业、娱乐业以及销售不动产、转让土地使用权、广告业、房屋中介、桑拿、按摩、网吧、氧吧外）的，在 3 年内按每户每年 8000 元为限额依次扣减其当年实际应缴纳的营业税、城市维护建设税、教育费附加和个人所得税。
（4）此证应妥善保管，不得转借、转让、涂改。若遗失或损毁应及时到发证机构补发、换发。</td><td></td></tr>
</table>

附件2：

毕业年度内高校毕业生在校期间创业

毕业生离校前网上申请

注册登录教育部大学生创业服务网（http://cy.ncss.org.cn），按要求在网上提交《高校毕业生自主创业证》申请。

↓

高校网上初审

所在高校对毕业生提交的相关信息进行审核，通过后注明已审核，并在网上提交学校所在地省级教育行政部门。

↓

湖南省教育厅复核

省教育厅对毕业生提交的相关信息进行复核并确认。

↓

高校发放《高校毕业生自主创业证》

复核通过后，由所在高校打印并发放《高校毕业自主创业证》，相关部门和学生本人都可随时查询。

↓

学生申领《就业失业登记证》

毕业生持《高校毕业生自主创业证》向创业地县经上人为资源社会保障部门提出《就业失业登记证》认定申请，由创业地人力资源社会保障部门核发《就业失业登记证》，一并作为当年及后续年度享受税收扶持政策的管理凭证。

毕业年度内高校毕业生离校后创业

毕业生离校后申领《就业失业登记证》

毕业生凭毕业证直接向创业地县以上人力资源社会保障部门提出申请，人力资源社会保障部门在对提交申请相关情况审核认定后，对符合条件的毕业生相应核发《就业失业登记证》，并注明“自主创业税收政策”。

↓

毕业生享受创业税收优惠政策

毕业生持《就业失业登记证》（注明“自主创业税收政策”）或附《高校毕业生自主创业证》）、减免税申请及税务机关所需提供的其他相关材料，向创业所在地县以上主管税务机关申请减免税，通过审核后，享受相关创业税收优惠政策。

附件3：

《高校毕业生自主创业证》申请操作细则

一、毕业生操作细则

（1）登录教育部大学生创业网 http：//cy. ncss. org. cn/，在网页的右边点击“我要申请”。

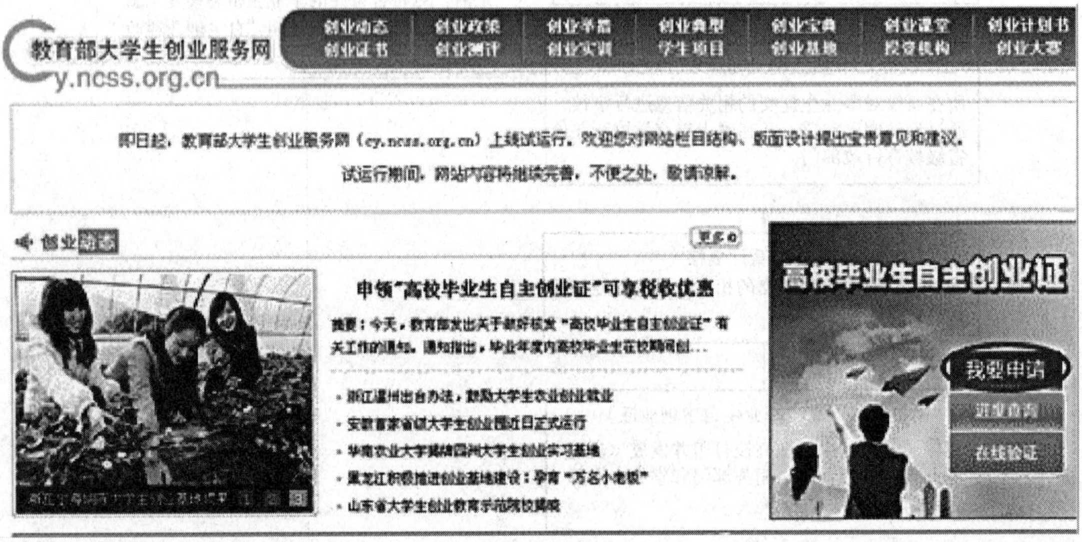

（2）仔细了解《高校毕业生自主创业证》申请及使用流程，并阅读相关政策及常用问题，点击“证书申请”。

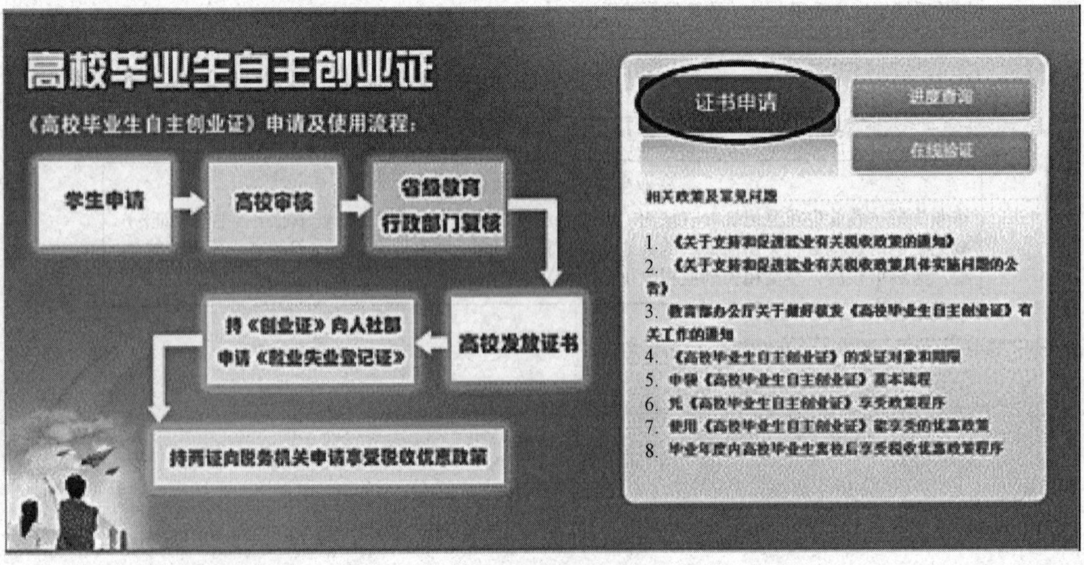

（3）填写姓名、身份证号，并选择学历层次进行学籍验证。

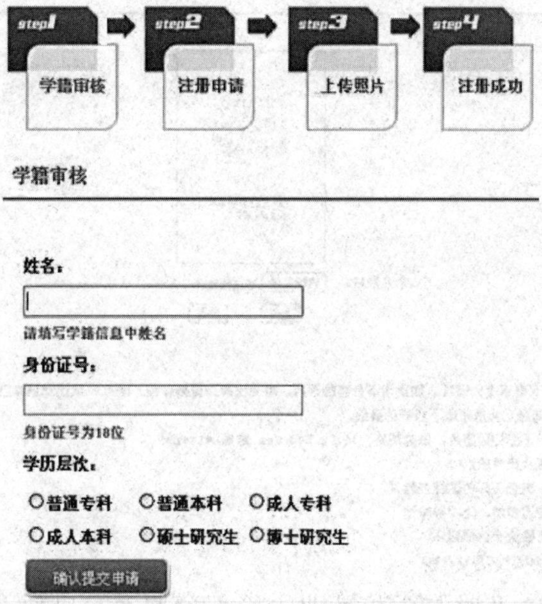

（4）确认提交申请，并通过系统的学籍审查后，填写申请的相关资料，并设置查询密码等。

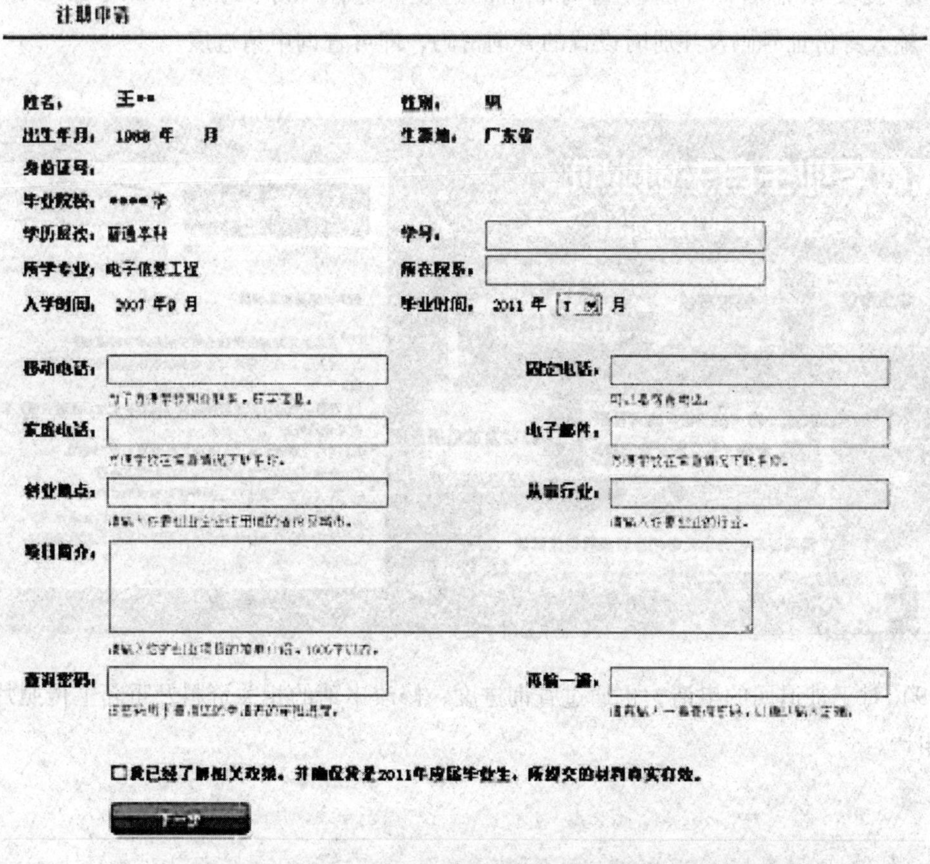

（5）根据要求上传个人彩色正面免冠照，以便审核及打印《高校毕业生自主创业证》。

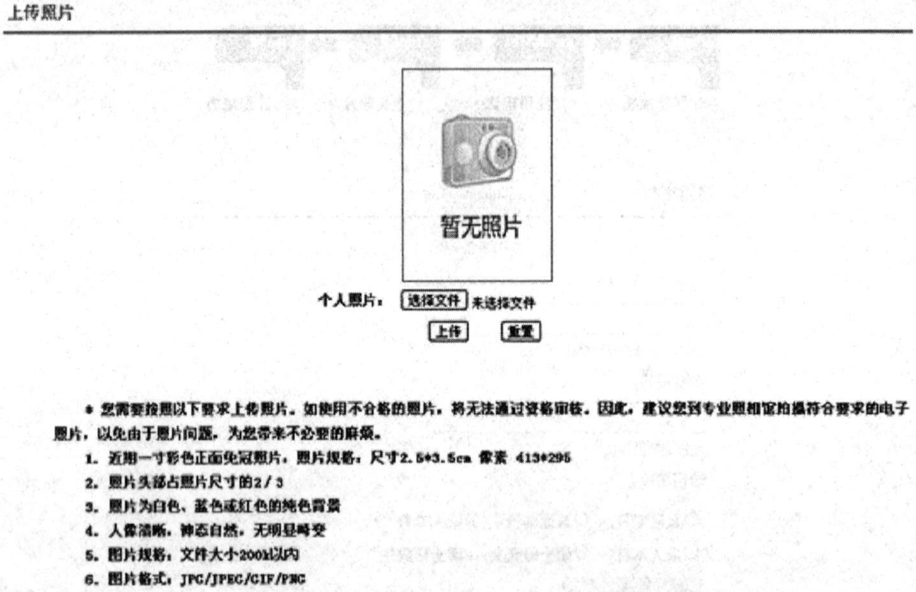

（6）申请成功后，及时与学校就业主管部门联系，以便及时对相关信息进行初审。

（7）等待省主管部门审核后，到学校就业主管部门打印《高校毕业生自主创业证》。

（8）提交申请后，可随时查询申请的进度。登录 http://cy.ncss.org.cn/req/progress，输入身份证号码及注册时设置的查询密码，即可查询申请进度。

（9）对于被退回的申请，也通过查询进度，修改申请的相关资料及重新上传照片，再提交申请。

参考文献

［1］于兆国．高职学生职业发展与就业指导［M］．郑州：黄河水利出版社，2008.

［2］就业与创业课题研究组．大学生就业与创业指导教程（师范类）［M］．北京：北京出版社出版集团，2008.

［3］就业与创业课题研究组．大学生职业生涯与发展规划教程（公共类）［M］．北京：北京出版社出版集团，2008.

［4］冯拾松，等．高职生择业指导［M］．2 版．上海：上海交通大学出版社，2008.

［5］匡志盈，杨庆华．高职大学生就业指导［M］．北京：北京邮电大学出版社，2009.

［6］王福山，靳和连．职业道德与就业指导［M］．2 版．北京：机械工业出版社，2008.

［7］徐振轩．职业规划与就业指导［M］．重庆：西南师范大学出版社，2008.

［8］王英杰，章春筱．大学生职业规划与就业指导［M］．北京：机械工业出版社，2008.

［9］程良越，黄兆团．大学生职业发展与训练［M］．广州：广东高等教育出版社，2008.